PRÉCIS

DE

L'HISTOIRE MILITAIRE

DE

L'ANTIQUITÉ.

INTRODUCTION AU COURS D'HISTOIRE MILITAIRE

PROFESSÉ A L'ÉCOLE DE GUERRE DE BELGIQUE

PAR

B. RENARD

Capitaine au corps d'État-major.

BRUXELLES

LIBRAIRIE MILITAIRE C. MUQUARDT

Rue de la Régence, 45.

PARIS, J. DUMAINE.

1875.

PRÉCIS

DE

L'HISTOIRE MILITAIRE

DE

L'ANTIQUITÉ.

Bruxelles. — Imp. E. Guyot, rue de Pachéco, 12.

PRÉCIS

DE

L'HISTOIRE MILITAIRE

DE

L'ANTIQUITÉ.

INTRODUCTION AU COURS D'HISTOIRE MILITAIRE

PROFESSÉ A L'ÉCOLE DE GUERRE DE BELGIQUE

PAR

B. RENARD

Capitaine au corps d'État-major.

BRUXELLES

LIBRAIRIE MILITAIRE C. MUQUARDT

Rue de la Régence, 45.

PARIS, J. DUMAINE.

—

1875.

ERRATA.

Page 25. N° XXVIII, au lieu de *in tutle*, lisez *ne tutte*.

Page 89. N° CXV, au lieu de *Menscheit,* lisez Menschheit.

Page 92. Supprimez le N° CLXXXXII.

Page 94. N° CCXXXXIV; mettez l'astérisque.

Planche III, fig. 3. Les 300 pieds doivent être comptés entre le front de chaque ligne.

Planche V. Camp des empereurs. Au lieu de aile *miliaire*, lisez aile *milliaire*.

Ces « Notes » ont été rédigées par ordre de M. le Ministre de la Guerre. Elles sont destinées aux officiers qui se préparent à subir les examens d'admission à l'École de guerre. (Art. 23 de l'arrêté royal du 14 mai 1872, étendu par disposition ministérielle en date du 8 décembre 1874.)

Depuis quelques années l'enseignement de l'histoire militaire a reçu, en Belgique, une vigoureuse impulsion. On est convaincu aujourd'hui que l'étude de la théorie de la guerre, considérée dans son ensemble, trouve surtout un appui solide dans l'expérience du passé dévoilée par l'histoire.

L'histoire peut être enseignée en suivant deux méthodes différentes.

L'une est purement élémentaire ; elle se contente de narrer les faits, dans leur ordre chronologique, avec plus ou moins de détails ; l'autre veut pénétrer et scruter les causes qui ont amené les guerres, rechercher les influences extérieures ou morales qui ont agi sur les causes elles-mêmes et déduire les conséquences de toute nature que les événements ont produites.

Selon nous il faut écarter la première méthode.

La guerre est une science et n'obéit pas au hasard ; elle est régie par des lois fixes ; ses principes sont immuables, harmoniques, et les discordances quo l'on remarque parfois dans les résultats sont plus apparentes que réelles.

L'histoire militaire doit donc être philosophique. On ne l'approfondira qu'en faisant appel, par un travail combiné de synthèse et d'analyse, au raisonnement, à l'induction, au tact intellectuel qui permettent seuls de décomposer les événements, de les apprécier à leur juste valeur et d'en faire jaillir les principes vivifiants.

Ces considérations ont présidé à la rédaction du cours d'histoire militaire professé à l'école de guerre depuis 1871, cours auquel le présent travail sert d'introduction.

Bruxelles, le 20 mai 1875.

B. RENARD,
Capitaine d'État-major.

INTRODUCTION.

Les plus illustres capitaines, les plus grands génies militaires ont tous préconisé l'étude de l'histoire et proclamé son
indispensable nécessité pour arriver à une conception saine
et rationnelle de la guerre.

« Lisez et relisez, disait Napoléon, les campagnes
» d'Alexandre, d'Annibal, de César, de Gustave-Adolphe,
» de Turenne, de Frédéric; modelez-vous sur eux; voilà le
» seul moyen de devenir grand capitaine et de surprendre
» les secrets de l'art de la guerre.

» La grande tactique, ajoute-t-il, (c'est-à-dire la stratégie)
» ne s'acquiert que par l'expérience et par l'étude de l'his-
» toire des guerres et des batailles des grands capitaines. »

Quelques jours avant sa mort, quand il dicta au général
Montholon les dernières instructions destinées à son fils,
l'empereur revint encore sur cette affirmation.

« Que mon fils lise et médite souvent l'histoire, c'est la
» véritable philosophie; qu'il lise et médite les guerres des
» grands capitaines, c'est le seul moyen d'apprendre la
» guerre. »

Frédéric II énonce la même idée.

« L'histoire est l'école des princes, dit-il. »

L'archiduc Charles prétend que l'on ne devient « grand
» capitaine qu'avec la passion de l'étude et une longue expé-
» rience, » et que « cet adage si rebattu de nos jours, que

» l'on naît général et qu'on n'a pas besoin d'études pour le
» devenir, est une des nombreuses erreurs de notre siècle,
» un de ces lieux communs qu'emploient la présomption et
» la nonchalance pour se dispenser des efforts pénibles qui
» mènent à la perfection. »

Cette manière de voir n'est pas seulement celle des généraux qui touchent à notre époque, mais, depuis Machiavel, c'est-à-dire depuis la renaissance, tous les écrivains militaires sérieux ont insisté sur la nécessité d'une étude qui, pour être fructueuse, doit embrasser toutes les nations et tous les temps.

Ces citations expliquent l'importance du cours d'histoire militaire et justifient les développements qu'on lui a donnés.

Ce n'est pas seulement le récit des événements militaires et des guerres qu'il importe de développer, mais il faut y joindre encore l'exposé des institutions des différents peuples, dans leur corrélation avec la constitution de la force armée; car il est impossible de faire sainement apprécier l'une, si l'on ignore les autres. Tout s'enchaine dans cette longue succession de siècles qui forme la vie des peuples, et l'on serait inhabile à bien comprendre l'organisation militaire d'un pays, si l'on ne tenait pas compte de son organisation civile et politique qui, à son tour, subit le contre-coup des modifications que le temps apporte dans les mœurs des armées.

Ainsi donc, étudier les grands épisodes de guerre qui se sont produits; décrire la composition des armées qui y ont pris part; montrer jusqu'à quel point cette composition se rattache au génie des nations; suivre à travers les temps la série des évènements militaires et en faire découler les principes générateurs de l'art, tel est le but qu'il faut atteindre et qui touche à la fois à la stratégie, à la tactique et à la création de la force des États.

Cette *introduction* a pour but de prouver par quelques exemples la nécessité indispensable d'une pareille étude, de faire voir que les principes sont immuables et que, s'ils ont varié dans leur application, ce n'est que par suite des progrès et des perfectionnements de l'armement.

A toutes les époques cependant, des théoriciens ont voulu réformer l'art de la guerre et ont prôné des élucubrations basées sur des systèmes plus ou moins spécieux; mais les maximes vraies ont toujours fini par dominer et par mettre à néant des innovations qui souvent ont causé la perte de ceux qui les avaient employées.

Certes, parfois un général de génie, à la tête d'armées exceptionnelles, et combattant un adversaire malhabile, a pu se jouer des principes et étonner le monde par des succès inattendus ; mais ce sont là des exceptions qu'il faut estimer à leur juste valeur, afin de ne pas se laisser égarer par un mirage trompeur; l'histoire seule permettra de le faire avec discernement, et il est nécessaire de l'interroger jusque dans ses annales les plus reculées.

Il est vrai que, pendant un certain temps, il paraissait être de mode de professer pour l'antiquité un profond dédain. Sans doute les sciences nouvelles n'ont aucun besoin de s'appuyer sur le passé ; il n'en est pas de même pour les études d'investigation qui ne peuvent être solidement étayées qu'en prenant leur base dans une série continue d'événements. Les conseils de Napoléon, qui était expert dans la matière, sont là pour le prouver. Si l'artilleur et l'ingénieur n'ont que faire de remonter aux anciens, il en est autrement du stratégiste et du tacticien.

Quant à l'organisateur, à celui qui voudra établir sur de puissantes assises l'édifice de la force militaire des États, il trouvera dans l'antiquité des leçons qu'il chercherait vainement à différentes époques de la période moderne.

Du reste, dans l'histoire de la littérature, des arts, de la législation, n'est-on pas toujours obligé de remonter aux anciens ? Il en est de même de la guerre.

Nous sommes tributaires du passé, et l'on peut affirmer que cette liaison n'a jamais été interrompue.

Ainsi, entre la chute de l'empire romain et la renaissance, l'art militaire a subi une longue période de stagnation qu'il nous est impossible de passer sous silence, puisque c'est l'apogée de la splendeur guerrière de nos communes. Eh bien, nous serions incapables d'expliquer les événements de ce temps, si nous ne tenions compte de la tactique des anciens. Presque tous les traités qui ont été écrits sur la conduite des armées, pendant le moyen âge, ont été inspirés par Végèce, tacticien romain de la fin du iv⁰ siècle, lequel écrivait, alors que les légions dégénérées avaient abandonné les méthodes qui rendirent Rome la maîtresse du monde. Sous Valentinien II, les légions ne se soutenaient plus, pour ainsi dire, que par leur propre poids et ne valaient pas mieux que les hordes germaniques qui bientôt les écrasèrent et changèrent la face de l'Europe. Végèce tenta, faiblement du reste, de remettre en honneur les vieux errements.

De la renaissance date cette série de progrès dans toutes les branches des facultés humaines, qui se continue encore sous nos yeux. L'art de la guerre participe largement à cette marche ascendante vers la perfection.

Ce mouvement, commencé par nos communes flamandes, développé par les Nassau, suivi si glorieusement par Gustave-Adolphe, Frédéric II et Napoléon I⁰ʳ, a reçu sa dernière et sa plus complète expression dans l'organisation actuelle de l'armée prussienne. Et ces progrès depuis la renaissance jusqu'aujourd'hui, ont suivi, dans leur développement, une marche identique à celle que l'on remarque dans l'antiquité.

Indiquons le brièvement.

Les républiques de la Grèce ont fait voir, en organisant la

phalange, ce que pouvait l'ordre contre les masses désordonnées de l'Asie; elles ont montré la puissance d'une infanterie
disciplinée contre une multitude de cavaliers.

Mais la phalange n'avait qu'un but, la défense. D'abord
compacte et opérant d'une pièce, on la voit bientôt se développer et se mouvoir.

Puis la science et la réflexion s'introduisent dans la conduite de la guerre. A la lourde infanterie viennent s'adjoindre
la cavalerie et les fantassins légers; enfin, les généraux apprennent à manœuvrer, et le fameux ordre oblique permet à des
armées fort inférieures en nombre de vaincre des masses
énormes, incapables de se déplacer sur le lieu de l'action et
forcées, par conséquent, d'accepter le combat là où elles se
trouvaient primitivement postées.

La dernière expression de l'art grec se montre sous
Alexandre.

L'ordre oblique a été constamment employé par lui et il y
a, entre les batailles qu'il livra et celles du xvii° siècle, des
analogies frappantes..

Sous le roi macédonien, la cavalerie, considérée jusque-là
comme auxiliaire obligée de la phalange, devient indépendante et décide la victoire par des attaques de flanc et de
revers; la phalange elle-même se brise; cette forme réputée
comme immuable se disloque, et l'indépendance des armes se
révèle.

C'étaient de grands perfectionnements accomplis en peu
de temps. Néanmoins, malgré le chemin parcouru, les Grecs
ignoraient le parti que l'on pouvait tirer de plusieurs lignes
de bataille qui, déployées les unes derrière les autres, se soutiennent mutuellement, se remplacent ou peuvent, comme
réserve, renforcer les autres troupes, frapper un coup décisif,
opérer des diversions, etc., etc.

Ces progrès devaient être accomplis par les Romains.

Au début, les Romains suivent l'ancienne coutume dorique;

puis au lieu d'un corps dont la force réside dans la masse et qui combat d'une pièce, ils subdivisent leur ligne, d'abord dans le sens du front, puis dans le sens de la profondeur.

Ils inaugurèrent ainsi la tactique légionnaire. Les légions sont fractionnées en manipules indépendants, mais qui, au besoin, réunis et soudés les uns aux autres, offrent un corps aussi compacte que la phalange.

En un mot, l'infanterie romaine avait une mobilité que ne possédait pas l'infanterie grecque ; celle-ci fut vaincue dès que les deux armées se recontrèrent sur les champs de bataille.

Dans les premiers temps, les Romains, comme les Grecs, avaient une infanterie légère spéciale ; mais, à l'époque de leur plus grande gloire, cette distinction disparut et le légionnaire fut rendu propre à combattre soit isolément, soit dans le rang.

La cavalerie était aussi primitivement, comme en Grèce, 'soudée à la ligne de bataille; il fallut les guerres d'Annibal et les rudes leçons qu'il infligea aux armes de la République, jusqu'alors triomphantes, pour donner à la cavalerie ce qu'on lui avait refusé, l'indépendance.

Annibal ne commandait certes pas à des soldats supérieurs aux légionnaires ; mais il possédait ce que les consuls n'avaient pas encore acquis, l'art de manœuvrer. On le voit employer de savantes combinaisons et des diversions heureuses ; il fait de sa cavalerie un usage inconnu avant lui ; il l'emploie à des attaques indépendantes.

Sa manière de conduire la guerre fut pour les Romains une véritable révélation ; ils surent en tirer un parti inespéré. A l'ordre parallèle ils substituent le jeu des lignes; ils manœuvrent sur le champ de bataille, et la cavalerie prend dans leurs armées une place importante.

Scipion, Marius et Sylla développèrent cette tactique que

César porta à une perfection qu'elle n'avait jamais acquise, et que l'antiquité ne devait plus revoir.

Là nous trouvons l'indépendance complète des armes, et un ordre de bataille que nos généraux modernes ne désavoueraient pas. César n'a qu'une seule espèce d'infanterie ; la cavalerie forme des corps séparés, commandés par des chefs spéciaux ; les cohortes sont établies sur plusieurs lignes ; elles se soutiennent comme le font aujourd'hui nos bataillons ; enfin, derrière ses lignes de bataille, des légions, placées en réserve, sont prêtes à opérer des diversions, à rétablir le combat ou à enchaîner la victoire.

Voyons maintenant ce qui se passe après la renaissance.

A l'époque de la féodalité, alors que les armées n'étaient composées que de la noblesse à cheval, entourée de ses vassaux à peine exercés, suivie de ses tenanciers ou des milices des villes qui ne l'étaient point du tout, nous voyons apparaître, comme un premier réveil de l'art de la guerre, les piquiers et les archers de nos communes belges.

C'est la phalange grecque, moins savamment agencée, mais qui eut facilement raison des masses indisciplinées des hommes de pied, aussi bien que de la cavalerie féodale et des armures de fer des chevaliers de l'époque.

Notre patrie a pris une large part à ce mouvement de régénération, et bientôt la tactique flamande, qui remit l'infanterie en honneur, inspira celle des Anglais dans leurs guerres contre la France, et celle des Suisses dans leurs luttes contre la maison de Habsbourg et contre Charles le Téméraire.

Puis le mouvement se généralisa en s'accentuant. Comme à l'origine chez les Grecs, on ne vit le salut des armées que dans la formation en gros bataillons composés quelquefois de 10,000 hommes massés en carrés ou en rectangles pleins.

Alors et depuis cette époque jusqu'à Napoléon 1er renaissent, dans le même ordre, tous les changements signalés plus haut dans la phalange et la légion.

Aux bataillons de 10,000 hommes succèdent sous les Nassau des corps de 500 hommes sur 10 de profondeur, placés sur plusieurs lignes.

Gustave-Adolphe, devant la puissance toujours croissante de l'artillerie, réduit encore le nombre de rangs en augmentant le front de ses troupes.

C'est lui qui introduit l'ordre mince et le fractionnement en brigades, énoncé en principe par Maurice.

Désormais la phalange cède la place à la légion ; les armées s'établissent sur plusieurs lignes et se subdivisent.

Enfin la cavalerie, qui était tombée en pleine décadence depuis les défaites de la chevalerie féodale, devient entre les mains du roi de Suède un puissant instrument de combat.

Sous Frédéric II, les progrès apportés à la tactique, font un grand pas et donnent aux armées prussiennes la supériorité sur toutes les troupes européennes. Sous ce grand guerrier les lignes apprennent à se mouvoir devant un ennemi peu manœuvrier et qui, une fois en position, restait presque toujours dans l'ordre de bataille qu'il avait choisi.

Frédéric introduit dans les armées les généraux permanents, le système des colonnes à distance entière, les formations rapides en bataille dans toutes les directions et sous les yeux de l'ennemi. On connaît tout le parti qu'il sut tirer de sa cavalerie, comme corps indépendant, et les victoires de Seydlitz n'ont pas été surpassées.

Si donc nous retrouvons la forme phalangite du XIVe au XVIe siècle, l'ordonnance de Maurice de Nassau nous ramène à la forme légionnaire manipulaire et l'époque de Frédéric aux perfectionnements de Marius qui constitua l'ordre légionnaire cohortal.

Enfin, parut Napoléon, comme César après Scipion et Marius. Avec lui se représente le système des réserves de ligne et des réserves indépendantes composées cette fois des trois armes. Il avait reçu de la révolution le système divisionnaire, les colonnes de bataillon et l'emploi des tirailleurs. Les armées de Frédéric ne possédaient pas de réserve indépendante, ne savaient pas tirailler ; elles furent vaincues à Iéna malgré l'incontestable valeur déployée par les troupes prussiennes.

Un fait caractéristique, c'est qu'à chaque progrès marqué dans la tactique et l'ordonnance des armées correspond un perfectionnement dans l'armement. La phalange a ses sarisses; la légion manipulaire, le pilum et la haste ; la légion cohortale, le pilum de Marius ; les troupes communales, la pique ; Gustave-Adolphe, le mousquet ; Frédéric II, le fusil à baguette de fer. Ce n'est pas une coïncidence fortuite. Les généraux habiles ont toujours apporté à cette partie de la science une attention particulière ; aussi les progrès ne sont-ils pas l'œuvre du hasard, mais le fruit de l'étude et de la méditation.

Ce qui vient de se passer sous nos yeux confirme pleinement cette assertion.

La nation prussienne doit sa supériorité aux soins constants qu'elle a pris d'améliorer toutes les parties de son état militaire, en y introduisant tous les perfectionnements que la marche de la science et l'étude de l'histoire lui ont suggérés.

Depuis 1806 elle ne s'est pas arrêtée un instant dans la voie qu'elle s'était tracée. C'est surtout par la constitution de ses cadres que la Prusse doit être imitée ; le dernier de ses officiers est un homme instruit et capable ; et l'obéissance, le respect dans les rangs de la troupe, sont peut-être moins dus aux mesures coërcitives de son code de discipline qu'à la supériorité morale incontestée que les chefs exercent sur leurs inférieurs, supériorité qui s'impose par une instruction solide et un mérite reconnu.

Il est impossible aujourd'hui de rejeter ce principe : qu'une étude constante et un travail assidu peuvent seuls rendre les armées dignes du rôle qu'elles doivent remplir.

Toute armée qui s'arrête, se fie à la tradition ou à des formes vieillies, n'associe pas constamment et d'une manière intime, les perfectionnements de son armement avec les progrès de la tactique, n'exige pas que tous ses officiers soient imbus des vrais principes de la guerre, cette armée recule et se prépare des désastres irréparables : 1806, pour la Prusse, 1870, pour la France le prouvent surabondamment.

Ces quelques mots démontrent donc l'indispensable nécessité de l'étude de l'histoire.

Au milieu des faits nombreux qu'elle révèle, la méditation fait jaillir les principes permanents qui constituent la science et qu'on ne peut méconnaître ou négliger sans danger. Ainsi, prenant comme exemple deux faits bien éloignés, il existe une concordance frappante entre la conduite tenue par Vercingetorix, 52 avant J.-C. et celle du maréchal Bazaine en 1870.

Tous les deux, vis-à-vis de l'invasion et à la suite d'un échec, se laissèrent enfermer avec l'élite de leur armée dans une place frontière, attendant le salut de la patrie de troupes de secours moins solides ou improvisées qui devaient venir les délivrer ; tous les deux commirent la même faute et le résultat fut identique ; le souvenir du passé aurait dû écarter le désastre du présent.

Ce qui a été dit plus haut de la tactique, s'applique également à la grande tactique ou à la stratégie. Sous ce rapport les modernes n'ont rien inventé, les mêmes préceptes ont guidé les généraux de tous les temps.

Mais ce serait se faire une fausse idée de l'étude que de croire qu'il suffit de l'examen de quelques campagnes pour se former une conviction ; car de combien de frottements, d'événements de tous genres ne faut-il pas tenir compte à la guerre ?

Sans citer les causes métaphysiques, qu'il est impossible de prévoir, les incidents sont si nombreux, le hasard entre quelquefois pour une si large part dans le succès, que ce n'est qu'en étendant ses investigations sur un grand nombre de faits qu'il est possible de faire jaillir la vérité et de dégager le métal de la gangue qui l'enveloppe.

La matière est tellement vaste qu'un cours, quelque développement qu'on lui donne, ne saurait l'épuiser. L'enseignement ne peut donc qu'effleurer le sujet, et il ne porterait pas tous ses fruits, s'il ne savait inspirer à l'officier qui le suit le désir d'approfondir plus tard les points qu'on est forcé de laisser dans l'ombre ou d'esquisser à grands traits. Mais en se livrant à ces recherches, il doit tenir soigneusement compte de l'état moral des armées ; du degré de perfectionnement de l'armement et de l'instruction des troupes ; des méthodes de guerre qu'elles suivent ; de la façon dont elles sont approvisionnées, nourries, vêtues, soldées ; de leur état de santé, de leurs habitudes ; des effectifs en présence ; du caractère, de l'âge, des passions des chefs, de la manière dont ils sont secondés, servis, renseignés ; de l'influence des Cours sur le commandement ; de la situation politique des pays en lutte, de leur constitution intérieure, de leurs relations extérieures ; de la nature du climat, de la topographie des localités ; des mœurs, des usages, du caractère des nations où se porte la guerre, — afin de ne pas confondre les vrais principes de la direction des armées avec les causes accidentelles qui, malgré les fautes commises, fixent parfois la victoire.

Ainsi, ce serait se faire une fausse idée des règles qui doivent guider les généraux, si l'on choisissait, comme modèles à suivre quelques unes des campagnes heureuses de Frédéric II, ou bien celle d'Alexandre, en 333, qui cependant, s'est terminée par la victoire d'Issus.

Ces campagnes, où des fautes manifestes contre la stratégie ont été commises, n'en furent pas moins fécondes, parce qu'une des armées était tactiquement supérieure à l'autre, et que Frédéric et Alexandre pouvaient se jouer des principes, puisqu'ils disposaient d'un instrument plus parfait avec lequel, au jour décisif du combat, ils réparaient sur le champ de bataille les fautes qu'une mauvaise direction avait imprimées aux opérations.

Et puis dans l'application de cet art si difficile, il faut savoir parfois s'écarter des principes pour ne pas se faire battre « d'après les règles » car, ainsi que le dit Napoléon :

« Dans toutes les sciences nécessaires à la guerre, la » théorie est bonne pour donner des idées générales qui for- » ment l'esprit, mais leur stricte exécution est toujours dan- » gereuse. Ce sont les axes qui doivent servir à tracer la » courbe. D'ailleurs les règles mêmes obligent à raisonner » pour savoir si on doit s'écarter des règles. »

Ce raisonnement, encore une fois, c'est l'étude de l'histoire qui l'inspirera, car il n'y a pas une question, soit de stratégie, soit de tactique générale, agitée de nos jours, dont la solution vraie ne soit confirmée par des exemples pris dans l'anti- quité.

Il en est de même des questions d'organisation.

On a vu souvent, on voit encore des rhéteurs s'élever contre l'institution des armées permanentes et prétendre que la défense des États peut être assurée au moyen de troupes dont l'instruction est à peine ébauchée.

L'histoire s'élève contre de semblables théories.

Elle nous prouve que le succès ne dérive pas des gros bataillons, mais qu'il s'attache au contraire aux armées dans lesquelles la discipline est en honneur, où l'étude, sans cesse en éveil, améliore constamment les principes d'organisation et les procédés tactiques.

L'expérience de tous les âges le démontre.

Si les Grecs sont sortis vainqueurs des luttes qu'ils soutinrent contre les Perses dans les guerres médiques, ils furent à leur tour battus par les armes perfectionnées de Philippe de Macédoine.

Les Romains, si supérieurs par leurs institutions militaires, par leur recrutement, durent plier devant les mercenaires d'Annibal, mieux commandés, mieux dirigés.

Les Gaulois qu'animaient un amour ardent pour la patrie, un enthousiasme généreux, furent asservis par les légions de César.

Les Saxons subirent, sous la pression de Charlemagne, des défaites sans nombre amenées par des causes identiques.

Ces faits sont puisés dans l'antiquité et le moyen-âge ; mais l'histoire moderne, interrogée à son tour, répond par les mêmes enseignements.

Les armées espagnoles sous Gonzalve de Cordoue et Pietro Navarro, les légions des Provinces-Unies sous Maurice de Nassau au xvi⁰ siècle ; les petits contingents de Gustave-Adolphe au xvii⁰ ; les faibles effectifs de Frédéric II au xviii⁰ ; les troupes immortelles de Bonaparte à l'aurore du xix⁰ siècle, purent tenir en échec, battre même des nations puissantes, parce que celles-ci avaient négligé leur état militaire, que leurs nombreuses armées étaient ignorantes et mal conduites.

L'histoire de la France, sous Louis XIV et Louis XV, vient encore confirmer cette assertion. Les belles campagnes de la guerre de Hollande et de la guerre de la ligue d'Augsbourg furent menées avec les troupes perfectionnées par la vigilante sollicitude de Louvois. Les désastres de la guerre de la succession d'Espagne furent le résultat de l'incapacité de Chamillart. Contades, Soubise, Richelieu n'étaient pas faits pour changer ce régime et arrêter cette décadence. L'on n'avait vu les revers maitrisés et la victoire enchainée de nouveau aux drapeaux du roi de France, que lorsque le maréchal de Saxe avait régénéré une partie de l'armée dans les camps de Spire et de Courtrai. C'étaient ces troupes instruites et rompues aux manœuvres, qui avaient arrêté les Autrichiens sur le Rhin et gagné les batailles de Fontenoi, de Rocourt, de Laufeld, pris Berg-op-Zoom et Maestricht.

Le succès appartient donc à la science, à l'instruction.

Les anciens, du reste, l'avaient compris, alors qu'au temps de leur splendeur ils ne remettaient les armes qu'à ceux dont l'existence n'était troublée par aucun souci matériel, et qui pouvaient se livrer tout entiers aux choses de la guerre.

De nos jours un pareil système serait inapplicable. Le mécanisme de la société moderne est établi sur d'autres bases, et l'abolition de l'esclavage a fait rejaillir sur chaque individu une part de responsabilité dans la grande marche du progrès humain.

Les connaissances tactiques indispensables ne peuvent s'acquérir maintenant que par une présence réelle, plus ou moins longue, sous les drapeaux.

L'armée doit donc être permanente.

Une armée permanente est ou mercenaire ou nationale.

Certes les armées de mercenaires se sont signalées par de grands exploits, mais aucun sentiment généreux ne les guide ; elles seront toujours l'esclave d'un homme, ou de l'argent. Dans le premier cas, elles pourront se couvrir de gloire, comme les mercenaires d'Annibal ou ceux de Mansfeld ; dans le second, elles peuvent descendre jusqu'au dernier degré du ridicule, comme les condottieri italiens.

Une armée de mercenaires, guidée par l'intérêt seul, indifférente au bonheur, à la prospérité de ceux qui la paient, sera toujours un danger pour la nation qu'elle servira.

Les mercenaires ont perdu la Grèce ; ils n'ont pu défendre Carthage ; ils ont causé la ruine de Venise ; ils ont jeté le trouble partout où ils ont paru. L'histoire des xve et xvie siècles l'atteste.

L'armée permanente nationale est le véritable bouclier, le seul rempart qu'une nation énergique, vigilante, soucieuse de ses destinées, puisse opposer efficacement aux violences extérieures et aux désordres intérieurs. N'est-ce pas l'épouvantable état de misère dans lequel se trouvait la France au xv{{e}} siècle, spoliée, déchirée, ruinée par les écorcheurs et les grandes compagnies, qui amena Charles VII à décréter la permanence de la force publique?

N'est-ce pas pour mettre nos provinces à l'abri des incursions d'un voisin incommode que Charles le Téméraire demanda aux États les subsides nécessaires pour la création de ses bandes d'ordonnance?

N'est-ce pas enfin pour assurer la stabilité du pays et les progrès de l'agriculture, que Gustave Wasa, après avoir levé l'étendard de la réforme, établit en Suède l'armée cantonnée qui, sous le nom d'indelta, subsiste encore de nos jours?

La nécessité de l'armée permanente se justifie par les causes mêmes qui ont amené sa création.

On la déclare aujourd'hui inutile, dangereuse, ruineuse, alors que ceux qui l'édifièrent subissaient la pression d'intérêts sociaux et politiques, et voulaient assurer par elle l'ordre, la sécurité, la richesse dans leurs États.

Une autre considération à émettre en faveur de l'armée permanente, c'est qu'elle permet seule à l'art de la guerre d'effectuer les progrès qui le conduisent vers la perfection.

Les innovations ne s'introduisent pas dans les temps de grandes tourmentes; elles sont le fruit de l'expérience, de l'étude et de la méditation.

Les Grecs et les Romains faisaient les plus grands efforts pour assurer la bonne direction de leurs forces militaires; ils avaient leurs gymnases et leurs écoles de tactique; on n'arrivait à la magistrature qu'après avoir été soldat.

Ces mesures suffisaient alors. Mais aujourd'hui tout ce qui se rapporte à la conduite des forces en campagne a pris de tels développements qu'il faut s'imposer de véritables sacrifices pour instruire et conduire les armées.

Toutes les sciences, presque tous les arts sont tributaires de la guerre. Plus qu'aux temps passés, les connaissances politiques, géographiques, statistiques, économiques, administratives, morales, sont nécessaires aux généraux et influent sur les combinaisons des opérations. Plus qu'aux temps passés, une instruction solide, étendue, doit être l'apanage des officiers soucieux de remplir dignement la mission qui leur est confiée et de figurer avec honneur dans les rangs.

Mais ce n'est pas tout.

Si l'histoire nous enseigne que la défense des États doit reposer sur une armée permanente nationale, elle nous apprend aussi que cette armée doit être soutenue par toutes les forces vives de la nation, instruites et organisées.

Les annales de notre pays prouvent surtout cette vérité.

Au moyen âge, lorsque dans nos puissantes communes tous les citoyens étaient soldats et devaient s'exercer au maniement des armes, rien n'égalait la splendeur de notre pays, et nos aïeux surent maintenir leurs libertés et leur indépendance en présence des convoitises du dehors. Mais lorsque plus tard ils confièrent le sort de la patrie à des mercenaires et ne coopérèrent plus à la défense du sol natal que par des subsides, la liberté et l'indépendance furent perdues; le pays passa sous le joug de l'étranger, il servit de champ de bataille aux armées de l'Europe qui, à chaque traité de paix, déchiquetaient nos frontières avec le sabre et s'en partageaient les lambeaux.

Il en fut de même à Rome jusqu'à la constitution de l'empire. Dès que les Césars eurent renversé ce système qui avait rendu les légions maîtresses du monde entier, que les prétoriens et les recrues amenées des pays conquis eurent remplacé les citoyens, Rome fut livrée à la guerre civile, sa décadence fut rapide et elle devint une proie facile pour les Barbares.

La Grèce, par les mêmes causes, subit les mêmes effets.

Ce sont là des leçons que chaque siècle reproduit. Elles ne doivent pas être perdues, et l'étude philosophique de l'histoire permet seule de les utiliser. C'est par elle que l'on parvient à résoudre les problèmes parfois si difficiles du présent à l'aide des enseignements que nous lègue le passé.

LES GRECS.

BIBLIOGRAPHIE.

***

Un cours et un traité d'histoire générale ne sauraient embrasser que l'ensemble des événements. Les détails, les faits particuliers sont interdits, quel que soit leur intérêt, sous peine d'étendre outre mesure l'enseignement ou le volume du livre.

A plus forte raison ne pourra-t-on trouver dans ce travail qu'un canevas plus ou moins serré, destiné à guider le lecteur, à lui permettre de se livrer plus tard à une étude approfondie des sujets exposés.

Mais afin de rendre ces efforts individuels fructueux, afin d'éviter des recherches souvent pénibles, nous avons cru utile de faire précéder chacune des époques historiques d'une bibliographie spéciale, contenant la nomenclature des ouvrages qui s'y rapportent.

Cette bibliographie est subdivisée en deux parties. La première renferme l'indication des sources anciennes, la seconde la mention des ouvrages modernes.

Les auteurs consultés pour la rédaction de ces « notes » ont été indiqués spécialement à l'attention par un astérisque placé à côté de leur nom.

***

Ouvrages anciens.

I. **Hérodote***. — *Récit des guerres médiques ;* (dans le Panthéon littéraire de Buchon) traduction de Larcher.

II. **Thucydide***. — *Guerre du Péloponèse;* (dans le Panthéon littéraire de Buchon) traduction de l'Evesque.

III. **Xénophon***. — *Les Helléniques, l'Anabase, la Cyropédie, l'Hipparchie* ; (dans le Panthéon littéraire de Buchon) traduction Gail et P. L. Courier.

IV. **Démosthènes***. — *Les Philippiques et les Olynthiennes* ; traduction Planche. — Paris 1819-21.

V. **Arrien***. — *Anabase d'Alexandre* ; (dans le Panthéon littéraire de Buchon) traduction Chaussard.
Le même. — *Tactique grecque.*

VI. **Elien***. — *Tactique grecque*; traduction Bouchaut de Bussy. — Paris, 1757.

VII. **Diodore de Sicile***. — *Bibliothèque historique* ; traduction Hoefer. — Paris, 1853.

VIII. **Quinte Curce***. — *Histoire d'Alexandre*, traduction Aug. et Alp. Trognon ; (dans la Bibliothèque latine-française de Panckoucke). — Paris, 1828-29.

IX. **Plutarque***. — *Vies parallèles des hommes illustres de l'antiquité;* traduction Dominique Ricard, (dans le Panthéon littéraire de Buchon).

X. **Cornelius Nepos***. — *Vie des hommes illustres*, traduction de Calonne et Pommier. (dans la Bibliothèque latine-française de Panckoucke). — Paris, 1829.

Ouvrages modernes.

XI. **Grote***, (vice-chancelier de l'Université de Londres). — *Histoire de la Grèce depuis les temps les plus reculés jusqu'à la fin de l'époque contemporaine du règne d'Alexandre le Grand* ; traduction Sadous, professeur au Lycée impérial de Versailles. — Paris, 1866.
Analyse de cet ouvrage par Mérimée, *Revue des deux mondes.*

XII. **De Ciriacy***, (officier supérieur prussien). — *Histoire de l'art militaire chez les anciens* ; traduite par Labarre Duparcq. — Paris, 1852.

XIII. **Von Hardegg***.— *Vorlesungen über Kriegsgeschichte.* —Stuttgart, 1851.

XIV. **Rüstow et Köchli***. — *Geschichte des griechischen Kriegswesens von der ältesten Zeiten bis auf Pyrrhos* ; nach den Quellen bearbeitet. — Aarau, 1852.

XV. **L'abbé Garnier.** — *Recherches sur les lois militaires des Grecs* ; (dans les mémoires de l'ancienne Académie des inscriptions et belles-lettres, T. XLV. — A° 1780).

XVI. **Joly de Maizeroy.** — *Tableau général de la cavalerie grecque* ; (dans les mémoires de l'Académie des inscriptions et belles-lettres, T. XLI.)

XVII. **Larcher.** — *De l'ordre équestre chez les Grecs* ; (dans les mémoires de l'ancienne Académie des inscriptions et belles-lettres, T. XLIII).

XVIII. **Desclaison.** (chef de brigade au corps du génie). — *Précis des histoires d'Alexandre et de César et de leurs faits de guerre, soit comparés, soit opposés entre eux.* — Paris, 1784.

XIX. **Armandi** (colonel d'artillerie). — *Histoire militaire des éléphants.* — Paris, 1843.

XX. **Liskenne et Sauvan***. — *Bibliothèque historique et militaire,* avec cartes et plans de bataille. (Le premier volume contient un essai sur la tactique des Grecs et des traductions de Xénophon, de Thucydide et d'Arrien.)

XXI. **Carion Nisas***. — *Essai sur l'histoire générale de l'art militaire, de son origine, de ses progrès et de ses révolutions.* — Paris, 1823.

XXII. **Rocquancourt***. — *Cours élémentaire d'art et d'histoire militaires.*— Paris, 1831-39.

XXIII. **Schwarz.** — *Conjectura de pugna Marathonica.*

XXIV. **Finlay.** — *On the battle of Marathon* ; (dans les « transactions » de la Société royale de littérature anglaise, vol. I. Part. II et III. Part II).

XXV. **De la Barre Duparcq***.—*Histoire de l'art de la guerre.*—Paris, 1860.

XXVI. **Goguet.**—*De l'origine des lois, des arts, des sciences et de leurs progrès chez les anciens peuples.* — La Haye, 1758.

XXVII. **Thirlwall.** — *Histoire de la Grèce ancienne,* traduite de l'anglais par Joanne. — Paris, 1852.

XXVIII. **Patrizzi.** — *Paralleli militari né quali si fra paragone delle milizie antiche, in tutte le parti loro con le moderne.* — Rome, 1594-1595.

XXIX. **Hoffmann.** — *Griechenland und die Griechen in Alterthum.* — Leipzig, 1841.

XXX. **Lerminier.**—*Histoire des législateurs et des constitutions de la Grèce antique.* — Paris, 1852.

XXXI. **Guischardt***. — *Mémoires militaires sur les Grecs et les Romains.* — La Haye, 1758.

XXXII. **Ste-Croix***. —*Examen critique des anciens historiens d'Alexandre le Grand.* — Paris, 1804.

XXXIII. **Droysen.** — *Geschichte Alexanders des Grossen.* — Berlin, 1833

XXXIV. **Niebuhr.** — *Vorträge über griechische Geschichte, gehalten an der Universität zu Bonn.* — Berlin, 1847.

XXXV. **Le même.** — *Vorträge über alte Geschichte.* — Berlin, 1847.

XXXVI. **Le même.**—*Vorträge über alte Länder und Völkerkunde.*—Berlin, 1847.

XXXVII. **Barthélemy.** — *Voyage du jeune Anacharsis.* — Paris, 1790.

XXXVIII. **Nast.** — *Einleitung in die griechischen Kriegsalterthümer zum Gebrauch seiner Vorlesungen.* — Stuttgart, 1870.

XXXIX. **Hermann.**— *Lehrbuch der griechischen Staats-Alterthümer aus dem Standpunkte der Geschichte.* — Heidelberg, 1836.

XL. **Le même.** — *Zeitchrift für Kriegswissenschaft, 1823* ; (2e livraison, article sur les campagnes d'Alexandre).

XLI. **De Laverne***. — *L'art militaire chez les nations les plus célèbres de l'antiquité et des temps modernes.* — Paris, 1805.

XLII. **Chandler.** — *Voyages dans l'Asie mineure et en Grèce* ; traduits de l'anglais et accompagnés de notes géographiques, historiques et critiques, par Servois et Barbié du Bocage. — Paris, 1806.

XLIII. **Ainsworth**. — *Researches in Assyria, Babylonia and Chaldea, forming a part of the labours of the Euphrate's expedition.* — London, 1838.

XLIV. **Bartholdy**. — *Voyage en Grèce* ; traduit de l'allemand. — Paris, 1807.

XLV. **Chesney**. — *The expedition for the Survey of the rivers Euphrates and Tigris, carried in the years 1835, 1836 and, 1837.* — London, 1850.

XLVI. **Hughes**. — *Travels in Sicily, Greece and Albania.* — London, 1820.

XLVII. **Leake**. — *The topography of Athens; with some remarks on its antiquities.* — London, 1841.

XLVIII. **Koch**. — *Zug der zehn Tauzende.*

XLIX. **Kennel**. — *Illustrations (chiefly geographical) of the expedition of Cyrus and the retreat of the ten thousand Greeks, with an appendice containing an inquiry into the best method of improving the geography of the Anabasis.* — London, 1816.

L. **Dodwell**. — *A classical and topographical-tour through Greece, during the years 1801, 1805 and 1806.* — London, 1819.

LI. **Holland**. — *Travels in the Ionian isles, Albania, Thessaly, Macedonia, etc., during the years 1812 and 1813.* — London, 1815.

LII. **Porter**. — *Travels in Georgia, Persia, Armenia, ancient Babylonia, etc. ; during the years 1817, 1818, 1819 and 1820.* — London, 1821-1822.

LIII. **Hobhouse**. — *Journey through Albania and other provinces of Turkey in Europe and Asia, during the years 1809 and 1810.* — London, 1813.

LIV. **Choiseul-Gouffier**. — *Voyage pittoresque de la Grèce.* — Paris, 1782-1822.

LV. **Hamilton**. — *Researches in Asia minor, Pontus and Armenia, with some account of their antiquities and geology.* — London, 1842.

LVI. **Buchon**. — *La Grèce continentale et la Morée.* — Paris, 1844.

LVII. **Texier**. — *Description de l'Asie mineure* ; (publié par ordre du Gouvernement).

LVIII. **Brönsted**. — *Voyages dans la Grèce, accompagnés de recherches archéologiques.* — Paris, 1826.

LIX. **Von Sprüner**. — *Historisch-geographisch Atlas.*

LX. **Le même**. — *Atlas antiquus.*

LXI. **Kiepert**. — *Atlas von Hellas.*

LXII. **Dufour**. — *Carte des marches d'Alexandre.*

LXIII. **Kausler** — *Atlas des plus mémorables batailles, combats et siéges des temps anciens, du moyen âge et de l'âge moderne* (rédigé avec l'aide de l'état-major wurtembergeois) 2 atlas. — Mersebourg, 1839.

LXIV. **Filon**. — *Histoire de la démocratie athénienne.* — Paris, 1854.

LXV. **Secousse**. — *Dissertation sur l'expédition d'Alexandre contre les Perses.* Ac^ie. des inscriptions, T. V. A° 1723.

LXVI. **Gail**. — *Géographie d'Hérodote,* avec atlas et plans de bataille. — 1826.

LXVII. **de Calais**. — *Des passages de fleuves et de rivières exécutés par Alexandre le Grand.* (Journal des sciences militaires, 1834.)

LXVIII. **de Coulonjon.** — *Précis de la vie d'Epaminondas.* (Sciences militaires, 1851).

LXIX. **Le même.** — *Précis de la vie d'Alexandre.* (Sciences militaires, 1852).

LXX. **Ernest Curtius.** — *Griechische Geschichten.* — Berlin, 1865.

LXXI. **Paul Devaux*.** — *Mémoire sur les guerres médiques.* (Mémoires de l'Académie de Belgique, 1875.)

LXXIbis. **Paul Devaux.** — *Études politiques sur l'histoire ancienne et moderne.* — Bruxelles 1875.

LXXII. **Max Duncker.** — *Geschichte des Altherthums.* — Berlin, 1857.

LXXIII. **Robinson.** — *Antiquités grecques.* Traduction. — Paris, 1837.

LXXIV. **Ernould.** — *Memorandum d'histoire militaire.* (Belgique militaire, 1874-75).

LXXV. **Flathe.** —*Histoire de Macédoine*, (texte allemand). — 1834.

LXXVI. **Drückerner.** — *Philippe et les États grecs*, (texte allemand). — 1837.

LXXXII. **Olivier.** — *Histoire de Philippe.* — 1740.

LXXXIIbis.**Wallon.** — *Histoire de l'esclavage dans l'antiquité.*

N.B. *Voir* également dans la Bibliographie de la période romaine les n^{os} CXXVII, CXXXII, CXXXIV, CXXXVII, CXXXXVII, CXXXXVIII, CLXXV, CLXXXVI, CCIX, CCXXII, CXXXVII.

CHAPITRE PREMIER.

—

La Grèce ancienne ne formait pas une unité politique. Les invasions successives, la configuration particulière de la contrée, créèrent un grand nombre d'États dont les coutumes et la forme gouvernementale variaient. Quelques-uns parvinrent à maintenir leur indépendance, mais la plupart subirent, d'une manière plus ou moins caractérisée, l'influence d'Athènes, de Sparte ou de Thèbes, qui se disputèrent longtemps la suprématie de l'Hellade.

Afin de nous renfermer dans les limites restreintes de ce travail, nous n'étudierons que l'organisation militaire d'Athènes, en indiquant, par quelques traits seulement, celles de Sparte et de Thèbes. La période macédonienne exigera plus de développements.

Période hellénique.

—

SOMMAIRE.

Organisation militaire d'Athènes. — Constitution politique de cette république ; — subdivision de la population ; — les trois premières classes seules appelées à l'armée ; — éducation militaire ; — incorporation ; — durée du service ; — subdivision de la force publique ; — des stratèges ; — des officiers commandant les grandes fractions de troupes ; — constitution de l'infanterie ;

— des hoplites ; — des peltastes ; — des psilites ; — forme générale de la phalange.

Des causes de décadence de l'esprit militaire ; — introduction de la 4me classe dans l'armée ; — ses exigences ; — son influence néfaste ; — la solde ; — extension de la marine ; — elle affaiblit l'armée et modifie le caractère de la nation ; — un siècle après les guerres médiques, Athènes est impuissante devant Philippe de Macédoine.

Des guerres entreprises ou soutenues par les Grecs.

Les guerres médiques de 496 à 470 av. J.-C. — 1re guerre 496 ; 2e guerre 490 ; — bataille de Marathon ; — réflexions ; — 3e guerre 489-470.

La guerre du Péloponèse 431-404. — Constitution militaire de Sparte.

Guerre entre Sparte et Thèbes 394-362. — Influence de la domination étrangère à Thèbes ; — régénération militaire ; — Épaminondas ; — bataille de Leuctres, emploi de l'ordre oblique ; — discussion ; — 2e bataille de Mantinée.

Situation de la Grèce à l'époque de Philippe II de Macédoine ; — influence de la forme monarchique des États sur les institutions militaires ; — perfectionnements introduits par Philippe ; — résultats.

Description de la phalange. — Ses subdivisions ; — sa mobilité ; — des ordres de bataille ; — leur valeur ; — manœuvres ; — des contre-marches ; — des doublements ; — des conversions ; — des marches en colonne ; — phalange lacédémonienne ; — de la cavalerie ; — sa valeur ; — son emploi ; — sa place dans l'ordre de bataille.

Organisation militaire d'Athènes.

Les lois de Solon (590 av. J.-C.) modifiées par Clisthène (510) avaient fait d'Athènes une république démocratique (1).

Le territoire était divisé en dix tribus. La tribu renfermait un certain nombre de communautés possédant chacune ses magistrats, ses fêtes, son état-civil. Sur ce territoire vivaient quatre catégories d'individus : les citoyens, les habitants, les étrangers, les esclaves.

Les citoyens étaient nés sur le sol même; ils composaient l'armée et le corps de la république.

Les habitants étaient des Grecs d'autres républiques qui

---

(1) On peut, pour de plus amples détails, recourir au remarquable ouvrage de M. Grote : *Histoire de la Grèce :* trad. Sadous. Paris 1865. *Voir* XI.

Voir Bibliographie, XI, XV, XVI, XVII, XXI, XXII, XXVII, XXX, LXIV.

avaient demandé l'hospitalité à Athènes. Ils n'obtenaient le domicile et une espèce d'indigénat qu'en payant une redevance annuelle et en se plaçant, par une sorte de recommandation ou de vasselage, sous la tutelle d'un citoyen ; celui-ci veillait aux intérêts de l'habitant et le représentait devant les magistrats.

Les habitants n'étaient tenus à aucun devoir envers la république ; cependant on acceptait leurs services lorsque l'État se trouvait dans une situation critique. Ils formaient alors des corps séparés, et, comme prix de leur zèle, ils obtenaient ou l'exemption du tribut ou le titre de citoyen.

Les étrangers étaient également des enfants d'autres républiques grecques qui étaient venus s'établir à Athènes, mais sans renoncer à leur première patrie.

Enfin, les esclaves, dont le chiffre était élevé, n'avaient pas le droit de porter les armes ; ils suivaient les armées comme serviteurs, mais n'en faisaient point partie. Ils étaient utilisés sur la flotte ; et l'on ne recourait à cette dernière catégorie que lorsque le sol même de la patrie se trouvait menacé.

Les citoyens se divisaient en quatre classes suivant la fortune.

La première classe comprenait ceux ·qui jouissaient au moins de la valeur de 500 médimnes (1) de blé comme revenu annuel ; c'étaient les opulents.

La seconde, les riches, renfermait les citoyens possédant au moins 300 médimnes.

La troisième classe ou moyenne, se composait de propriétaires de 200 médimnes.

Les autres étaient rangés dans la catégorie des pauvres et formaient la 4° classe.

Les citoyens des trois premières classes avaient seuls le droit et le devoir de défendre la patrie, parce que seuls ils étaient assez riches pour s'équiper, pourvoir aux frais nécessités par l'expédition, entretenir la famille qui restait au logis, et, qu'en-

---

(1) Le médimne attique valait à peu près 45 litres, il servait à la mesure des grains. — De nos jours, et en chiffres ronds, 500 médimnes représentent au moins 5,000 francs; 300 et 200 méd., 3,000 et 2,000 francs.

suite, ils avaient le plus d'intérêt à sauvegarder les prérogatives de la république.

En récompense du service de guerre ils étaient appelés à remplir toutes les places administratives et judiciaires ; ils pouvaient aspirer aux plus hautes positions.

Ils formaient une milice permanente, toujours armée, mais résidant dans ses foyers et qui était prête à voler en fort peu de temps là où l'honneur du pays la réclamait. Car à cette époque l'homme libre ne faisait aucun métier, rien ne l'attachait au foyer domestique, excepté le lien de famille ; tous les travaux et toutes les professions manuelles étaient confiés aux esclaves ; la mobilisation de l'armée pouvait se faire avec promptitude et son départ ne laissait rien en souffrance.

Dès leur plus tendre enfance les Athéniens étaient exercés au métier des armes ; cette éducation était morale et physique ; les grands jeux nationaux olympiques, pythiques, isthmiques et néméens, qui se célébraient annuellement sur divers points de la Grèce, stimulaient puissamment le zèle de la nation pour les exercices du corps. L'enseignement théorique, professé dans les nombreuses écoles, complétait l'instruction et il donna naissance à cette série d'hommes illustres dont la Grèce peut, à juste titre, s'enorgueillir.

A l'âge de 18 ans, les jeunes citoyens se présentaient devant les magistrats, recevaient l'armure de guerre, juraient de ne jamais déshonorer leurs armes et de ne s'en servir que pour maintenir la grandeur de la patrie. Puis, formés par troupes, ils se rendaient aux frontières. Pendant deux ans on les rompait au rude métier des armes, et ce n'était qu'à 20 ans qu'on les inscrivait définitivement sur la liste des défenseurs du pays. Ceux qui négligeaient cette formalité étaient notés d'infamie et perdaient leurs droits civils.

L'obligation du service personnel s'étendait à toutes les expéditions.

La durée du service était de 20 ans. A partir de 40 ans le citoyen n'était plus tenu de coopérer aux entreprises lointaines, mais il devait jusqu'à 60 ans assurer la défense du sol national.

Les receveurs du fisc et les prêtres de Bacchus étaient seuls exempts de l'impôt militaire.

L'armée athénienne comprenait trois parties distinctes :

La première, toujours en armes, se composait des jeunes gens de 18 à 20 ans; soit 2 classes d'instruction.

La seconde résidait dans ses foyers. Formée de 20 classes exercées, elle constituait la véritable force de la nation et renfermait dans son sein tous les hommes de 20 à 40 ans.

La troisième était une réserve nationale, commise à la défense du sol, se recrutant parmi les hommes de 40 à 60 ans. Le service total était donc de 42 ans.

Ainsi, par ce système, la république ne pouvait jamais être prise au dépourvu, car, pendant une guerre lointaine, il restait, pour maintenir l'intégrité du territoire, à peu près le tiers de la nation qui s'augmentait encore des secours extraordinaires apportés par les habitants, les étrangers et, au besoin, par les esclaves.

Cet aperçu nous montre déjà combien l'étude des anciennes institutions offre d'intérêt ; dès le début se pose la question si intéressante de l'établissement de la landwehr; elle est aussi vieille que l'humanité. Pas à pas on pourra constater qu'en croyant faire du neuf, on n'édifie que du vieux oublié. L'époque de décadence est ordinairement celle où l'on méconnaît les anciennes institutions.

Les forces nationales d'Athènes étaient commandées par des généraux appelés stratèges. Ils étaient nommés tous les ans par le peuple et choisis parmi les citoyens possesseurs de biens territoriaux et pères d'enfants vivants. C'était une double précaution prise contre l'élu qui, du reste, à l'expiration de son mandat devait rendre compte devant le tribunal populaire de la manière dont il l'avait rempli.

Chaque tribu avait le droit d'élire un stratége ; il y avait donc 10 généraux appelés au commandement suprême et exerçant la puissance à tour de rôle, c'est à dire un jour sur dix. Bien que la subdivision et le renouvellement du commandement fût la règle, celle-ci subissait parfois des exceptions. Il arrivait que l'élection se reportait sur la même personne quand cette dernière jouissait d'une grande réputation, ou bien, que les autres généraux s'effaçaient devant un de leurs collègues. C'est ainsi que Thémistocle, Aristide, Cimon, Nicias, Phocion conservèrent le commandement. La réunion des dix stratéges formait le conseil de guerre de la nation. Lorsqu'il y avait divergence d'opinion, le polémarque avait voix prépondérante.

Le polémarque était, sous les rois, le chef de l'armée ; cette haute dignité alla constamment en déclinant et, à l'époque républicaine, elle s'était transformée en une simple magistrature.

Le partage du commandement, que nous verrons se reproduire encore dans la suite, reposait sur une idée de méfiance, inhérente aux institutions de cette époque. Les Grecs, et surtout les Athéniens, redoutaient de voir les généraux se servir du prestige de leurs victoires pour opprimer la liberté ; aussi l'ingratitude populaire fut-elle souvent le prix des plus grands services rendus à la patrie.

Au point de vue militaire, la subdivision du commandement ne peut se justifier ; peut-être espérait-on, en établissant ce grand nombre de généraux et le retour fréquent de l'élection, exciter l'émulation dans le cœur des citoyens, puisque tous pouvaient concevoir l'espérance de réunir les suffrages.

Sous les généraux commandaient les hipparques et les taxiarques.

Il y avait deux hipparques, dirigeant la cavalerie de chaque aile. Chaque tribu nommait aussi un chef inférieur commandant les pelotons ou îles de cavalerie. La cavalerie grecque fut toujours faible et, sauf la cavalerie thessalienne, de médiocre valeur.

Les taxiarques réglaient l'ordre de marche de l'armée, l'assiette du camp, le ravitaillement, la discipline.

L'infanterie grecque se composa d'abord d'hoplites, puis de psilites.

Les premiers formaient la véritable force de l'armée; ils étaient pesamment vêtus, portaient le bouclier, le casque, la cuirasse, les bottines de fer et la jambière à gauche. Pour atteindre l'ennemi, ils se servaient de la pique et de l'épée. Les hoplites sont les plus anciens soldats grecs. Ils étaient secondés par les psilites, ne portant aucune arme défensive et maniant la fronde, l'arc ou le javelot. Véritables enfants perdus ou tirailleurs de l'armée, les psilites se répandaient autour d'elle, inquiétaient les postes de l'adversaire, les provoquaient, insultaient ensuite la masse elle-même, la mettaient parfois dans la nécessité de rompre son ordonnance et facilitaient l'action de la phalange. On les détachait pour occuper les hauteurs, reconnaître l'ennemi, tendre des embuscades, opérer des diversions. Dans ces services ils suppléaient la cavalerie.

Mais une armée, formée seulement d'hoplites ou de phalangites réunis en une masse compacte et de frondeurs éparpillés, ne pouvait répondre à toutes les exigences de la guerre ; aussi, environ 400 ans avant J.-C., Iphicrate diminua la longueur de la pique et la pesanteur du bouclier d'une partie de l'infanterie et créa un corps mixte composé de peltastes, réunissant la solidité des phalangites à l'agilité des troupes légères. Ces soldats prirent plus tard, sous les noms d'hypaspistes, d'argyraspides, de doryphores, une très-grande extension dans les armées macédoniennes dont ils constituèrent la principale force.

Nous voyons donc, dès le début de l'histoire, se poser le problème, à peine résolu de nos jours, de la double infanterie.

Les hoplites et les peltastes formaient l'infanterie de bataille ; les psilites, l'infanterie légère.

La première, réunie en un tout indissoluble, avait ses parties soudées dans la masse comme le phalangite l'était dans le rang. L'étendue du front dépendait de la puissance de la nation ; la profondeur variait de 8 à 12 rangs ; elle fut portée à 16 boucliers par Philippe de Macédoine, comme nous le verrons dans la suite lorsque nous examinerons la constitution intérieure de la phalange arrivée à son apogée. Dans des cas exceptionnels on allait jusqu'à 24 et même 48 rangs de profondeur.

C'est avec cette armée toute nationale que les Athéniens, imparfaitement secourus, résistèrent à la double invasion des Perses et vainquirent à Marathon et à Platée.

Mais ces luttes mêmes et le succès qui en fut le résultat, causèrent la chute de la puissance militaire de la nation. Pour échapper au danger qui la menaçait, Athènes avait dû armer la quatrième classe. Ces citoyens pauvres, écartés jusque-là d'emplois qu'ils convoitaient, profitèrent de leur nombre, réclamèrent l'abolition des lois exclusives qui les frappaient et exigèrent l'égalité absolue. On comprend la perturbation amenée par le nouvel ordre de choses et combien des hommes dont l'éducation et l'instruction avaient été entièrement négligées étaient peu propres à faire de bons choix ou à exercer un commandement. Les élus des tribus devaient flatter les passions de la multitude; par contre ils apportèrent moins d'intégrité dans leurs fonctions, moins de zèle dans l'accomplissement de leurs devoirs, moins d'énergie dans le maintien d'une exacte discipline.

L'incorporation de la 4ᵉ classe dans l'armée amena un autre changement. Tant que le recrutement s'était effectué dans les trois premières classes, la solde et l'impôt qu'elle entraîne, n'existaient pas. Il n'en fut plus de même quand la quatrième se vit appelée aux armes; l'établissement de la solde était impérieusement réclamé, si l'on voulait éviter le pillage et les autres excès qu'engendrent la faim et la cupidité.

Ce fut une cause d'affaiblissement, de division, d'anarchie sociale, car les fonds pour le payement de la solde ayant été pris d'abord sur les colonies, ensuite sur les villes, il y eut un antagonisme perpétuel entre les premières classes et le peuple; celui-ci opinant toujours pour la guerre qui l'enrichissait, celles-là, au contraire, la redoutant et s'y opposant de tout leur pouvoir, puisqu'elle les privait de leurs revenus et les ruinait.

L'extension de la marine vint encore porter un coup fatal à l'état militaire d'Athènes, non-seulement en affaiblissant la milice, mais en modifiant le caractère de la nation qui ne rêva plus que le luxe et les richesses. Le service devint un fardeau dont chacun chercha à se dégager et, au milieu de cette aversion croissante pour les devoirs militaires, on vit bientôt des bandes de mercenaires, qui n'avaient pour mobile et moyens d'existence que l'argent, se substituer aux anciens phalangites qui avaient porté si haut la gloire de la nation. Un siècle suffit pour accomplir cette transformation et terminer une révolution dont le dénouement fut encore accéléré par les déclamations intéressées des orateurs démagogues.

Dès lors Athènes et la Grèce devinrent une proie facile pour Philippe de Macédoine.

L'histoire d'Athènes aux vᵉ et ivᵉ siècles avant le Christ, se reproduira encore; la république de Venise, les grandes communes belges offriront dans l'avenir des exemples similaires.

Et cependant l'armée macédonienne était loin de présenter

l'homogénéité de l'armée grecque, quoique celle-ci ne contînt plus que des citoyens dégénérés ; mais Philippe avait créé, avec les éléments hétérogènes dont il disposait, un faisceau rendu indissoluble par une discipline austère ; de plus, son armement et sa tactique étaient supérieurs.

Les guerres principales entreprises ou subies par les Grecs, dans la période que nous examinons, sont :

1° Les guerres médiques   496-470
2° La guerre du Péloponèse.   431-404
3° La guerre de Cyrus, le jeune   401-400
4° La guerre entre Sparte et Thèbes   394-362
5° La guerre sociale   359-356
6° Les guerres de Philippe de Macédoine. . .   352-338
7° Les guerres d'Alexandre le Grand. . . .   334-323 (1)

Les guerres médiques, de 496 à 470 avant Jésus-Christ (2).

L'ambition de Darius, fils d'Hystaspe, son désir d'étendre ses conquêtes en Occident, furent la principale cause des guerres médiques qui forment la conséquence de l'expédition dirigée en Scythie, en 513. Le dénouement fut hâté par les instances d'Hippias, fils de Pisistrate, qui avait été chassé d'Athènes et par celles des Aleuades de Thessalie, pour être délivrés d'adversaires qui les gênaient. Darius saisit pour prétexte le secours donné aux rebelles d'Asie par les Athéniens et les Érétriens.

Une première expédition, en 496, échoua complétement.

---

(1) *Voir*, pour les guerres postérieures, la période romaine.
(2) *Voir* Bibliographie nᵒˢ I, IX, X, XI, XII, XIII, XX, XXI, XXIII, XXIV, XXXIV, XL, XLIV, L, LIV, LVI, LVIII, LXVI, LXX, LXXI, LXXII, LXXIII et LXXIV.

Dirigée par Mardonios, elle ne dépassa pas le Mont Athos. Une tempête détruisit la flotte, et l'armée assaillie par les Thraces rétrograda.

La deuxième expédition fut plus redoutable. En 490, Datis et Artapherne, après la conquête de Naxos et la prise d'Érétrie, se décidèrent à traverser le petit bras de mer qui les séparait de l'Attique. L'alarme était grande à Athènes; ses alliés, Sparte entre autres, refusaient sous de vains prétextes de la seconder; elle ne dut compter que sur elle-même. Miltiade, aidé par Aristide et Thémistocle, releva le courage de ses concitoyens, travaillés par les agents de Darius et les menées d'Hippias. Acceptant seul la responsabilité du commandement, il conduisit les forces dont il disposait, soit 10,000 Athéniens et 1,000 Platéens, sur les hauteurs du Pentélique, de manière à arrêter Datis au moment du débarquement (1).

Le 29 septembre 490, Datis commença à prendre terre et rangea ses troupes d'infanterie sur deux lignes (2), plaçant au centre de la première ses meilleurs soldats, les Mèdes et les Sakes; la cavalerie n'eut pas le temps d'aborder, car Miltiade attaqua subitement. De la position élevée qu'il occupait, il pouvait suivre tous les mouvements de son adversaire, et il se décida à prendre immédiatement l'offensive et à profiter de la plaine unie qui se présentait devant lui. Après avoir offert les sacrifices (3), il forma sa phalange en renforçant les ailes au détriment du centre, s'aida de quelques obstacles naturels et artificiels qui

---

(1) C'est l'opinion émise par M. Paul Devaux dans un mémoire présenté récemment à l'Académie de Belgique et qui contient une critique très-savante du texte d'Hérodote. Ce travail sera publié dans les *Mémoires de l'Académie.*— *Voir* LXXI.

(2) *Voir* planche I.

(3) Les présages et les sacrifices jouaient un grand rôle dans les déterminations des superstitieux Grecs. Aucune décision n'était prise sans y avoir recours; les chefs habiles, d'accord avec les prêtres ou la pythie, exploitaient avec adresse cette foi aveugle, et la faisaient souvent tourner au profit de leurs intérêts personnels. Quant aux présages, ils offraient une telle flexibilité d'interprétation qu'on pouvait les appliquer à tous les cas. Témoin le débat qui surgit entre Alexandre et Parménion à propos de l'aigle planant au-dessus de la flotte macédonienne à Milet.

assuraient ses flancs, parcourut à une allure accélérée les 1,400 mètres qui le séparaient de Datis et choqua la ligne ennemie sur tout son front. Le résultat ne fut pas le même partout. Aux ailes, où la phalange épaissie rencontra les plus mauvaises troupes de Datis, elle fut victorieuse, mais le centre céda. C'en était fait des Athéniens ; percés au centre, coupés par l'énergique effort des Mèdes, ils auraient perdu la bataille si Miltiade, arrêtant le progrès des ailes, n'en avait détaché les rangs postérieurs qui, venant au secours de la partie menacée, paralysèrent les succès de l'ennemi et rétablirent le combat.

Les Mèdes et les Sakes, maintenus en front, enveloppés par leurs flancs, furent obligés de rétrograder et suivirent le mouvement des autres troupes qui se rembarquaient à la hâte.

D'après Hérodote, les Perses perdirent 6,400 hommes, les alliés 200 hommes seulement ; chiffre sujet à contestation.

La bataille de Marathon, qui fut promptement gagnée, offre donc deux phases. La première est une lutte en ordre parallèle. Dans la seconde, la fuite d'une partie de l'armée de Datis, transforme cette lutte parallèle en une attaque centrale, opérée contre la phalange par les Mèdes et les Sakes. Miltiade agit alors, d'après les vrais principes de l'art de la guerre ; cette attaque centrale n'étant pas appuyée, il renforça la partie menacée et forma de chaque aile une sorte de crochet ; prenant ainsi un dispositif en tenaille, il enveloppait son imprudent adversaire et il le força à céder le lieu de l'action.

Cette manœuvre fut rapidement conçue. Du reste, Miltiade paraît avoir mené vigoureusement cette partie de la campagne. Son énergie se fait jour encore dans cette marche rapide qu'il imprime à la phalange, au risque de la désorganiser avant le choc de l'adversaire, et qui est restée, dans l'esprit des Grecs d'alors, comme la caractéristique de la bataille de Marathon. Après le combat, il regagna vivement Athènes ; les Perses qui espéraient surprendre la ville après leur échec, furent prévenus, et Miltiade eut la gloire de sauver la République deux fois en vingt-quatre heures.

Cette action nous montre, enfin, comment une poignée d'hommes bien disciplinés, instruits dans le métier des armes, animés de l'amour de la patrie et conduits par un chef habile, peuvent l'emporter sur des masses, courageuses sans doute, mais sans cohésion et dirigées par un esprit timide.

Dans la troisième guerre médique, Xerxès, fils de Darius I, se met lui-même à la tête de son armée. Un double pont est jeté sur le détroit d'Abydos à Sestos (1,200 mètres), et les troupes s'avancent par la Thrace, la Macédoine et la Thessalie vers la Grèce.

Les forces du grand roi sont innombrables. Pour les compter, dit Hérodote, on rassembla 10,000 hommes que l'on serra étroitement les uns contre les autres sur une surface rectangulaire ; on éleva, sur les faces de ce rectangle, un mur muni d'une porte par laquelle on faisait entrer successivement des fractions de l'armée que l'on tassait de la même manière ; autant il y avait de fournées, autant on comptait de fois le contingent primitif. Il y eut 170 divisions ou 1,700,000 hommes. Ce calcul ne se rapportait qu'à l'armée asiatique et non aux contingents d'Europe, et ne renfermait pas les serviteurs attachés aux troupes de l'époque. De pareilles armées ne pouvaient subsister qu'à l'aide d'un énorme matériel pour le transport des vivres, car elles devaient tout dévorer sur leur passage et rendre le retour impossible.

Devant cette formidable invasion Athènes forma encore une fois, dès le début, le centre de la résistance et ne fut que faiblement secondée par Sparte.

Malheureusement, Léonidas à la tête de 5,000 Grecs, se laissa tourner dans le défilé des Thermopyles (1), et l'envahisseur se dirigea vers l'Attique.

Thémistocle détermina alors les Athéniens à engager le combat sur mer. La flotte perse fut battue à Salamine, et cet échec décida Xerxès à retourner en Asie et à laisser le commandement à Mardonios. Celui-ci fut battu à Platée (479) par Pausanias, alors que les Athéniens remportaient le même jour une seconde victoire navale à Mycale.

---

(1) On reviendra sur l'action des Thermopyles dans l'étude de la bataille de Morgarten.

Enfin, quelques années plus tard, en 470, Cimon délivra à jamais la Grèce des entreprises de Xerxès par le double succès de l'Eurymédon.

Ces défaites successives des Perses sont une preuve de la décadence rapide de l'art de la guerre chez cette nation, car on ne peut prétendre que depuis les triomphes de Cyrus (560), le courage se soit amolli au point d'enlever à ce peuple toute énergie et toute bravoure. Les successeurs inhabiles de Cyrus avaient méconnu les leçons transmises par le fondateur de leur puissance ; ils laissèrent dans l'oubli les ordonnances de ce prince et préparèrent fatalement les désastres qu'ils subirent sur le continent européen.

La même imprévoyance explique l'heureuse issue de la retraite immortelle entreprise par Xénophon de Cunaxa à Cotyora, et que l'histoire enregistre sous le nom de « Retraite des dix mille » (401) (1).

Guerre du Péloponèse, 431-404 avant Jésus-Christ (2).

La guerre du Péloponèse survient 40 ans après la retraite des Perses. Elle éclate entre Athènes et Sparte au sujet de la protection accordée par la première à Corcyre révoltée contre Corinthe, l'alliée des Lacédémoniens. La cause véritable résidait dans la haine que se portaient les deux premières puissances de la Grèce, rivales jalouses qui voulaient établir à tout prix leur suprématie sur l'Hellade.

Cette guerre dure 27 ans et se termine par la prise d'Athènes, après la défaite d'Ægos-Potamos (405).

Les alliances nombreuses, la multiplicité des petits combats, le changement continuel du théâtre de la lutte rendent l'étude de cette guerre assez aride et sans grand profit pour l'enseignement militaire. Toutefois, il est nécessaire d'appeler l'attention

---

(1) *Voir* Bibliographie III, IX, XI, XXI, XL, XLII, XLIV, XLVIII, XLIX, LX.
(2) *Voir* Bibliographie II, III, IX, XI, XII, XIII, XIV, XXI, LXXXIIbis.

sur l'importance que Périclès attache aux alliances contractées en vue des hostilités ; aux moyens énergiques dont on doit faire usage pour rassembler, en peu de temps, tout l'appareil destiné aux expéditions, — car, disait-il « l'occasion passe et il faut la saisir dès qu'elle se présente » ; — enfin, au levier puissant que procure l'argent. Alors, comme aujourd'hui, c'est par là qu'on assure la prompte mobilisation des forces, leur entretien et leur facile mise en œuvre.

Sparte, qui intervient dans cette lutte comme partie principale, formait une république militaire qui avait reçu de Lycurgue une constitution restée célèbre (884). La population était divisée en deux classes de citoyens : les Spartiates et les Laconiens; les Ilotes étaient esclaves. Tous les citoyens étaient soldats de 20 à 60 ans, et servaient dans une des fractions de l'armée ou *mora*, se rapportant à une des cinq divisions territoriales de cette monarchie républicaine. La mora n'était autre qu'un régiment provincial, composé des habitants d'une même circonscription. Un des rois prenait le commandement de l'armée dans les expéditions extérieures ; il avait sous ses ordres cinq polémarques ou chefs de mora ; celle-ci se subdivisait à son tour, en quatre lochos ayant aussi leurs officiers spéciaux.

On indiquera plus bas la force de chacun de ces corps.

Guerre entre Sparte et Thèbes, 394-362 avant Jésus-Christ (1).

La guerre entre Sparte et Thèbes exige plus de développement.

Victorieuse dans la lutte qu'elle avait soutenue contre Athènes, Sparte régnait en maîtresse absolue sur l'Hellade et les cités sujettes d'Olynthe.

Le gouvernement odieux de Léontiades, chef de la garnison spartiate, amena bientôt un mouvement de résistance qui se généralisa et fit germer dans le cœur des Thébains le vif désir

---

(1) *Voir* Bibliographie IX, X, XI, XIII, XX, XXI, XXII, XXV, LXVIII, LXXIV.

de se soustraire au joug de leurs oppresseurs. Deux hommes remarquables, Pélopidas et Épaminondas, exploitèrent avec habileté ce sentiment au profit de la chose publique ; ils excitèrent leurs citoyens à se préparer à la lutte, les exerçant dans la Cadmée, les instruisant dans les gymnases, assouplissant sans relâche leur corps et nourrissant leur esprit des idées de la guerre ; ils régénérèrent ainsi la nation et assurèrent sa délivrance. Cet exemple ne devait pas être perdu. Une nation moderne a su mettre à profit cet enseignement. Quand, au commencement du xix° siècle, la Prusse sera abattue, réduite à l'impuissance par la main de fer de Napoléon, Frédéric-Guillaume III et Scharnhorst s'inspireront du patriotisme de Pélopidas et d'Epaminondas ; stimulant par leur zèle infatigable celui de la nation même, ils lui rendront le lustre qu'une trop grande présomption et l'oubli des saines maximes lui avaient momentanément enlevé.

C'est à cette époque que fut créé à Thèbes le bataillon sacré ou *lochos* de la cité, troupe d'élite recrutée avec le plus grand soin et rappelant les Éparites arcadiens ou les Scirites de Lacédémone.

Le bataillon sacré était composé de jeunes gens pris dans les meilleures familles, d'une force et d'un courage reconnus, et groupés par couples indissolubles. Nous retrouverons ce compagnonnage militaire parmi les guerriers germains.

Grâce aux mesures prises par Épaminondas, grâce surtout aux ineptes opérations d'Agésilas, roi de Sparte, dans la Béotie, les troupes thébaines se familiarisèrent promptement avec leurs nouveaux devoirs, et dans les champs de Leuctres elles infligèrent une défaite cruelle aux troupes lacédémoniennes. C'est le moment de décrire cette bataille instructive.

L'armée thébaine ne comptait que 6,000 hommes commandés par Épaminondas ; Cléombrote conduisait 11,000 guerriers, Spartiates et Phocéens. Les deux adversaires se rencontrèrent dans la plaine unie de Leuctres, à 3 lieues S.-O. de Thèbes. Épaminondas, après avoir relevé le courage de ses troupes fortement ébranlé par des présages fâcheux, résolut de compenser son infériorité numérique par l'emploi d'une nouvelle forme tactique. Dans toutes les batailles précédentes, les armées s'étaient choquées en lignes parallèles, et le combat s'engageait uniformément sur toute l'étendue du front, à moins que des causes accidentelles ne vinssent déranger le plan des généraux. Modifiant ces dispositions, Épaminondas rangea ses troupes de manière à faire porter sa gauche sur la droite spartiate, tandis que le centre et la droite restaient en dehors des coups de l'adversaire.

Cette manœuvre ne pouvait réussir qu'en renforçant la partie attaquante d'autant plus que, suivant l'usage, la droite spartiate était composée des meilleures troupes de Cléombrote.

Aussi Épaminondas forma-t-il son extrême gauche sur 48 boucliers de profondeur (1) ; il lui adjoignit le bataillon sacré, et ces deux troupes d'élite furent confiées à Pélopidas. Avant d'engager le combat, il renvoya les bagages, les servants de l'armée et permit aux Béotiens qui, par pusillanimité ou crainte des présages, n'envisageaient pas d'un œil favorable les suites de la guerre, de se retirer avant la bataille ; il ne voulut compter que sur l'appui des cœurs vaillants dans une lutte où l'on se mesurerait un contre deux.

Les armées présentaient donc : du côté des Thébains une phalange amincie, à la droite et au centre, au profit de la gauche renforcée et appuyée par le lochos de la cité ; du côté des Spartiates la forme ordinaire, c'est-à-dire la ligne pleine rangée sur 12 hommes de profondeur. De plus Épaminondas, voulant faire tourner immédiatement à son avantage la qualité très-supérieure de la cavalerie dont il disposait, plaça ses îles en avant de la phalange. C'était une ruse ; il savait que Cléombrote s'empresserait d'imiter ce dispositif, car on avait la coutume de faire combattre les armes l'une contre l'autre ; si donc le choc avait lieu en avant du front de l'armée, il n'était pas douteux que les escadrons ennemis, refoulés dès la première charge et repoussés sur l'infanterie, n'occasionneraient dans la formation de celle-ci un désordre difficile à réparer ; le centre étant annihilé, le triomphe de la partie renforcée en devenait d'autant plus certain.

Au signal donné, la cavalerie des Thébains chargea et repoussa sur les hoplites celle qui lui était opposée ; en même temps

---

(1) *Voir* planche I.

Épaminondas enjoignit à sa ligne de commencer le mouvement par la phalange des 48 boucliers, appuyée du lochos. Le restant devait s'unir obliquement à ce corps avancé en maintenant la droite hors des traits de l'adversaire.

Le choc fut terrible, et Cléombrote essaya vainement d'y résister; percé de front, pris à revers par le lochos que Pélopidas faisait manœuvrer sur la droite de la phalange, il ne pouvait être secouru que par son centre ou sa gauche. Mais le centre était désorganisé; il était, du reste, tenu en respect par les Béotiens qui se trouvaient vis-à-vis et à petite distance; la gauche plus éloignée, aurait pu disposer d'une partie de ses forces, si les Phocéens qui la constituaient n'avaient cédé au vain désir de piller les bagages ennemis qui cherchaient un abri vers Thèbes.

En 363, Épaminondas ayant pénétré en Laconie, défit encore, par le même procédé, l'armée spartiate dans la plaine de Mantinée (2ᵉ bataille de ce nom).

La victoire de Leuctres est due toute entière à l'emploi d'une nouvelle forme tactique. En appliquant ce dispositif qui consiste à ne mettre qu'une fraction des troupes en contact avec l'ennemi, tandis que le reste doit tenir en respect la partie du front non choquée, Epaminondas parvint à diriger sur un point déterminé de la ligne de Cléombrote, des forces plus considérables que celles de l'adversaire, alors que celui-ci possédait cependant la supériorité du nombre.

Certains auteurs contestent à Épaminondas la création de l'ordre oblique; ils se fondent sur ce passage de Thucydide :
« C'est la coutume que dans tous les combats *l'aile droite*
» s'étende plus que l'autre, ce qui d'abord se fait moins à dessein
» que par hasard; car chacun se tenant plus ferme et s'empressant
» de se mettre à couvert derrière une partie du bouclier de son
» camarade de droite, on gagne insensiblement du terrain de ce
» côté-là; à quoi le premier chef de file aide beaucoup en prenant
» du large du même côté pour ne pas présenter le flanc décou-
» vert, ce qui entraîne insensiblement les autres. »

En y réfléchissant, il ne semble pas que l'on puisse découvrir dans ce passage les éléments de l'ordre oblique. Ce mouvement instinctif ne devait se produire qu'au moment du danger, c'est-à-dire près de la ligne ennemie, et il devait amener une marche oblique et non une conversion. Au surplus, les Grecs avaient senti depuis longtemps la nécessité de parer à ce défaut signalé par Thucydide, puisque la droite était toujours composée des troupes les plus fermes, les plus solides, commandées par les meilleurs chefs. On sait le ridicule dont se couvrit Aristeides, à Platée, lorsqu'il demanda à Pausanias de modifier son ordre de bataille et de céder aux Athéniens la place qu'il occupait avec ses phalangites à l'aile droite de l'armée.

C'est le seul exemple d'un fait semblable que nous rapporte l'histoire grecque, et qui prouve que, en raison de l'armement, la droite était considérée comme la place d'honneur dans la ligne de bataille ; occuper l'endroit le plus périlleux était le privilège accordé aux troupes les plus braves.

Ensuite, il faut remarquer qu'Épaminondas manœuvre par sa *gauche* et non par sa droite. Enfin, en admettant même que cette disposition oblique offensive fût connue, il reste toujours, au général thébain, la gloire d'en avoir assuré le succès, en renforçant la partie attaquante de manière à rompre avec certitude la ligne opposée.

Si, à Leuctres, Épaminondas ne composa sa gauche que d'une seule arme, à Mantinée, sa cavalerie de l'aile gauche coopère au mouvement en repoussant celle de l'adversaire, en menaçant son flanc et en facilitant ainsi l'attaque de l'infanterie sur la même aile. Cet emploi combiné de l'infanterie et de la cavalerie est un des plus grands progrès de la tactique de ce temps.

Nous verrons plus tard Alexandre mettre largement à profit les idées du vainqueur de Cléombrote.

La guerre entreprise par les Béotiens avait brisé le système péloponésien, jusqu'alors si puissant, et fondé sur les ruines de la fortune de Sparte la grandeur éphémère de Thèbes.

Les exigences de la nouvelle souveraine de l'Hellade, les guerres sacrées, les luttes intestines et, plus que ces causes, l'esprit de décadence auquel les Grecs étaient en proie et dont l'origine a été indiquée plus haut, ouvrirent à Philippe II de Macédoine cette large voie de conquête dans laquelle il s'engagea avec tant d'audace et de succès.

La forme gouvernementale, qui distinguait d'une manière si frappante la Grèce de la Macédoine, donnait, en dehors d'autres conditions de tactique et d'organisation, la supériorité aux armées de Philippe. En effet, le principe monarchique (nous en exceptons toutefois la monarchie constitutionnelle, qui n'est qu'un dérivé de l'idée républicaine), est éminemment propre au développement des institutions militaires.

Un prince, concentrant dans ses mains tous les rouages de l'État, peut seul développer cette unité qui assure la véritable force d'une armée ; les rapports mutuels et constants qui existent entre le roi et ses sujets, établissent le principe d'autorité sur des bases plus stables, et donnent à la hiérarchie militaire un caractère plus sérieux que dans les républiques où l'indépendance du citoyen prédomine.

Mais ce n'était pas la seule qualité propre à l'armée de Philippe II.

Avant le règne de ce prince, les forces militaires de la Macédoine ne consistaient qu'en une cavalerie bien armée et bien équipée, formée des plus riches propriétaires.

L'infanterie, composée des campagnards et des hommes des montagnes, était de médiocre valeur ; elle n'avait pour armes que des boucliers d'osier et de mauvaises épées, qui lui permettaient à peine de résister aux incursions des Thraces et des Illyriens.

Mais, arrivé au trône, Philippe mit à profit les leçons qu'il avait reçues à Thèbes lorsque, retenu dans cette ville comme otage, il avait été initié par Épaminondas lui-même aux formules de la tactique grecque.

Maître d'un trésor considérable, il réforma immédiatement son état militaire ; sa robuste infanterie fut exercée et constituée suivant la méthode phalangite ; la vigueur des soldats permit au roi d'introduire dans l'armement un perfectionnement qui lui assura presque partout la victoire. Au lieu de la pique grecque, il munit l'infanterie de la sarisse ou pique lourde et forte, longue de 14 coudées (6^{m}30), que l'hoplite devait manier à deux mains. Pour ne pas entraver le jeu de cette arme, le grand bouclier ovale fut remplacé par le petit bouclier circulaire de 0^{m}60. Ces modifications dans l'armement témoignent de l'esprit judicieux du monarque. Dans sa pensée politique, ses troupes devaient bientôt combattre les phalangites grecs tenant la pique d'une main, le pesant bouclier de l'autre, massés en ordre compacte et le front hérissé de pointes de fer. Il voulut rompre cette ordonnance en améliorant les moyens d'attaque. Aussi vit-on à la bataille de Chéronée (338 — 2ᵉ bataille de ce nom) où Lysiclès fut battu, les premiers rangs des soldats grecs, les meilleurs de l'armée, périr dans l'attaque contre les Macédoniens présentant une muraille de piques d'une longueur presque double des leurs.

Un armement supérieur donna en cette circonstance la victoire à Philippe, et l'histoire constate la grande influence que des modifications de ce genre exercent sur le résultat des combats.

Description de la phalange (1).

Le moment est venu de décrire l'organisation de la phalange, car elle se montre dans toute sa pureté à l'époque de Philippe. On pourra juger en connaissance de cause de la valeur de cette ordonnance dont le principe se retrouvera, dans la suite, chaque fois qu'il faudra résister à des masses impétueuses, mais désordonnées.

On la verra renaître sous Antoine, lorsqu'il combattra les Parthes dans les plaines de l'Asie ; elle reparaîtra dans les champs de Groningue, quand nos aïeux résisteront aux chevaliers bardés de fer du roi Philippe le Bel ; on la reconnaîtra dans les piquiers suisses luttant contre Charles le Téméraire. Comme système, elle revoit le jour en Europe avec la renaissance, et elle se maintiendra pendant une longue série d'années. Les masses carrées que Napoléon et Kléber opposeront aux cavaliers de la Basse Égypte, puisent leur origine dans l'antique formation grecque.

Le rudiment de la phalange est la file ou *lochos* de 16 hommes. Le premier homme s'appelle lochagos ; il commande et conduit

---

(1) *Voir* Bibliographie V, VI, XII, XIV, XVI, XX, XXI, XXII, XXVIII.

toute la file composée de protostates et d'épistates suivant le rang impair ou pair occupé par l'homme ; le dernier est l'ouragos.

Les lochagos et les ouragos sont des officiers ou des bas-officiers. La file se divise en deux diméries ; la dimérie, en deux énomoties.

La phalange devant surtout résister au choc ou le donner, on décomposait ses éléments de manière à obtenir la plus grande force possible. La distribution des hoplites dans la file était calculée dans ce but et de sorte que, les chefs étant décomptés, les hommes les moins sûrs fussent intercalés entre les phalangites les plus braves.

Voici quels étaient les multiples de la file :

Deux lochos formaient la dilochie ; soit 2 hommes de front sur 16 de profondeur, total 32 ; — deux dilochies, la tétrarchie ; 4 hommes sur 16, ou 64. — deux tétrarchies, la taxiarchie ; 8 hommes sur 16 ou 128 ; — deux taxiarchies, le syntagme, qui est un carré parfait de 16 hommes de côté, total 256.

Le syntagme devint l'unité tactique commandée par le syntagmarque ou xénage ; il fut dans la grande phalange macédonienne ce que la tétrarchie était primitivement dans les petites armées grecques formées sur 8, 10 ou 12 rangs.

Deux syntagmes composaient la pentacosiarchie ; 32 hommes sur 16 ou 512.

Deux pentacosiarchies donnaient naissance à la chiliarchie ; 64 hommes sur 16 ou 1,024.

La chiliarchie, qui peut être comparée aux bataillons de nos jours, a joué un grand rôle dans les armées d'Alexandre. Elle formait le tiers des taxeis, corps indépendants, commandés par des chefs particuliers et dont la réunion par 5, 6 ou 8 constitua la phalange des hoplites macédoniens dans la guerre d'Asie.

Ces taxeis étaient originairement au nombre de six et correspondaient aux six provinces de la Macédoine, dans lesquelles elles puisaient leur recrutement, formant ainsi de véritables régiments provinciaux.

2 chiliarchies constituaient la mérarchie ; 128 hommes sur 16 ou 2,048. La mérarchie était une subdivision importante de la phalange simple ou phalangarchie, dont elle valait la moitié. Cette dernière comptait donc 256 hommes en front, 16 en profondeur — total 4,096.

La phalangarchie créait un tout indivisible dans la ligne de bataille ; elle ne présentait aucun intervalle apparent, et sa force égalait le quart de la phalange complète.

Enfin deux phalangarchies placées sur le même front, avec un intervalle de 48 pieds, donnaient ia diphalangarchie; 512 sur 16 ; et deux diphalangarchies, espacées de 96 pieds, composaient la tétraphalangarchie, présentant un front de 1,024 hommes sur 16 de profondeur.

C'était là ce que l'on appelait la phalange complète comprenant 16,384 hommes et subdivisée en quatre corps, séparés par des intervalles de 48 et 96 pieds.

Il est nécessaire d'expliquer ce que l'on entend par cette formation massée, afin de ne pas laisser subsister de confusion dans l'esprit.

La phalangarchie n'avait pas d'intervalle, en ce sens que le front était occupé uniformément de la droite à la gauche; mais cependant chaque syntagme était séparé de son voisin par un petit espace dans lequel se logeait, au moment du combat, le chef hors rang de cette troupe.

Un intervalle plus grand existait entre les mérarchies.

Ces petits espaces vides avaient encore un autre but. Le combat préludait par l'action des psilites ; ceux-ci couvraient, à une certaine distance, le front de la phalangarchie dont l'étendue était de 230 mètres. Or la retraite des troupes légères se serait effectuée avec une extrême lenteur si les psilites avaient dû tous s'écouler par les espaces règlementaires de 48 et de 96 pieds ; c'est pourquoi ils utilisaient les vides ménagés entre les syntagmes ; ceux-ci pouvaient encore faciliter le mouvement en doublant vers le centre leurs files extrêmes, comme nous le verrons plus bas. C'était, du reste, le moyen qu'ils employaient pour éviter le choc des chars à faux: la phalange s'ouvrait ainsi pour laisser passer par ces intervalles les chars que les psilites n'avaient pu arrêter ou détourner.

La phalange combattit toujours en forme dense. Néanmoins Xénophon, dans la fameuse *Retraite des dix mille*, rompit un jour cette ordonnance pour marcher et combattre. Cet épisode est intéressant et utile à citer.

Au moment d'assaillir les Colques, établis sur une hauteur,

Xénophon réunit ses principaux chefs et leur dit : « On ne peut
» attaquer la montagne en ligne pleine ; ici elle sera praticable,
» là elle ne le sera pas ; le soldat qui aura dû combattre en ligne
» pleine se découragera dès qu'il y verra des vides. D'ailleurs, si
» nous marchons en ordre profond, le front des ennemis nous
» débordera, ils feront marcher comme ils le voudront contre
» nous ce qui nous dépassera de leurs ailes.

« Si nous nous mettons au contraire sur peu d'hommes de
» hauteur, je ne serais pas étonné que la ligne fut enfoncée en
» quelques points par la multitude des Barbares et des traits qui
» l'assailliront. Que l'ennemi perce en un point, toute l'armée
» grecque est battue.

» Je suis donc d'avis de marcher sur beaucoup de colonnes de
» front et de laisser entre elles assez d'intervalles pour que nos
» troupes de droite et de gauche dépassent les ailes de l'armée
» barbare. Ainsi les extrémités de notre front déborderont celui
» de l'ennemi, et, dans l'ordre que je propose, les meilleurs chefs
» et les meilleurs soldats se trouveront à la tête des colonnes.
» Chaque colonne marchera par où le chemin sera praticable.
» Il ne sera pas facile à l'ennemi de pénétrer par les intervalles ;
» il se trouverait entre deux rangées de nos piques ; il ne lui sera
» pas facile non plus de tailler en pièces une troupe marchant en
» colonne. Si quelqu'une résistait avec peine, les plus voisines lui
» porteraient secours, et dès qu'une seule colonne aura pu gagner
» le haut de la montagne, l'ennemi ne tiendra plus (1). »

Cet avis fut adopté ; on forma des petites troupes de 96 hommes
présentant 8 hommes de front et correspondant à la taxiarchie ;
seulement la profondeur au lieu d'être de 16 boucliers, qui est
celle de l'ordonnance de Philippe, était de 12 rangs, épaisseur
ordinaire des Grecs. Les troupes légères furent placées sur les
flancs et en arrière de cette ligne, qui avait doublé son front et
augmenté sa mobilité par ce fractionnement.

L'idée de Xénophon a été reprise de nos jours. Ses taxiarchies
ne sont autres que les colonnes de compagnie qui fractionnent la
ligne de nos bataillons déployés, la rendent maniable, agissent

---

(1) Traduction la Luzerne.

séparement, s'unissent avec rapidité et présentent, dans la dernière application des progrès de la science militaire moderne, une analogie frappante avec la combinaison adoptée exceptionellement par le général grec, 401 avant Jésus-Christ.

Nous verrons, dans la suite, Alexandre donner aussi une plus grande mobilité à sa ligne de bataille, en appliquant un système d'échelons successifs.

Les peltastes se formaient également en masse compacte ayant le même front que la phalange, mais sur 8 hommes de profondeur seulement. Les subdivisions de la phalange des peltastes étaient analogues à celle des hoplites. Elles portaient des noms particuliers.

On employait les peltastes à renforcer la ligne de bataille, à la prolonger, ou bien aux détachements et aux opérations indépendantes.

Les psilites étaient administrativement constitués en phalange ; mais pour combattre, ils ne manœuvraient qu'à la débandade, en véritables tirailleurs, puis ils se repliaient derrière la ligne, ou bien couvraient les flancs, dès que la lourde infanterie en venait aux mains.

Chaque phalangarchie était commandée par un phalangarque, secondé par un adjudant, un trompette et un porte-enseigne. Les deux derniers transmettaient les ordres dans la mêlée par le son des instruments ou par des signaux. Les 64 enseignes de la phalange, placées au centre de chaque syntagme, répétaient les signaux. Un second chef, placé en serre-file, surveillait toute la troupe et s'opposait à la désorganisation des rangs.

Chaque chiliarchie avait son chef ; les chefs des 1re et 3e chiliarchies de la phalange simple se plaçaient à la droite, et ceux des 2e et 4e, à la gauche de leur fraction.

Les hoplites se formaient en bataille de trois manières différentes.

Dans le premier ordre (celui de parade ou de revue), l'homme occupait 6 pieds (1m,80) dans le rang et dans la file.

Dans le second ordre (celui de manœuvre et de combat), les guerriers se serraient de moitié en tous sens et ne disposaient plus que de 3 pieds (0m,90).

L'espace libre entre chaque file était couvert par le bouclier de l'hoplite de droite, et la ligne paraissait pleine malgré l'intervalle d'un pied laissé entre les hommes en front, intervalle nécessaire pour manier la pique.

Chaque rang étant espacé de deux pieds, les marches s'exécutaient facilement sans rompre l'ordonnance. Dans le combat, le phalangite avançait le pied gauche pour résister au choc.

Enfin, dans la troisième formation, que les Grecs appelaient synaspisme, les files se serraient à 1 1/2 pieds (0^m,45), mais les rangs conservaient leur distance.

Le front offrait une véritable muraille de fer et les boucliers des rangs postérieurs, élevés au-dessus des casques, formaient une toiture métallique impénétrable aux traits. Ce dispositif privait la phalange de ses piques; aussi on ne s'en servait que pour l'attaque des remparts ou quand le jeu des armes de jet devenait trop violent.

Dans le deuxième ordre, les hoplites abaissaient leurs piques, et comme elles avaient 14 coudées de long, qu'elles étaient tenues à 2 coudées du sabot ferré, elles dépassaient le premier rang de 12 coudées; les piques du deuxième rang, éloigné du premier de 3 pieds ou 2 coudées, se projetaient à 10 coudées en avant du front; celles du troisième rang à 8, et ainsi successivement jusqu'au 6e rang. De cette façon chaque logachos représentait 6 pointes de fer.

Il semble d'après cela que la profondeur de 12 piques devait être un maximum; mais les Grecs croyaient, comme on le pensait du reste à une époque fort rapprochée de nous, que la force efficace d'une troupe se mesurait par la masse combinée avec la vitesse; aussi voit-on épaissir la phalange chaque fois qu'on exige d'elle un grand effort.

On s'était servi parfois et par rang, de piques de différentes longueurs de manière à réunir en avant du front toutes les pointes en un seul rideau, non en échelons; mais cet usage ne pouvait être repris avec la sarisse dont la longueur était excessive et le poids considérable. Afin d'habituer l'hoplite au maniement de cette arme, on l'astreignait, en temps de paix, à s'exercer avec une sarisse de 16 coudées (1).

---

(1) Les Chalybis avaient des piques de 15 coudées, et les Mosynœkis défen-

Les piques des 6 premiers rangs étaient seules abaissées; celles des rangs postérieurs étaient levées et inclinées en avant.

L'aspect d'une pareille masse hérissée de fer était imposante, et Paul Emile, le vainqueur de Persée dernier roi de Macédoine, répétait souvent que rien ne lui avait paru plus terrible que cette ordonnance par la difficulté que l'on devait éprouver à l'ouvrir et à la rompre.

Les Grecs faisaient exécuter plusieurs mouvements à leur phalange. Voici les principaux.

L'hoplite isolément opérait un quart de conversion ou un demi-tour, soit vers la pique (à droite) soit vers le bouclier (à gauche). Dans le premier cas, il préparait les mouvements de flanc, dans le second, les contre-marches ou les marches en arrière.

La contre-marche avait pour but de faire face à un ennemi qui se présentait derrière la ligne. On aurait pu y arriver par un demi-tour individuel ; mais, pour combattre, on plaçait toujours en avant les premières énomoties composées des hommes les plus braves. On se formait face en arrière de trois manières différentes par un mouvement de chaque file.

Dans la contre-marche macédonienne (1) le lochagos faisait demi-tour du côté du bouclier. Toute sa file marchant en avant le dépassait par sa gauche, et les hommes, qui la composaient, se replaçaient successivement derrière le chef. Puis le lochos entier se portait droit devant lui pour réoccuper son premier emplacement.

Dans la contre-marche lacédémonienne (1), tous les hommes faisaient d'abord demi-tour ; puis les hoplites, jusqu'au lochagos, se portaient successivement en avant du serre-file. Cette manœuvre est mieux entendue et plus rapide que la précédente. En effet : dans la macédonienne, la phalange a été portée en avant du terrain qu'elle occupait, puis elle a fait face du côté opposé ; comme la troupe, en exécutant cette manœuvre, se porte en

---

dirent leur citadelle avec des piques si longues et si grosses qu'un homme avait de la peine à les porter.

(1) *Voir* planche 1.

arrière, tourne le dos à l'ennemi, paraît plier et fuir, le moral des hommes, en cas d'une attaque brusque et imprévue, peut en être fortement ébranlé. Dans la lacédémonienne, le contraire a lieu ; on se dirige vers l'adversaire, l'effet moral est augmenté ; en outre, comme on l'a dit, le mouvement est plus rapide.

Enfin, dans la contre-marche persique (1), chaque file exécute, sur son propre emplacement, un mouvement processionnel dirigé par le lochagos qui, de cette façon, vient occuper, à épaisseur d'homme, la place de l'ouragos.

Les contre-marches s'opéraient également par rangs.

S'il s'agissait, sans diminuer le front de la phalange, de passer de l'ordre ouvert à l'ordre serré, on doublait les files en intercalant les rangs pairs dans les rangs impairs, par un oblique individuel à droite ou à gauche. La profondeur restait à peu près la même (2), mais le nombre de rangs était diminué de moitié. On se replaçait dans l'ordre naturel par le mouvement inverse, précédé du demi-tour.

Les conversions, toujours à pivot fixe, s'exécutaient par petites fractions et dans le deuxième ordre.

Les troupes marchaient en épagogue ou en paragogue. Dans le premier cas, on formait une colonne en avant du front, et chaque élément y prenait sa place en suivant d'abord la ligne de bataille, par une marche de flanc, puis en se redressant dès qu'il se trouvait dans l'axe de la colonne. On était en paragogue quand la phalange marchait par la droite ou la gauche, et de flanc.

Les mouvements en épagogue et en paragogue servaient aux diverses transformations que l'on voulait faire subir à la phalange. On passait de l'ordre en bataille à l'ordre en colonne et vice-versa par des mouvements perpendiculaires, que l'épaisseur de la ligne rendait seuls applicables.

C'est en s'inspirant de la tactique grecque que Frédéric II a constitué la colonne serrée. Au reste tous les mouvements précédents, doublements, dédoublements, contre marches par rangs et par files, se retrouvent dans la tactique des XVI° et XVII° siècles.

---

(1) *Voir* planche I.
(2) Il y avait la différence d'un rang.

Quand on manœuvrait avec la phalange complète, l'ordre de marche en paragogue formait une seule colonne, à quatre tronçons, de 16 de front ; dans l'ordre en épagogue, la phalange pouvait s'avancer en une, deux ou quatre colonnes à front variable. La bataille d'Issus nous donnera un cas de déploiement d'une armée marchant en épagogue sur une seule colonne. La *retraite des dix mille* offre aussi un grand nombre d'exemples intéressants de dispositions de marche.

La cavalerie macédonienne était fort supérieure à la cavalerie grecque. Les Thraces, les Thessaliens, les Étoliens, qui servirent dans les armées de Philippe et d'Alexandre, se distinguaient aussi comme cavaliers. L'ensemble des troupes à cheval était divisé en grosse cavalerie et en cavalerie légère. Chacune d'elles se fractionnait en plusieurs subdivisions, dont la plus faible était l'*île* de 64 chevaux. La formation tactique de l'île a varié ; généralement elle présentait une profondeur de 4 chevaux, quelquefois de 8 pour la grosse cavalerie, mais toujours de 4, pour la cavalerie légère.

La première, comprenant les cataphractaires, était lourdement armée : le casque descendant sur les yeux et couvrant la nuque, la cuirasse soit pleine, soit formée de lamelles de fer, les cuissards et le bouclier. Les armes offensives étaient la lance ou la javeline et l'épée.

La seconde était équipée légèrement, portait souvent l'arme de jet et adoptait des formations irrégulières dont on trouve la description dans les anciens livres de tactique, mais qui paraissent n'avoir eu d'autre but que de réglementer le désordre ; telles sont les formations en losange, en pointe, etc., etc.

La réunion de plusieurs îles constituait l'escadron de combat. Cette réunion avait lieu presque toujours dans le sens du front.

On conçoit que dans l'ordre de bataille compacte, indissoluble de la phalange, laquelle n'offrait sur le front que trois intervalles, la cavalerie avait été obligée d'occuper les ailes. Elle se partageait d'ordinaire aux deux extrémités de la ligne. Cette disposition, rationnelle dans l'ordonnance grecque, s'est maintenue même, après que les causes qui la commandaient avaient depuis longtemps disparu.

CHAPITRE II.

—

Période macédonienne.

—

SOMMAIRE.

Composition et organisation de l'armée d'Alexandre. — Alexandre conserve
l'organisation introduite par son père ; — augmentation des troupes légères ;
— les hypaspystes, leur rôle, leur manière de combattre ; — les gardes du corps, leurs fonctions ; — des troupes irrégulières, leur emploi ; — de la cavalerie, ses subdivisions ; — les sarissophores ; — la
cavalerie étrangère ; — dépots ; — mobilisation.

Conquête de l'Asie 334-323. 1re campagne 334, bataille du Granique. — Causes
et prétextes de la guerre ; — dispositions prises avant de quitter la Macédoine ; — situation des partis lors du débarquement ; — plan de défense de
Memnon ; — marche vers le Granique ; ordres de bataille ; — passage de
vive force ; — dispositions vicieuses des Perses ; — réflexions ; — conquête
du littoral ; — base d'opérations ; — corps flanquants ; — marche sur Gordium.

2e campagne 333, bataille d'Issus. — Influence de la mort de Memnon ; —
défenses naturelles de la Cilicie ; — comment on pouvait les utiliser ; — position
prise par Darius à Sochi ; Alexandre veut le tourner ; — il est tourné lui
même ; — marche tactique vers le Pinaros ; — ordres de bataille ; — bataille
d'Issus ; — réflexions ; — conquête de l'Egypte ; — but de cette expédition
excentrique.

3e campagne 332, bataille de Gaugamèle. — Marche d'Alexandre vers Gaugamèle ;
— ses camps ; — reconnaissance ; — précautions particulières prises par
Darius ; — ordres de bataille ; — marche oblique ; — bataille de Gaugamèle ; — réflexions.

*Résumé des progrès effectués dans l'art de la guerre pendant l'époque grecque et
l'époque macédonienne.* — Caractéristique de l'époque grecque ; — insuffisance

de la phalange d'hoplites ; — ordre parallèle ; — ordre oblique ; — comment ce dernier mode d'attaque passe en Macédoine ; — étude des ordres de bataille d'Alexandre ; — mission particulière dévolue à chaque arme ; — subdivision de la ligne de bataille ; — de l'échelon offensif ; — de l'échelon défensif ; — emploi de la cavalerie ; — son soutien ; — le rôle de la phalange est modifié ; — la conduite de la guerre se transforme pendant la conquête de l'Inde ; — des colonnes mobiles ; — de la file persico-macédonienne ; — application des lois de la stratégie ; — valeur relative de la stratégie et de la tactique ; — des poursuites ; — des marches-manœuvres ; — des reconnaissances ; — influence excercée par Alexandre le Grand.

Philippe II fut le véritable créateur de l'organisation militaire si brillante de la Macédoine (1). Nous connaissons la constitution de la phalange. Cette formation lourde, toute de résistance, ne pouvait satisfaire complétement un roi qui apporta dans l'art de conduire les troupes des modifications profondes. Les invasions qu'il méditait, pour être vigoureusement menées, exigeaient des armées plus mobiles. Aussi s'empressa-t-il de créer des corps plus légers, plus vivaces, plus indépendants, destinés à agir isolément, à protéger ses flancs, ses derrières, à manœuvrer dans tous les terrains; il imita sur une très-large échelle l'organisation des peltastes grecs.

Voici ce que Démosthènes disait à ce sujet aux Athéniens en 342 :

« Autour de nous tout est changé depuis quelques années,
» mais les développements les plus remarquables résident dans
» les affaires de la guerre. Jadis les Lacédémoniens, aussi bien
» que les autres Grecs, ne faisaient rien de plus que d'envahir
» les territoires les uns des autres pendant les quatre ou cinq
» mois d'été, avec leur armée d'hoplites citoyens ; en hiver ils
» restaient chez eux. Mais aujourd'hui nous voyons Philippe
» constamment en action, l'hiver aussi bien que l'été, attaquant
» tous ceux qui l'entourent, non-seulement avec des hoplites
» macédoniens, mais aussi avec de la cavalerie, de l'infanterie
» légère, des archers, des étrangers de toutes sortes et des
» machines de siége. »

Telle était l'armée de Philippe et ce fut celle d'Alexandre.

---

(1) *Voir* Bibliographie XXI, XXII, LXXV, LXXVI, LXXVII.

Le conquérant de l'Asie avait donc reçu de son père un instrument perfectionné dont il sut, du reste, faire le meilleur usage. Frédéric II se trouva dans le même cas. C'est l'armée organisée par Frédéric-Guillaume Ier, instruite par le prince de Dessau, qui lui permit de tenir tête à l'Europe coalisée et de sortir vainqueur des trois guerres de Silésie.

Composition et organisation de l'armée d'Alexandre.

Voici quelle était la composition des forces qu'Alexandre réunit à Pella pour son expédition contre Darius :

1° La phalange macédonienne, comprenant les pezetaires ou fantassins compagnons du Roi ; elle constituait le corps d'infanterie indigène lourdement armé ;

2° Les corps d'hypaspistes ou infanterie légère de ligne. Gardant comme les hoplites un ordre régulier, ils étaient plus propres cependant aux manœuvres rapides et pouvaient utiliser tous les terrains. Ils formaient le degré intermédiaire entre les hoplites et les psilites. Alexandre les subdivisa en chiliarchies, c'est-à-dire en troupes de 1024 hommes. Il les employait dans les mouvements offensifs.

Ainsi les troupes légères et la cavalerie commençaient l'attaque ; elles étaient soutenues immédiatement par les hypaspistes ; puis la phalange, appuyant le tout, opérait le dernier effort.

Les hypaspistes servaient aux diversions, aux marches de nuit, aux expéditions rapides, etc., etc.

Parmi eux on remarquait : *a)* l'*agéma*, troupe d'élite, appelée plus souvent que les autres à entamer le combat ; *b)* Les gardes du corps, fort restreints d'effectif, dans lesquels on ne recevait que des hommes éprouvés, d'une fidélité et d'une bravoure reconnues. Ils remplissaient près d'Alexandre les fonctions d'aides de camp, transmettaient ses ordres et recevaient parfois un commandement dans des cas spéciaux.

3° Outre la phalange d'hoplites et celle d'hypaspistes, Philippe et son successeur employèrent un grand nombre de troupes irrégulières, thraces, péoniennes, formant des corps de peltastes, d'akontistes (lanceurs de javelots), d'archers, etc. Les plus renommées d'entre elles étaient recrutées chez les Agriens, tribu péonienne, fort habile dans le maniement de la javeline.

Alexandre tenait constamment ces troupes en mouvement sur le front ou les flancs de son infanterie pesamment armée. Il les lançait à la poursuite de l'adversaire ou encore les mêlait à sa cavalerie.

4° La cavalerie était excellente et se subdivisait en deux groupes :

a). La grosse cavalerie, composée principalement de Macédoniens.

b). La cavalerie légère, à la tête de laquelle marchaient les sarissophores organisés par Philippe, et maniant la lance avec une grande dextérité.

L'armée d'Alexandre était donc formée de troupes macédoniennes et de troupes auxiliaires, groupées de la manière suivante ;

TROUPES MACÉDONIENNES :

La phalange d'hoplites ;
La phalange d'hypaspistes ;
Les compagnons, grosse cavalerie ;
Les sarissophores, cavalerie légère ;

TROUPES AUXILIAIRES :

Grecs, constitués en phalange de peltastes ;
Confédérés grecs, donnant de la grosse cavalerie ;
Mercenaires grecs, infanterie ou cavalerie ;
Thraces, formant de l'infanterie légère ;
Thraces, formant de la cavalerie légère ;
Péoniens, formant de l'infanterie légère (Agriens) ;
Péoniens, formant de la cavalerie légère ;
Thessaliens, formant de la grosse cavalerie ;
Contingents de diverses nations formant les troupes d'archers.

Plus tard, après la bataille de Gaugamèle, une fraction de l'armée se recruta de Perses, que l'on méla en partie aux phalangites.

Enfin, il faut ajouter à ces forces mobiles l'établissement de dépôts d'armes, la constitution d'un équipage de siége, la création de haras militaires, la réglementation des diverses mesures propres à assurer une prompte mobilisation de l'armée et l'institution d'officiers spéciaux chargés d'en surveiller l'exécution, l'organisation de véritables bureaux de la guerre avec la tenue de registres d'ordres, la formation d'un trésor de guerre, puis, l'érection de Pella en une vaste place et sa désignation comme point général de concentration de ces grandes forces militaires.

Conquête de l'Asie (1) 334-323, 1re *Campagne.* — *Bataille du Granique* 334 (2).

A peine arrivé au trône, Alexandre aspirait à faire agir sur un vaste théâtre l'admirable instrument de combat que son père lui avait légué. Les motifs ne manquaient pas pour permettre à ce jeune prince avide de gloire d'assouvir contre l'Asie son désir insatiable de conquête. En effet, les anciennes invasions de Darius et de Xerxès, la part que les Perses avaient prise dans le meurtre de Philippe, les secours accordés par le grand roi aux révoltés grecs et l'asile qu'il leur prêtait, étaient des prétextes suffisants pour décorer du nom de revendication hellénique, la provocation à une guerre que rêvait son ambition.

Ce fut pendant l'hiver de 335 à 334, après la destruction de Thèbes, que se terminèrent les préparatifs de l'expédition d'Asie.

Antipater, l'un des plus habiles généraux de Philippe, fut nommé régent du royaume, et Alexandre lui laissa la moitié de ses hoplites macédoniens pour maintenir l'ordre dans le pays pendant son absence.

Enfin, en avril 334, l'armée qui, partant de Pella, avait suivi

---

(1) *Voir* planche I.
(2) *Voir* Bibliographie V, VII, VIII. IX, X, XI, XII, XIII, XIV, XVIII, XIX, XX, XXXII, XXXIII, XLII, XLIII. XLV, LII. LVII. LIX, LX, LXI, LXII, LXIII, LXV, LXVII, LXIX.

les côtes méridionales de la Thrace et de la Chersonèse, arriva à Sestos. Diodore la porte à 55,000 hommes, dont 5,000 cavaliers et 6,000 fantassins légers.

La proportion de la cavalerie était du 1/6 ; celle de l'infanterie légère, du 1/5 de l'infanterie totale. Cette armée, comparée aux armées grecques, avait donc une physionomie toute particulière.

Les mercenaires et les alliés étaient presque tous des Grecs ; ils servaient au même titre que les Thraces et les Péoniens.

La situation de la Grèce vis-à-vis d'Alexandre était pour ainsi dire identique à celle de la Confédération du Rhin vis-à-vis de Napoléon. Elle n'avait aucun intérêt à voir triompher les armes de la Macédoine, puisque leur état de dépendance ne pouvait que s'accentuer ; aussi les contingents qu'on lui demandait servaient-ils avec peu d'enthousiasme et montrèrent-ils le même esprit que les contingents allemands en 1813.

Alexandre avait divisé la phalange en taxeis, c'est-à-dire en corps de 4,096 hommes (chiffre organique) placés sous les ordres d'officiers choisis. Le nombre et la force de ces taxeis a du reste varié ; elles se rangeaient sur 16 ou sur 12 rangs, de manière à conserver à peu près intacte l'étendue du front.

Pour préparer ses gigantesques projets, Alexandre avait dépensé le trésor de guerre de son père et s'était endetté de 50 millions ; il n'avait que pour un mois de vivres, quand il traversa l'Hellespont. La victoire devait désormais lui procurer les ressources qui allaient lui manquer.

Darius avait rassemblé en Asie mineure une partie de ses contingents mèdes, bactriens, hyrcaniens, cappadociens, formant 20,000 cavaliers, de l'infanterie indigène et 10,000 hoplites grecs, recrutés parmi les populations hostiles à la Macédoine. Arsitès, satrape de Lydie, commandait cette armée ; il avait, comme lieutenant, Memnon, rhodien de naissance, général distingué qui, pendant plusieurs années, avait combattu, non sans succès, les généraux macédoniens.

Connaissant la valeur des troupes d'Alexandre et la puissance de la formation phalangite, n'ayant qu'une faible confiance dans l'armée que le roi avait rassemblée, Memnon aurait voulu qu'on ne hasardât pas dès l'abord une affaire générale. Il conseillait de se retirer dans l'intérieur du pays en détruisant les fourrages et les récoltes, pour rendre longs et pénibles les progrès de l'ennemi.

Mais tout en conservant la défensive inerte en Asie, il recommandait de prendre l'offensive en Europe, d'utiliser la puissante flotte perse, afin de porter une guerre efficace au cœur de la puissance d'Alexandre avec l'appui énergique de la Grèce, dont on pouvait facilement exciter le soulèvement.

Ce plan de Memnon était calqué sur celui que les Scythes avaient suivi lors de l'invasion de Darius, fils d'Hysdaspe (513) et qui aurait réussi, sans la défection des troupes chargées de défendre les ponts du Danube. Il sera souvent repris dans la suite.

L'exemple le plus célèbre dans l'antiquité a été légué par Scipion le premier africain qui, laissant en Italie Annibal et son armée en présence des Romains sur la défensive, passa en Afrique et y prit vigoureusement l'offensive. Annibal fut forcé d'abandonner la Péninsule pour venir défendre Carthage et fut vaincu dans les plaines de Zama. Les Éburons contre César, Montmorency contre Charles-Quint, Wellington contre Masséna, Alexandre contre Napoléon, auront recours en partie au même système de défense.

Mais ce plan dicté par une profonde connaissance de la valeur des forces en présence, fut rejeté par les satrapes qui ne voulaient point perdre, par la dévastation du sol, la principale source de leurs richesses.

On résolut de se porter sur les bords du Granique, cours d'eau d'une très faible importance, toujours guéable, excepté après les grandes pluies qui le transforment en torrent, mais dont la rive droite assez escarpée offrait un obstacle sérieux à l'attaque (1).

Alexandre qui, depuis son débarquement, se faisait précéder d'une avant-garde de troupes légères, fut bientôt averti par ses coureurs de la position choisie par Arsitès. Il marcha droit au Granique sur quatre colonnes : celles du centre comprenant les hypaspistes et les taxeis d'hoplites, celles des flancs, la grosse cavalerie soutenue par la cavalerie légère et les archers.

---

(1) *Voir* planche I.

Arrivé à proximité de son adversaire, le roi de Macédoine examina la position. Il vit que la cavalerie perse était développée sur le bord du Granique qu'elle ne pouvait défendre que passivement ; que l'infanterie se trouvait au contraire placée plus loin en arrière et couverte par les troupes à cheval. Alexandre résolut d'opérer par sa droite, de pousser vigoureusement l'attaque sur l'aile gauche, là où il voyait réunis les plus grands personnages ennemis, d'appuyer ce mouvement par le reste de sa ligne en échelons et de refouler la cavalerie sur l'infanterie, afin d'avoir facilement raison de celle-ci avec ses phalangites soutenus par ses escadrons.

Mais il était important, pour la réussite de ce plan, de ne pas se laisser déborder.

On se régla sur la colonne de droite qui prit sa direction vers la gauche d'Arsitès ; les autres marchèrent à leur distance de déploiement et se formèrent en bataille par un double mouvement rectangulaire.

La ligne étant établie, Alexandre ordonna d'attaquer par divisions successives, l'avant-garde formant la partie avancée ; les autres troupes s'éloignant de plus en plus de l'adversaire jusqu'à l'aile opposée commandée par Parménion.

Mais l'encaissement des rives, la position dominante des Perses, l'effet meurtrier des flèches rendirent l'action de l'avant-garde infructueuse ; elle dut rétrograder. Alors Alexandre se précipita dans la rivière à la tête de sa grosse cavalerie, soutenue à droite par les archers, à gauche, par la cavalerie légère, tandis que les troupes refoulées, obliquant à droite, cherchaient à tourner complétement la ligne d'Arsitès.

Il y eut en ce point une grande mêlée ; les Perses avaient pour eux l'avantage de la position, les Macédoniens, la supériorité de l'armement. Ceux-ci triomphèrent, forcèrent la ligne et facilitèrent ainsi l'attaque des parties collatérales, composées du reste de troupes moins belliqueuses.

Parménion, pendant la lutte, reprit sa marche en avant, il arriva à hauteur d'Alexandre et le front fut reformé. L'infanterie gréco-asiatique, qui n'avait pas encore pris part au combat, se vit alors livrée de face aux attaques du centre macédonien, dont l'effectif dépassait le sien, et de flanc, aux efforts combinés de la cavalerie d'Alexandre et de Parménion. Elle fut taillée en pièces presque sur place, après une résistance désespérée des mercenaires grecs. D'après Diodore, les Perses perdirent 2,000 cavaliers et 10,000 fantassins. Le chiffre des cavaliers tués est relativement faible, mais un grand nombre de chefs tombèrent sous les coups des compagnons d'Alexandre. De plus, la destruction totale du corps d'hoplites amena la ruine de l'infanterie de Darius.

Les pertes du côté d'Alexandre furent peu considérables. On hésite à ajouter foi aux récits des historiens anciens qui ne mentionnent que 85 cavaliers et 60 phalangites tués à l'attaque d'une position qui, selon eux, fut vaillamment défendue.

La bataille du Granique se réduit donc à un passage de rivière opéré par des troupes légères avec une aile renforcée et dans un ordre oblique; la marche en diagonale avant l'abordée se transforma en une attaque en échelon exécutée par taxeis, dès que la droite eût déboité suffisamment pour n'avoir plus à redouter une attaque de flanc.

Toutes les chances de la victoire résidaient alors dans le succès du combat qu'Alexandre livrait avec sa grosse cavalerie soutenue par sa cavalerie légère et les archers.

La grande faute des Perses réside dans le mauvais ordre de bataille adopté. La cavalerie était condamnée à l'immobilité; percée en un point et débordée, elle était obligée à la retraite, compromettant la deuxième ligne trop rapprochée et la livrant sans défense aux mouvements combinés de la phalange et des îles macédoniennes.

Le passage du Granique effectué et l'armée ennemie battue, Alexandre ne devait plus rencontrer d'obstacles sérieux en campagne. Il résolut de s'assurer une base d'opérations solide pour ses conquêtes futures, et de soumettre les villes du littoral avec le secours de sa flotte. Il se dirigea d'abord sur Sardes, dans la Lydie, en se faisant éclairer et couvrir à une assez grande distance, sur son flanc gauche, par un corps détaché, sous les ordre de Parménion. C'était une précaution prise contre des retours possibles d'Arsitès.

Après avoir réorganisé la Lydie et installé un gouvernement nouveau, Alexandre quitta Sardes et se dirigea en droite ligne sur Éphèse, tandis qu'Aleymale fut envoyé en Éolie et en Ionie pour y relever la démocratie, attacher ces peuples à la fortune macédonienne, en abolissant les tributs payés à Darius et en leur rendant leur ancienne constitution.

Milet, malgré une vive résistance, subit le sort d'Éphèse et le vainqueur enrôla dans son armée une partie des troupes qui la défendaient. C'est alors que la flotte fut licenciée. Elle coûtait fort cher sans être en état de lutter contre les bâtiments ennemis, si ceux-ci avaient voulu prendre courageusement l'offensive sur mer. Du reste, Alexandre possédait une étendue suffisante de côtes, pour s'assurer un retour facile en cas de revers. Toutefois, il n'en continua pas moins, dans un but politique, sa conquête du littoral jusqu'à Perga et Side. Par cette marche rapide il soumettait à ses armes les colonies grecques, les dégageait de l'influence persane et privait son ennemi de puissants secours.

La côte occidentale de l'Asie mineure acquise, le roi de Macédoine se releva vers le Nord, pénétra dans l'intérieur des terres, hiverna à Gordium, après avoir rappelé Parménion dont le détachement était devenu inutile. Il rallia des renforts, reconstitua son armée et combla les vides que les maladies, les fatigues et les garnisons laissées dans les villes conquises, avaient occasionnés.

2ᵉ Campagne, bataille d'Issus, 333 (1).

Alexandre apprit à Gordium la mort de Memnon, le seul général qui, par ses talents, aurait pu entraver les opérations futures.

Memnon mourut au moment où, investi de la confiance de Darius, il allait mettre à exécution une partie du plan proposé avant le passage du Granique, c'est-à-dire pousser une vigoureuse offensive en Macédoine, se tenir au contraire sur la défensive en Asie. A cet effet, il voulait renoncer à l'Asie mineure, que l'on devait considérer comme perdue, mais défendre pied à pied l'entrée de la Cilicie et de la Syrie, grâce aux nombreux et impor-

---

(1) *Voir* planche II.

tants défilés que présentent la chaîne du Taurus et le contrefort de l'Amanus.

Aucun de ces projets ne s'accomplit ; on préféra combattre directement les Macédoniens. On convoqua de nombreux contingents de tous les points de l'Empire, avec ordre de les réunir dans les plaines de la Syrie, où l'on comptait rassembler 400,000 hommes.

Telle était la situation au commencement de la deuxième campagne (333), alors qu'Alexandre quittant Gordium, reprenait sa marche vers le sud et occupait sans difficulté la Cilicie.

La configuration de cette contrée montre à l'évidence combien un plan défensif procurait d'avantages (1).

En effet, si Alexandre, remontant le Taurus, parvenait à forcer l'étroit défilé (2) qui le coupe pour descendre vers les côtes, il lui fallait s'engager ensuite dans la route resserrée entre le mont Amanus et la mer, aux portes ou pyles amaniennes, puis forcer les pyles ciliciennes qui le conduisaient en Syrie. C'étaient trois séries d'obstacles successifs aisés à défendre. Si au lieu d'aborder le pays de plaine par le nord, Alexandre voulait le gagner par l'ouest, il devait s'engager dans le très-dangereux passage des pyles maritimes, pour se retrouver encore une fois devant l'obstacle présenté par l'Amanus, aux pyles syriennes. Tous ces défilés ne permettaient la marche que sur quelques hommes du front.

Si enfin, le vainqueur surmontait ces difficultés et pénétrait en Syrie, il restait aux Perses la dernière ressource du combat en plaine.

Au lieu d'adopter un plan aussi sage et que la topographie de la contrée aurait dû suggérer, Darius laissa son adversaire traverser sans encombre le défilé du Taurus et descendre dans la Cilicie pour gagner les pyles maritimes ; Alexandre, connaissant la position de l'armée persane réunie à Sochi, avait résolu de l'attaquer par la gauche et à revers.

C'est alors qu'accumulant faute sur faute, cédant aux conseils

---

(1) *Voir* planche II.

(2) Les pyles (portes) tauriques. — *Voir* la carte.

de flatteurs enivrés du nombre considérable de contingents qui avaient répondu à l'appel de leur roi, Darius quitta la plaine dans laquelle il campait, traversa l'Amanus par le défilé septentrional, entra lui-même en Cilicie, alors qu'Alexandre s'apprêtait à en sortir par le défilé méridional, pour chercher son ennemi vers Sochi.

Par ce double mouvement, les Perses se trouvaient établis sur les derrières des Macédoniens, dans l'espace fort étroit situé entre la mer et le pied des hauteurs.

Alexandre était à Maryandros, à 30 kilomètres au sud, quand il apprit la marche de Darius. Sa position était fort critique et il n'y avait pas un instant à perdre pour reprendre possession des pyles maritimes. Il partit immédiatement et atteignit au milieu de la nuit ce point important dont Darius ne s'était pas saisi. Alors il laissa reposer ses troupes et au point du jour il se remit en marche.

Le terrain était si resserré entre les montagnes et la mer que l'armée dut marcher sur une seule colonne formée des hoplites, des hypaspistes, puis des archers, de la grosse cavalerie, et enfin de la cavalerie légère. Cette colonne était précédée d'une avantgarde. A la sortie des pyles maritimes, la plage s'élargit successivement jusqu'au petit ruisseau du Pinaros, derrière lequel se trouvait l'armée perse.

Alexandre profita de cet élargissement progressif pour prendre divers dispositifs destinés à faciliter son déploiement. L'infanterie lourde étant au centre, la cavalerie et les troupes légères aux ailes, voici comment, d'après les principes de la tactique grecque, on passa de l'ordre de marche à l'ordre de combat.

Nous supposerons que les pyles maritimes laissent passage à 4 hommes de front ; la ligne de bataille étant perpendiculaire à la direction de marche, la phalange s'avance en épagogue et, dans chaque taxeis, par tétrarchie, c'est-à-dire par fraction de 4 hommes sur 16. Dès que l'espace le permet, on double les subdivisions en faisant ralentir le pas de la tête et, par deux manœuvres semblables, on arrive d'abord au front de la taxiarchie (8 hommes), puis du syntagme (16 hommes).

Le syntagme formant une unité tactique dans la taxeis, on conserve son front pour se développer désormais par colonnes de taxeis; plus le terrain s'élargit, plus les taxeis se détachent de la colonne principale et, par des directions obliques, ces petites masses partielles viennent se placer sur le front à distance de déploiement. Les hoplites et les hypaspistes sont ainsi prêts à se former en ligne. Les troupes légères et la cavalerie, qui suivent la colonne d'infanterie, agissent de la même façon, et, accélérant leur allure, viennent prolonger la phalange. Celle-ci enfin prend son dispositif de combat, en déployant carrément chaque taxeis.

Alexandre voulait s'appuyer à la mer et porter sa plus grande masse de cavalerie à sa droite ; mais les dispositions prises par Darius le forcèrent à modifier ses idées. Le roi de Perse, resserré dans un fort petit espace, avait formé son armée sur plusieurs lignes en arrière du Pinaros, tandis qu'il en faisait surveiller la rive gauche par un gros détachement mixte, composé, dit-on, de 30,000 cavaliers et de 20,000 fantassins. Il voulait également arrêter les progrès d'Alexandre en le menaçant sur son flanc droit par un second détachement lancé dans la montagne au delà des sources du cours d'eau.

Mais avant l'action, Darius rappela le corps de la rive gauche et dirigea vers la droite, en face de Parménion, les escadrons qui en faisaient partie.

Aussitôt que la retraite du détachement persan permit à Alexandre de se rendre un compte exact des dispositions de son adversaire, il ordonna aux îles thessaliennes de changer de place en se dérobant en arrière de la ligne et de contrebalancer, autant qu'il était possible, la masse de cavalerie qui menaçait Parménion. Il mêla des détachements d'infanterie légère à sa cavalerie de droite, couvrit tout son front d'archers, enfin il opposa des troupes légères à celles que Darius avait envoyées dans l'Amanus. Ces dernières, malgré leur nombre furent aisément repoussées, et Alexandre les ayant fait suivre assez loin pour n'avoir plus d'inquiétude à concevoir de leur part, rappela une partie des troupes qu'il leur avait opposées, afin de prolonger sa ligne de bataille et de rendre son front égal à celui de l'ennemi.

Le dispositif macédonien contenait donc deux parties distinctes : la ligne principale parallèle au ruisseau, et le corps flanquant dans la montagne ; en tout 28,000 hommes.

Alexandre s'avança à pas très-lents vers le Pinaros. Cette lenteur était calculée. Il pouvait ainsi gagner du terrain sans rompre son ordonnance, et puis, il espérait attirer Darius au delà du cours d'eau dont une partie de la rive droite avait été retranchée. Mais le roi resta immobile. Alors Alexandre, arrivé à portée de trait, ne donna pas à ses lignes le temps de préluder au combat; il se précipita avec sa grosse cavalerie, soutenue par la cavalerie légère, et une partie des hypaspistes, sur les Cardaques ou hoplites asiatiques qui formaient la gauche ennemie. Effrayés par la violence et la brusquerie de cette attaque, les Cardaques résistèrent à peine et lachèrent pied, vigoureusement poursuivis par toute la droite macédonienne qui, dès qu'elle eut conquis le terrain suffisant, effectua un changement de direction vers la gauche de manière à former un crochet avec la ligne des taxeis.

Darius, qui se trouvait sur un char au centre de son armée, s'aperçut du mouvement de retraite de sa gauche et de la marche oblique des Macédoniens vers lui. Pris de terreur, il s'enfuit aussi vite qu'il le put à travers ses lignes accumulées, entraînant avec lui tous ceux qui l'accompagnaient, et ceux qui, assistant de loin à sa fuite, jugèrent qu'il n'y avait plus lieu de défendre une position que le chef lui-même abandonnait. Le désordre fut donc au comble en arrière de la première ligne, là où du reste se trouvaient les plus mauvaises troupes.

Il n'en était pas de même sur le front. Alexandre avait opéré son mouvement avec les troupes légères de la droite et une partie des hypaspistes. Le reste de la ligne ne put sans doute se lier à cet échelon à cause de l'impétuosité de l'attaque. Aussi le centre et la droite de Parménion se virent-ils vigoureusement chargés par la plupart des hoplites grecs de la première ligne. Le combat fut opiniâtre et faillit tourner au désavantage des Macédoniens; mais il fut rétabli par l'arrivée d'Alexandre. Les Grecs entourés se frayèrent énergiquement un passage au travers de leurs ennemis et se dirigèrent vers la Phénicie. Les Macédoniens avaient autre chose à faire que de les poursuivre; ils les laissèrent se retirer. Les auteurs anciens parlent aussi d'un combat de cavalerie vers la mer, mais il dura peu.

La défaite des Perses achevée, Alexandre commença une vigoureuse poursuite. Le massacre des fugitifs fut considérable dans cet étroite bande de terre qu'il fallait remonter pour atteindre les pyles ciliciennes et que coupaient encore des ravins et des torrents. Cette immense multitude débandée, ne trouvant aucun dégagement, fut égorgée comme un vil troupeau, laissant 10,000 cavaliers, 100.000 fantassins sur le terrain. Les Macédoniens perdirent 300 fantassins et 150 cavaliers.

Darius ne put réunir, loin du champ de bataille, que 4,000 hommes avec lesquels il se hâta de gagner Thapsaque, puis il repassa l'Euphrate.

La cause principale de la perte de la bataille d'Issus est l'impéritie de Darius. Puisqu'il avait négligé les défenses de la Cilicie, il devait rester en plaine, là où son immense cavalerie pouvait manœuvrer à l'aise ; mais il s'engagea au contraire dans un étroit défilé et dans une sorte de boyau où le nombre même de ses troupes devait être la cause principale de ses désastres. Toutefois, si en même temps qu'il coupait par sa marche sur les pyles ciliciennes la ligne de communication d'Alexandre, il avait combiné ce mouvement, (et ses effectifs le permettaient) avec une puissante diversion sur les pyles syriennes, il aurait pu anéantir l'armée macédonienne engagée, à proximité de l'ennemi, dans des passes inextricables dont elle ne commandait pas les débouchés.

La seule disposition de Darius que l'on puisse louer, est le commencement de diversion contre l'aile droite.

Le corps de front pouvait à lui seul compromettre l'existence de l'armée ennemie, s'il avait été posté à la sortie des pyles maritimes.

En revanche, toutes les dispositions d'Alexandre sont bien prises dès qu'il a réoccupé le dernier défilé. La marche de ses taxeis s'adapte au terrain, sa ligne de bataille, couverte de front et de flanc, est sagement conduite ; la vigueur avec laquelle il pousse sa droite prouve qu'il avait une connaissance exacte de la valeur de ses adversaires. Toutefois la précipitation fut trop grande, puisque le centre se désunit. Du reste, avec les mœurs du temps, on peut affirmer que les dispositions les plus habiles des Perses eussent été contrebalancées par le funeste exemple donné par le roi.

Aucune victoire ne fut plus complète et n'eut, dans la suite, des conséquences politiques plus étendues que celles d'Issus. Non-seulement l'armée perse fut détruite et dispersée, mais l'éclat du nom d'Alexandre fut rehaussé de tout le mépris qu'entraînait avec elle la pusillanimité de Darius.

Après Issus, le général macédonien pouvait prendre, sans rencontrer d'obstacles, la route de Syrie et conquérir Babylone. Il n'en fit rien. Dès cette époque, l'idée de la conquête de l'Asie intérieure avait déjà germé dans son esprit.

Pour mettre à exécution ce plan grandiose, il fallait assurer ses derrières et ne laisser à la dynastie vaincue aucun centre de ralliement. Aussi le voit-on diriger sa marche vers le sud, s'emparer de la Phénicie, de la Palestine, de l'Égypte, puis, en revenant sur ses pas, de la Syrie et de la Mésopotamie.

3ᵉ campagne, bataille de Gaugamèle, 332 (1).

En laissant son vainqueur soumettre à ses lois, sans s'y opposer, tout le territoire à l'ouest de l'Euphrate, Darius espérait conserver ses possessions orientales et racheter sa famille tombée, à Issus, dans les mains d'Alexandre. Mais l'ambition de celui-ci était autre, et le grand roi, comme on l'appelait encore, fut de nouveau obligé de recourir aux armes pour sauver sa capitale.

Il rassembla près d'Arbèles les contingents tirés des extrémités les plus reculées de l'empire, et reforma ainsi une armée dont l'effectif était double de celle qui avait péri en 333.

Le lieu qu'il choisit à l'avance pour livrer bataille fut la plaine de Gaugamèle, à 12 lieues d'Arbèles vers le Tigre. Spacieuse, unie, dépourvue de tout obstacle, elle présentait de grands avantages pour les manœuvres d'une nombreuse cavalerie et l'emploi des chars à faux; cependant Darius la fit encore niveler sur le front de ces derniers. Il espérait venger la défaite

-----

(1) *Voir* planche II.

d'Issus que, dans son aveuglement, il attribuait seulement à
l'impatience qui l'avait porté au delà des défilés de la Cilicie.

D'autre part, Alexandre, dont l'armée s'était renforcée de contingents grecs et thraces, s'avançait de la Phénicie sur Thapsaque,
où il voulait passer l'Euphrate. Son avant-garde n'ayant rencontré
aucune résistance de la part du satrape chargé de la défense du
fleuve, le cours d'eau fut franchi et l'on se dirigea en droite ligne
vers le Tigre, qui fut traversé à gué.

Les difficultés et les périls de ce passage furent extrêmes à
cause de la profondeur de l'eau, de la rapidité du courant et de
la nature glissante du fond. Devant un ennemi vigilant et résolu,
l'opération était impossible.

Quelques jours après, Alexandre campait à deux lieues de Darius.
Il laissa reposer ses troupes et s'entoura de retranchements
avec fossés, pour éviter les surprises et pour abriter, pendant le
combat, ses bagages et ses malades.

Alexandre se mit en marche à la fin du cinquième jour avec
ses troupes reposées. Après avoir reconnu l'ennemi et le terrain
sur lequel celui-ci s'était placé, il campa en vue de son adversaire.

Le lendemain il prit son ordre de bataille.

En première ligne, de la droite à la gauche, se trouvaient : les
fantassins légers ; puis huit escadrons de cavalerie macédonienne ; les hypaspistes avec leur agéma ou troupe d'élite ; six
taxeis d'hoplites ; la cavalerie confédérée ; enfin la cavalerie thessalienne.

L'aile gauche obéissait à Parménion, l'aile droite à Alexandre.

Pour seconder cette ligne principale venait une seconde ligne
formée en deux corps séparés et débordant les ailes, savoir :
derrière la droite ; la cavalerie mercenaire, thrace et péonienne, une division d'Agriens, une division d'archers et les
mercenaires grecs ; derrière la gauche ; le restant de la cavalerie mercenaire thrace et confédérée et de l'infanterie thrace.
Cette seconde ligne ou réserve avait pour mission de repousser
les attaques de flanc et de revers que la supérioté numérique de
l'ennemi rendait probables, et de laisser aux troupes principales une indépendance complète.

3,000 fantassins thraces gardaient le petit camp.

Alexandre avait donc 29,700 hommes en première ligne,

14,800 en deuxième ligne, 5,000 au camp, soit 47,500 hommes dont 7,000 cavaliers.

Darius occupait déjà le terrain préparé avec tant de soin et de sollicitude. Ses contingents étaient disposés sur plusieurs lignes, les meilleures troupes sur le front, et présentant un mélange d'armes assez confus. En avant des ailes une ligne de chars à faux accompagnés, comme soutiens, de corps de cavalerie légère : Scythes et Bactriens à gauche, Arméniens et Cappodociens à droite. En avant du centre, formé de Perses, encore des chars à faux et des éléphants. Le total de ces forces dépassait 600,000 hommes.

Alexandre, à la sortie de son camp, se trouva en bataille avec son aile droite vis-à-vis du centre de Darius. Afin d'éviter une attaque de revers et aussi pour se donner l'avantage de déborder son ennemi, le roi de Macédoine ordonna un mouvement oblique à droite par troupe, en faisant ralentir progressivement la marche du centre et de la gauche, ce qui amena une formation en échelons, la droite en avant.

Lorsque Darius vit se prononcer un mouvement qui avait pour but de jeter toute l'armée macédonienne sur la gauche des Perses, il fit étendre cette gauche pour arrêter la manœuvre de son adversaire. A ce moment, Alexandre s'était avancé si loin sur la diagonale qu'il avait presque dépassé le terrain nivelé. Pour l'immobiliser Darius ordonna aux Bactriens et aux Scythes, qui se trouvaient fort rapprochés de l'ennemi, d'opérer par leur gauche et d'attaquer le flanc extérieur des Macédoniens.

Ceux-ci y répondirent par la droite de la deuxième ligne dont les troupes furent successivement engagées. Le combat fut meurtrier et les îles d'Alexandre souffrirent beaucoup, tant à cause de leur faiblesse numérique que par suite de la légèreté de leur armement. A la fin cependant les chances de la lutte s'égalisèrent.

Pendant ce temps Darius craignant de ne pouvoir plus tard utiliser ses chars les mit en mouvement. Ils ne produisirent aucun effet.

Un grand nombre de chevaux furent tués par les akontistes et les archers qui s'étaient déployés en avant de l'échelon de tête ; d'autres tournèrent bride. Les voitures que l'on ne put arrêter s'écoulèrent au travers des lignes sans produire grand mal aux troupes dont les rangs s'ouvraient pour leur livrer passage.

Deux tentatives avaient déjà échoué. Darius voulut utiliser son aile gauche qu'il cherchait vainement à étendre; il lui ordonna un mouvement analogue à celui qu'avaient exécuté les Scythes et les Bactriens, mais cette fois en la dirigeant contre la première ligne macédonienne.

Cette manœuvre devait amener la perte de la bataille. En effet, le dispositif persan présentait des contingents alternatifs de cavalerie et d'infanterie et celle-ci ne put suivre le mouvement de la gauche; il se forma une large trouée, et Alexandre arrêtant à l'instant son mouvement latéral, jeta ses îles macédoniennes, formées en échelons par le centre, dans l'intervalle si imprudemment ouvert, tandis que toute l'infanterie de la droite attaquait de front en pressant l'allure.

Une fois maître de la trouée, Alexandre poussa droit vers Darius, alors que sa cavalerie engageait un combat corps à corps avec le contingent persan. Ici comme au Granique, les Mèdes furent troublés par l'impétuosité de l'attaque ; cependant la victoire eut pu rester longtemps indécise, si la valeur de Darius avait soutenu le courage de ses troupes, car les Macédoniens se trouvaient en présence de l'élite de son armée, composée de Grecs mercenaires, de Kariens et des gardes persanes. Mais le grand roi fut plus timoré encore qu'à Issus; sans attendre le résultat d'une lutte dont la suite était douteuse, il fit faire volte face à son char et donna le premier le signal de la fuite.

A partir de ce moment, dit Grote, la bataille, bien qu'elle eût duré fort peu de temps, fut irréparablement perdue. La fuite du roi, suivie aussitôt naturellement de celle de la nombreuse escorte qui l'entourait, répandit le découragement parmi toutes les troupes en ne leur laissant ni foyer de commandement, ni chef à défendre. Les meilleurs soldats de son armée, étant ceux qui l'entouraient immédiatement, furent dans cette circonstance les premiers à lâcher prise. Le choc furieux d'Alexandre avec ses compagnons, et la pression incessante en front des hypaspistes et des premières taxeis ne furent guère entravés que par une masse de fugitifs en désordre.

Malheureusement la lutte n'était pas aussi heureuse à la

gauche. Le mouvement rapide d'extension qu'Alexandre avait imprimé à sa droite avait provoqué, comme à Issus, un vide entre celle-ci et les dernières taxeis d'hoplites. Les Parthes qui se trouvaient au centre se précipitèrent dans le vide, comme Alexandre le faisait de son côté ; ils rejetèrent les dernières taxeis sur leur gauche et se dirigèrent vers le petit camp où les Thraces auraient été détruits, si la deuxième ligne ne les eût dégagés. Ce mouvement priva Parménion d'une partie de ses forces, alors que sa position allait devenir très-critique par suite d'une attaque menée contre lui par la droite des Perses. Alexandre, averti du danger qui menaçait son lieutenant, arrêta immédiatement la poursuite et se dirigea vers sa gauche avec le gros de ses compagnons et en traversant obliquement le champ de bataille. C'est alors qu'il se trouva en face des Parthes refoulés du camp. Ceux-ci pris entre deux adversaires ne purent se dégager que par des prodiges de valeur qui coutèrent la vie à plus d'un Macédonien.

L'armée de Darius n'était plus qu'une multitude de fugitifs en désordre. La majeure partie n'avait pris aucune part au combat ; elle était restée, comme sur les bords du Pinaros, accumulée en masses inutiles, mais impressionnables, prêtes à subir la contagion de la terreur et tout à fait propres à entraver une retraite régulière. Aussi les plus grandes pertes furent-elles essuyées après la bataille. Les historiens les élèvent à plusieurs centaines de mille pour les Perses, tandis qu'Alexandre n'eut que 1,200 morts.

Quand on compare les chiffres indiquant les tués des deux partis, on est frappé de l'énorme disproportion qui existe au détriment du vaincu. Ainsi à Marathon, les Grecs perdent 192 hommes, les Perses 6,400 ; à Platée, 52 Athéniens, 91 Spartiates, 16 Tégéates, soit 159 hommes, Mardonios, 250,000 ; au Granique, Alexandre 125, Arsitès 22,000 ; à Issus, 450 et 110,000 ; à Gaugamèle, 1,200 et 500,000.

Il en est de même à l'époque romaine. A la bataille de Magnésie, les Romains ont 250 morts, Antiochus 54,000 ; à Tigranocerte, 5 tués d'une part, 150,000 de l'autre ; à Chéronée, Sylla perd 12 hommes, Archelaüs 100,000, etc.

Comment expliquer cette différence ? Il est certain qu'il faut tenir compte de l'exagération que les écrivains anciens ont apporté dans le compte rendu des exploits de leurs héros. Mais à part ce sentiment qui les poussait à augmenter les pertes subies par leurs adversaires et à diminuer les leurs, il faut remarquer qu'à cette époque, la lutte avait toujours lieu corps à corps, que l'armement défensif donnait aux hoplites un avantage immense en les mettant tout à fait à couvert des coups de leurs ennemis; que tout mouvement de retraite s'effectuant l'épée dans les reins devait être désastreux ; qu'enfin les masses ignorantes et démoralisées placées en arrière des meilleures troupes, voyant celles-ci reculer, cédaient à une terreur panique qui les livrait au vainqueur comme une proie facile.

Revenons à la bataille de Gaugamèle, appelée aussi, mais plus improprement, bataille d'Arbèles. L'ordre de bataille des Macédoniens est admirablement disposé. Le génie d'Alexandre se montre tout entier : 1° dans la création d'une deuxième ligne qui devait arrêter les attaques de flanc et permettre à la première d'accomplir sa mission sans avoir à redouter d'être prise à dos ; 2° dans le mélange judicieux des troupes de différentes armes qui se prêtent un mutuel appui ; 3° dans la direction oblique qu'il imprima à sa ligne de bataille pour éviter le choc en masse d'une armée dont la différence d'effectif était écrasante et pour contrebalancer cette infériorité en frappant du fort au faible ; 4° enfin dans la prompte détermination qu'il prit de s'engouffrer dans le vide imprudemment ouvert par Darius, de disloquer sa ligne et de terminer la lutte par la prise du chef ennemi.

Par ces combinaisons, Alexandre sut faire agir des forces utiles aussi grandes que celles de son adversaire, parce que chaque subdivision eut son but bien déterminé, soit pour le combat de front, soit pour faire l'office de réserve, dans des éventualités que l'on était presque certain de voir se produire.

La bataille de Gaugamèle nous montre que l'immensité du nombre, combinée même avec les circonstances d'un terrain heureusement disposé et préparé, ne peut rien sans l'habileté et la bravoure dans le commandement.

Les neuf dixièmes de l'armée perse restèrent inactifs. Darius n'eut pas même la pensée de se servir des contingents de deuxième ligne pour opérer l'attaque de flanc. En y employant les troupes de front, il ouvrit une brèche dans son ordre de bataille qu'il ne songea pas à boucher.

Toutes les attaques à la gauche furent décousues et inefficaces. Darius semble avoir mis toute sa confiance dans les chars ; ceux-ci n'ayant produit aucun résultat, il ne restait plus que le choc direct dans lequel les Macédoniens étaient les plus habiles.

A quoi sert donc d'avoir un grand nombre de corps si on ne les met pas en action? Que peut faire l'immensité des forces si elles ne sont pas mobiles? On le voit, c'est toujours la tactique supérieure qui domine.

La défaite de Gaugamèle porta le dernier coup à la puissance de Darius. Désormais son empire était détruit et il appartint au vainqueur. Nous ne suivrons pas celui-ci dans ses expéditions de l'Inde, — nous avons à résumer et à commenter les faits précédents.

Progrès effectués dans l'art de la guerre pendant la période grecque et la période macédonienne.

L'histoire militaire de ces deux siècles (490-525), se divise en deux périodes bien tranchées.

La première est la période grecque ou hellénique, la seconde, la période macédonienne. Celle-ci fut courte, mais jeta un vif éclat.

Les Grecs brillèrent surtout par leur discipline et les dispositions de tactique élémentaire qu'ils introduisirent dans la phalange. Mais s'ils employèrent sur le champ de bataille des formes bien combinées, ils manquèrent complétement de ce coup d'œil militaire qui rend les campagnes fructueuses. Leurs opérations n'aboutissent pas ; elles sont longues et meurtrières. La guerre du Péloponèse dure 27 ans ; celle entre Sparte et Thèbes se prolonge pendant trente-deux années.

Du reste, leur armée avait été créée sur un type défensif. La phalange est toute de résistance, et le danger consiste surtout pour elle dans les mouvements qu'elle doit opérer sur le champ de bataille.

Cette idée de résistance se retrouve souvent dans l'ancienne Grèce ; elle avait pour symbole le bouclier de l'hoplite ; c'était une honte de le perdre dans le combat, et Épaminondas ne mourut tranquille, à Mantinée, que lorsqu'on lui présenta l'arme protectrice qu'il avait laissé choir après avoir reçu le coup fatal.

Pour répondre à toutes les exigences du combat, la phalange doit recourir à des éléments étrangers ; de là la création des psilites, puis des peltastes.

Cette formation en ordonnance serrée ne pouvait se prêter aux combinaisons ; aussi on lutte en ordre parallèle, et pour conserver ce parallélisme, la droite devient la place d'honneur.

La cavalerie ne trouvant aucun débouché dans ce tout rigide, s'établit aux ailes.

Le perfectionnement tactique le plus important est dû à Épaminondas. Il partage son armée en deux parties, l'une défensive, l'autre offensive. La première, maintenue dans une direction oblique en arrière de la seconde, lui servira de soutien. Pour frapper le coup décisif sur la fraction la plus sensible de l'ordre de bataille ennemi, l'attaque se prononce par la gauche, et son succès est assuré par un renforcement de rangs et par l'aide de corps auxiliaires, soit de la même arme comme à Leuctres, soit des deux armes comme à Mantinée.

Philippe, élève d'Épaminondas, saisit l'avantage que l'on peut retirer de l'emploi simultané d'armes différentes et de l'indépendance des attaques. Aussi quand il combat Bardylis (359), son aile offensive comprend les deux armes, et pendant qu'une partie de la cavalerie entame l'adversaire en flanc et à dos, le reste de l'armée exécute une attaque de front.

Alexandre suit la même voie dans ses trois premières campagnes d'Asie. Son système n'est que le développement et le perfectionnement de celui de Philippe et d'Épaminondas. L'aile attaquante s'individualise ; elle devient indépendante et sa composition hétérogène la rend plus redoutable. Ses trois ordres de bataille principaux sont indiqués à la planche II. Si l'on décompose la formation d'Alexandre, au Granique, à Issus, à Gaugamèle, on voit que les troupes sont disposées d'une manière régulière dans la ligne et se succèdent de la droite à la gauche comme suit :

Infanterie légère, akontistes et archers ;
Cavalerie macédonienne ;
Hypaspistes ;
Phalangites ;
Cavalerie confédérée ;
Cavalerie thessalienne.

Dans cette formation, les hypaspistes sont placés à l'extrême gauche de l'aile offensive, tandis que les taxeis d'hoplites, occupent la droite de l'aile défensive.

Chaque arme a son rôle propre.

L'infanterie légère, placée à l'extrême droite, c'est-à-dire à l'aile en l'air de la partie offensive, garnit, au moment de l'action, le front de celle-ci, se porte en avant, engage le combat et harcelle l'ennemi. Si ce dernier commet une faute et donne prise à une attaque à rangs serrés, Alexandre l'exécute lui-même à la tête des escadrons massés de la cavalerie macédonienne, qui se relient à la ligne de bataille par les hypaspistes. L'échelon de ces dernières troupes protége le flanc gauche de l'attaque, tandis que les troupes légères, après avoir dégarni le front, surveillent le flanc droit.

Vient ensuite la lourde infanterie qui forme un troisième échelon dans la ligne générale, lorsque la droite de cette ligne est aux prises avec l'ennemi.

La cavalerie thessalienne garantit la gauche du dispositif ; elle trouve dans la grosse cavalerie grecque qui s'appuie directement aux hoplites, une réserve naturelle qui lui permet de se porter là où les circonstances l'exigent sans que le flanc de la phalange soit dégarni et livré à une ruine certaine.

La cavalerie légère et l'infanterie, à l'exception des Agriens et des archers, n'occupent pas dans la ligne une position déterminée, immuable comme celle qu'Alexandre assigne aux corps précédents.

Cependant les Péoniens et les sarissophores se trouvent toujours en contact avec la cavalerie macédonienne. Leur but est de la soutenir dans l'action. Alexandre pose donc, 354 avant Jésus-Christ, ce principe si longtemps méconnu, qu'une cavalerie ne doit jamais charger sans être soutenue.

La cavalerie légère, selon la place qu'elle occupe dans l'ordre de marche, ou selon la part qu'elle prend au début de l'action, concourt avec la grosse cavalerie à couvrir les flancs ou à poursuivre l'ennemi. Il en est de même de l'infanterie légère. Tantôt elle est détachée sur les ailes, tantôt elle protége le flanc des hoplites et des hypaspistes dans les terrains où la cavalerie ne peut manœuvrer, comme à Issus, tantôt enfin, elle sert à prolonger le front si la grosse cavalerie fait défaut.

Une révolution complète s'est donc accomplie dans le rôle assigné à la phalange. Au lieu de décider le combat par un premier choc, elle est devenue une sorte de troupe de réserve, qu'Alexandre dérobe par la direction oblique de la ligne. Son rôle est plus ou moins passif ; elle agit comme protectrice de l'aile attaquante et surtout par l'appoint de la force morale que les troupes chargées du rôle principal empruntent à la présence d'une réserve. Elle n'est plus l'élément essentiel, mais elle forme le noyau d'une armée dont la constitution intérieure est très-différente de celle des armées grecques.

Jusqu'en 331, Alexandre avait pour adversaire le souverain d'un État puissant, capable de lui opposer des forces nombreuses plus ou moins aguerries. La scène change après la mort de Darius et la conquête de la Perse. Il avait tenu son armée concentrée ; désormais il la divisera.

Le roi de Macédoine, dans sa marche vers l'Indus, ne rencontrera plus sur ses pas que des peuplades barbares, réparties sur de vastes espaces, sans union entre elles, combattant rarement en plaine, cherchant au contraire un refuge dans les montagnes pour tendre sans cesse des embuscades aux envahisseurs.

Dans ce genre de guerre, Alexandre emploie des colonnes mobiles ; il fractionne son armée en corps mixtes sous la direction de chefs particuliers. Ces corps, séparés l'un de l'autre par plusieurs lieues, opèrent sur des lignes parallèles et sont prêts à s'entr'aider si les circonstances l'exigent.

Les hoplites sont disséminés ; ils ne forment plus cette espèce de réserve des premières campagnes. S'ils accompagnent les colonnes, ils restent en arrière des lignes, protégeant le camp, formant la garnison des places, des dépôts, etc. Leur constitution finit même par s'altérer dans son essence ; puis, après avoir incorporé dans les taxeis, une partie des vaincus, Alexandre en modifie l'armement. Il laisse la sarisse aux trois premiers rangs, ainsi qu'au dernier, mais les rangs intermédiaires, composés de Perses et d'Indiens, sont munis de l'arc ou de la javeline.

La file persico-macédonienne est mixte, comme celle des légions de Valentinien et des masses d'infanterie européenne du xve et du xvie siècle.

Les campagnes d'Asie renferment d'utiles enseignements au point de vue stratégique. Elles furent presque toujours conduites méthodiquement. Alexandre s'assure, à l'aide de sa flotte et des marches dirigées le long du littoral, la possession des côtes occidentales ; il y trouve une base politique et militaire d'autant plus stable qu'elle repose sur d'anciennes colonies grecques délivrées du joug des Perses. Après avoir établi solidement cette base, appuyée par les places conquises, et avoir organisé ses dépôts, il marche en ayant soin de garantir ses flancs. Parménion et Aleymale remplissent cette mission dans la première campagne. La conquête de l'Égypte, dans la seconde campagne, n'a pas d'autre but, et si les Croisés s'étaient rappelé les procédés d'Alexandre, s'ils avaient suivi plus tôt le plan que Louis IX ne devait exécuter que partiellement, ils se seraient évité bien des revers en Palestine.

Le roi de Macédoine n'oublie ces règles de prudence qu'une seule fois : avant la bataille d'Issus, lorsqu'il veut tourner les troupes de Darius à Sochi. Dans cette entreprise hasardeuse, il ne laisse que quelques malades pour garder sa ligne de communication. Il fut coupé et son armée aurait péri toute entière dans les défilés des pyles maritimes, si elle n'avait pas été douée d'une capacité tactique plus accentuée.

Dès cette époque donc, la nécessité d'une tactique supérieure se fait jour.

Ce qui distingue essentiellement le système de guerre d'Alexandre de celui des Hellènes, c'est l'énergie de la poursuite.

On sait qu'à Sparte, il n'était pas permis de harceler l'ennemi vaincu ; les victoires demeuraient stériles.

A Issus, on talonne l'adversaire jusqu'à la nuit ; on le suit pendant 25 lieues.

Une des poursuites les plus remarquables est celle d'Alexandre cherchant à atteindre Darius, après Gaugamèle. Dans cette circonstance, il place 500 fantassins à cheval pour ne pas laisser sa cavalerie sans soutien. Il eut recours plusieurs fois au même moyen. Dans ses luttes contre les peuplades de l'Inde, sa cavalerie est toujours appuyée par de l'infanterie à cheval, qui met pied à terre pour le combat. Cette méthode n'était employée que pour les opérations rapides, de peu de durée, que l'on faisait sans bagages et en emportant pour quatre ou cinq jours de vivres.

Enfin, nous ferons remarquer qu'à proximité de l'ennemi, le roi de Macédoine marche méthodiquement avec une avant-garde et une arrière-garde, et qu'il n'aborde jamais son adversaire sans l'avoir reconnu avec le plus grand soin.

En résumé, comme le fait remarquer Grote, l'apparition de ce conquérant forme comme une sorte d'époque historique.

Alexandre s'éleva au-dessus de ses contemporains, non-seulement par sa bravoure hardie et impétueuse, son activité infatigable, sa force à endurer les peines et les privations de la guerre, mais surtout par ses qualités militaires, ressortissant de l'ordre moral à savoir : la hardiesse de ses combinaisons stratégiques, sa constante prévoyance, ses plans à longue portée, l'emploi des différents genres de forces dirigées vers un même but, la rapidité de ses mouvements sur les terrains les plus difficiles, l'habileté de ses dispositions tactiques, enfin, les ressources de tout genre que son génie fécond lui fournissait pour aplanir les difficultés les plus épineuses et parer aux éventualités de la lutte.

On peut dire qu'Alexandre porta à un très-haut degré le système de la guerre scientifique et méthodique. C'est ainsi qu'avec une rapidité inouïe, il accomplit la conquête de la moitié du monde connu.

Malheureusement le fardeau était trop lourd pour ses successeurs, et l'immense empire qu'il avait créé se disloqua après sa mort.

DEUXIÈME PARTIE

LES ROMAINS.

BIBLIOGRAPHIE.

Ouvrages anciens.

LXXVIII. **Polybe***. — Traduction de dom Thuillier. — Panthéon littéraire.

LXXIX. **César***. — Traduction Artaud dans la Bibliothèque latine-française de Panckoucke.

LXXIXbis. **Tite-Live***. — Dans la collection Nisard.

LXXX. **Salluste***—*Histoire romaine*. Traduction Le Bas, collection Nisard.

LXXXbis. Le même. — *Guerre de Jugurtha*. — Traduction Durozoir dans la Bibliothèque latine française de Panckoucke.

LXXXI. **Végèce**. — *Art de la guerre*. Traduction Bourdon de Sigrais. — Paris, 1772 et collection Nisard.

LXXXII. **Turpin de Crissé**.—*Commentaires sur Végèce*.—Montargis, 1770.

LXXXIII. **Strabon***. — *Géographie*. Traduction Letronne. — Paris, 1805 à 1809.

LXXXIV. **Tacite**. — *OEuvres*. Traduction Dureau de Lamalle. — Paris, 1826.

LXXXV. **Suétone**. — *Les douze Césars*. Traduction la Harpe. — Paris, 1772.

LXXXVI. **Cornelius Nepos**. — *Les vies*. Traduction de Calonne. — Paris, Panckoucke, 1827.

LXXXVII. **Flavius-Josèphe**.—*Histoire des juifs*. Traduction Arnauld d'Andilly. — Paris, 1670.

LXXXVIII. **Velleius Paterculus**. — *Histoire romaine*. Traduction Després, collection Panckoucke, 1828.

LXXXIX. **Denis d'Halicarnasse***. — *Antiquités romaines*. Traduction Bellanger. — Paris, 1723.

LXXXX. **Diodore de Sicile***.—*Histoire*. Traduction Hoefer. — Paris, 1853.

LXXXXI. **Florus**. — *Histoire*. Traduction de Moulines. — Paris, 1806.

LXXXXII. **Turpin de Crissé**. — *Commentaires de César, avec notes historiques, critiques et militaires*. — Montargis, 1775.

LXXXXIII. **Folard (et dom Thuillier.)** — *Commentaires sur Polybe*. — Amsterdam, 1729.

LXXXXIV. **Dion Cassius***. — *Histoire romaine*. Traduction Gros et Boisséo. — Paris, 1845.

LXXXXV. **Appien.** — *Histoire des guerres civiles de la république romaine*. Traduction Combes. — Paris, 1808.

LXXXXVI. **Polyen et Frontin.** — *Ruses de guerre*. Traduction Lobineau et Perrot d'Ablancourt. — Paris, 1739.

LXXXXVII. **L'empereur Julien.** — *Les Césars*. Traduction. — Paris, 1683.

LXXXXVIII. **Ammien Marcellin.** — *Histoires*. Traduction Moulines. — Berlin, 1775.

LXXXXIX. **L'empereur Léon.** — *Instructions militaires*. Traduction Joly de Maizeroy. — Paris, 1770.

C. **Procope et Agathias.** — *Histoire des guerres faites par l'empereur Justinien contre les Vandales et les Goths*. Traduction Genillé. — Paris, 1857.

CI. **Agathias.** — *De imperio et rebus gestis Justiniani Imperatoris*. — Leyde, 1594.

CII. **Zosime.** — *Histoire romaine*. Traduction Cousin. — Paris, 1686.

CIII. **Onosandre.** — Traduction Guischardt, dans ses mémoires militaires sur les Grecs et les Romains. — La Haye, 1758.

CIV. **Hyginus et Polybe.** — *De Castris romanis quæ exstant cum notis et dissertationibus de re militari populi romani.*—Amsterdam, 1660.

CV. **Code Théodosien.** — *Codicis Theodosinai libri XVI itemque imperatorum Theodosi, Valentiniani, Martiani, etc, novella.* — Lyon, 1593.

CVI. **Notice de l'Empire*.** — *Notitia dignitatum imperii romani*, — se trouve dans le 7me volume du *Thesaurus antiquitatum romanarum de Gravius*, 1694.

CVII. **Piranèse*.** — *Colonna Trajana*. — Rome, 1770.

CVIII. **Vitruve.** — *Architecture, avec notes de Perranet*. — Paris, 1837.

Ouvrages modernes.

CIX. **Niebuhr*.** — *Vorträge über römische Geschichte* (Leçons sur l'histoire romaine). — Berlin, 1847.

CX. **Niebuhr*.** — *Histoire romaine*. Traduction Golbéry. — Strasbourg et Paris, 1830-1840.

CXI. **Mommsen*.** — *Histoire romaine* (jusqu'à la chute de la république). Traduction Guerle. — Paris, 1863-1868.

CXII. **Drumann.** — *Geschichte Rom's in seinen Ubergange von der republicanischen zur monarchischen Verfassung.* 1837.

CXIII. **Gibbon.** — *Histoire de la décadence et de la chute de l'empire romain,* avec une introduction par Buchon. — Paris, 1835.

CXIV. **Le Nain de Tillemont.** — *Histoire des empereurs,* (justifiée par les citations des auteurs originaux). — Paris, 1720.

CXV. **Blemm.** — *Allgemeine Kulturgeschichte der Menscheit.* — 1849.

CXVI. **Renard*.** — *Histoire politique et militaire de la Belgique.* — Bruxelles, 1847.

CXVII. **Lahuëron.** — *Histoire des institutions mérovingiennes.* — Paris, 1843.

CXVIII. **Walter.** — *Geschichte des Rœmisches Rechts.*

CXIX. **Bleuke.** — *Das rœmische Lager und die Limitation.*

CXX. **A. Thierry.** — *Introduction de l'histoire de la Gaule sous l'administration romaine.* — Paris, 1842.

CXXI. **Lebeau*.** — *Mémoires sur la légion romaine.* (Collection des mémoires de l'Académie des incriptions et belles-lettres de XXV à XLI.

CXXII. **Vaudoncourt.** — *Sur la guerre des Gaulois en Italie.*

CXXIII. **Müller.** — *De re militari Romanorum quaedam e Caesaris commentariis excerpta.* — Kiel, 1844.

CXXIV. **D. Galitzin.** — *Kriegsgeschichte von aller Zeiten und Völker.* — 1873.

CXXV. **Liskenne et Sauvan.** — *Voir n° XX, 2e vol.*

CXXVI. **Patria belgica.** — Bruxelles, 1874-75.

CXXVII. **Hoyez.** — *Geschichte der Kriegskunst.* — Göttingen, 1797.

CXXVIII. **Roulez.** — *Mémoire sur les campagnes de César dans la Belgique.* — Louvain, 1833.

CXXIX. **Louis Guillaume de Nassau.** — *Annibal et Scipion ou les grands capitaines* (avec les ordres et les plans de batailles). — Amsterdam, 1768.

CXXX. **Schayes.** — *Mémoire couronné sur les documents du moyen âge relatifs à la Belgique avant et pendant la domination romaine.* — Bruxelles, 1837.

CXXXI. **Patrizzi.** — *Paralleli militari ne quali si fa paragone delle milizie antiche, in tutte le partiloro con le moderne.* — Rome, 1594-1595.

CXXXII. **De Laverne.** — *L'art militaire chez les nations les plus célèbres de l'antiquité.* — Paris, 1805.

CXXXIII. **Juste-Lipse*.** — *De militia romana, libri V, comment. ad Polybium.* — Anvers, 1596.

CXXXIV. **Romé de l'Isle.** — *Métrologie ou tables pour servir à l'intelligence des poids et mesures des anciens et principalement à déterminer la valeur des monnaies grecques et romaines.* — Paris, 1789.

CXXXV. **Masquelez.** — *Étude sur la castramétation des Romains et sur leurs institutions militaires.* Paris, 1004.

CXXXVI. **Baumann.** — *Studien über die Verpflegung der Kriegsheere im Felde.* 1re partie. — Leipzig, 1863.

CXXXVII. **De la Barre Duparcq.** — *Considérations sur l'art militaire antique et sur l'utilité de son étude.* — Paris, 1849.

CXXXVIII. **Peucker.** — *Das deutsche Kriegswesen der Urzeiten.* (*Voir* la 3e partie.) — Berlin, 1860-1864.

CXXXIX. **Lange**. — *Römische Alterthümer ; 2e partie.* — Berlin, 1863.

CXXXX. **Becker-Marquardt**. — *Handbuch der romischen Alterthümer, nach den Quellen bearbeitet.* (*Voir* la 3e partie.)

CXXXXI. **Sonklar**.—*Abhandlung über die Heeresverwaltung der alten Römer im Frieden und Krieg, in der besonderen Beziehung auf die beiden Hauptzweige der Heerversorgung, Besoldung und Verpflegung.* — Insprück, 1847.

CXXXXII. **Lange***. — *Historia mutationum rei militaris Romanorum inde ab interitu rei publicæ usque ad Constantinum Magnum.* — Göttingen, 1846.

CXXXXIII. **Ruckert**. — *Das romische Kriegswesen. Ein Hilfsbuch zur Lecture der griechischen and römischen Historiker.* — Berlin, 1854.

CXXXXIV. **Nast et Rosch**.— *Römische Kriegsalterthümer.* — Stuttgart, 1782.

CXXXXV. **A. F. M**. — *Das Kriegswesen der Römer.* — Prague, 1823.

CXXXXVI. **Guischardt***.— *Mémoires militaires sur les Grecs et les Romains.*— Paris, 1760.

CXXXXVII. **Guischardt**.— *Mémoires critiques et historiques sur plusieurs points d'antiquités militaires.* — Paris, 1774.

CXXXXVIII. **Löhr**. — *Uber die Tactik und das Kriegswesen der Römer und Griechen, nach den Quellen bearbeitet.* — 1826.

CXXXXIX. **Gibbon**. — *Remarques sur le passage des Alpes par Annibal* (dans les mémoires et ouvrages posthumes publiés par lord Sheflield).— 1796.

CL. **Fuchs**. — *Hannibal's Zug über die Alpen.* — Rostock, 1800.

CLI. **De Vaudoncourt***. — *Histoire des campagnes d'Annibal.* — Paris, 1812.

CLII. **Delue**. — *Histoire du passage des Alpes par Annibal,* d'après la description de Polybe. — 1818.

CLIII. **Bernewitz**. — *Annibal's Leben.* — Pirna, 1832.

CLIV. **Vincke**. — *Der zweite punische Krieg und der Kriegsplan der Karthager.* — Berlin, 1844.

CLV. **Saint Cyr Nugues** (Général). — *Notice sur le passage des Alpes par Annibal ou commentaire du récit qu'en ont fait Polybe et Tite-Live.* — Spect. mil., 1837.

CLVI. **B. D**.—*Examen critique d'un mémoire sur la marche d'Annibal dans les Alpes et quelques réflexions sur les principaux commentaires relatifs à ce sujet.* — Spect. mil.. 1844-45.

CLVII. **Deloche**. — *Essai sur la géographie historique de la Gaule.* — Paris, 1861.

CLVIII. **Rospatt**. — *Untersuchungen über die Feldzüge Hannibal's in Italien.* — Munster, 1864.

CLIX. **de J***. — *Dissertation sur le passage du Rhône et des Alpes par Annibal l'an 218.* — Paris, 1821.

CLX. **Napoléon Ier***. — *Précis des guerres de Jules César.* — Paris, 1836.

CLXI. **Napoléon III***. — *Histoire de Jules César.* — Paris, 1865.

CLXII. **W. Rüstow**. — *Commentar zur Geschichte J. Caesar's* (von Kaizer Napoléon III.) — 1865-1867.

CLXIII. **Leake**. — *Travels in northern Greece,* (pour la bataille de Pharsale). — Londres, 1835.

CLXIV. **Rüstow***. — *Heerwesen und Kriegsführung C. J. Caesar's.* — Gotha, 1855.

CLXV. **von Göler**. — *Die Kämpfe bei Dyrrachium und Pharsalus in Jahre 48.* — Karlsruhe, 1854.

CLXVI. **von Göler**. — *Caesar's gallischer Krieg in den jahren 58 bis 53.* — Stuttgart, 1858.

CLXVII. **von Göler**. — *Caesar's Krieg in den Jahre 52.* — Karlsruhe, 1859.

CLXVIII. **von Göler**.— *Caesar's Krieg in den Jahre 51.*— Heidelberg, 1860.

CLXIX. **von Göler**. — *Bürgerkrieg zwischen Caesar und Pompeius in Jahre 50-49.* — Heidelberg, 1861, in-8°.

CLXX. **Schwegel**. — *Römische Geschichte.* — Tübingen, 1853.

CLXXI. **Naudet**. — *Des changements opérés dans toutes les parties de l'administration de l'Empire romain, sous les règnes de Dioclétien et de ses successeurs jusqu'à Julien.* — Paris, 1817.

CLXXII. **Gerlach**. — *Die Zeiten der römischen Könige.* — Bâle, 1849.

CLXXIII. **Haltaus**. — *Geschichte Roms, vom Anfange des ersten punischen Krieges bis zum Ende des punischen Soldnerkrieges.* — Leipzig, 1846.

CLXXIV. **De Ciriacy***.— *Histoire de l'art militaire chez les anciens;* traduction la Barre Duparcq. — Paris, 1854.

CLXXV. **Brandt***. — *Geschichte des Kriegswesens.* — Berlin, 1828-1838.

CLXXVI. **Beulé**.— *Portraits du siècle d'Auguste.*— Revue des Deux-Mondes, 1869.

CLXXVII. **Creuly** (général) et **Alp. Bertrand**. — *Les commentaires de César,* avec notes. — Paris, 1868.

CLXXVIII. **Jal**. — *La flotte de César ;* étude sur la marine antique. — Paris, 1861.

CLXXIX. **Quicherat**. — *Nouvelle défaite des défenseurs d'Alise sur le terrain d'Alesia.* — Paris 1861.

CLXXX. **Eichheur**. — *Caesar's Feldzüge gegen die Belgien.* — Neuburg, 1861.

CLXXXI. **Peigné Delacourt**. — *Campagne de César contre les Bellovaques.* — Paris, 1862.

CLXXXII. **Vacca Berlinghieri**. — *Examen des opérations et des travaux de César au siége d'Alesia.* — Lucques, 1812.

CLXXXIII. **Bergier**. — *Histoire des grands chemins de l'empire romain.* — Paris, 1628.

CLXXXIV. **De Saint Simon**.—*Histoire de la guerre des Bataves et des Romains.* — Amsterdam, 1770.

CLXXXV. **La Marre***. — *De la milice romaine jusqu'à Constantin*. — Paris, 1870.

CLXXXVI. **Kausler**. — *Kriegsgeschichte aller Völker*.

CLXXXVII. **Carrion Nisas***. — *Essai sur l'histoire générale de l'art militaire.* — Paris, 1824.

CLXXXVIII. **Rocquancourt***. — *Cours élémentaire d'art et d'histoire militaires,* — Paris, 1834.

CLXXXIX. **Von Hardegg***. — *Anleitung zum Studium der Kriegsgeschichte.* — Leipzig, 1868.

CLXXXX. **Kausler**. — *Dictionnaire des batailles* (allemand et français). — Karlsruhe, 1831-1837.

CLXXXXI. **Rüstow et Köchli**. — *Einleitung zu C. Julius Caesar's Commentarien,* 1857.

CLXXXXII. **Eichheine**. — *Caesar's Feldzuge gegen die germanischen Belgier.* Neubourg, 1864.

CLXXXXIII. **Cohausen**. — *Caesar's Rheinbrücken.* — Leipzig, 1867.

CLXXXXIV. **De Saulcy**. — *Les campagnes de Jules César dans les Gaules,* études d'archéologie militaire. — Paris, 1862.

CLXXXXV. **Müske**. — *Flavius Claudius Julianus, nach den Quellen.* La première partie, publiée à Gotha en 1867, traite des guerres de Julien.

CLXXXXVI. **Joly de Maizeroy**. — *Traités sur l'art des siéges et sur les machines des anciens.* — Paris, 1778.

CLXXXXVII. **Dureau de Lamalle**. — *Poliorcétique des anciens, ou de l'attaque et de la défense des places avant l'invention de la poudre* — Paris, 1819.

CLXXXXVIII. **Juste-Lipse**. — *Poliorceticon, sive de machenis, tormentis, telis, ad historiarum lucem.* — Anvers, 1606.

CLXXXXIX. **Dufour**. — *Mémoire sur l'artillerie des anciens et du moyen âge.* — Paris, Genève, 1840.

CC. **Von Sprüner**. — *Atlas antiquus.*

CCI. **Kiepert**. — *Historisch geographischer Atlas der alten Welt.* — Weimar, 1851.

CCII. **Kiepert**. — *Karte des römischen Reichs.* — Hambourg, 1845.

CCIII. **Couture (Abbé)**. — *Des vétérans; dissertation historique.*— (Collection des mémoires de l'Académie des Inscriptions et Belles-Lettres, Vol. IV.) — 1711.

CCIV. **De Maizeroy**. — *Mémoire sur la paye du soldat romain* — 1779. Même ouvrage. Vol. XLII.

CCV. **Walckenaer**. — *Mémoire sur la situation des Raudii Campi, où Marius défit les Cimbres, et sur la route suivie par ces peuples pour se rendre en Italie.* Même ouvrage. VI. —

CCVI. **De Maudayois**. — *Du camp d'Annibal sur les bords du Rhône.* Même ouvrage. Vol. III. — 1712.

CCVII. **Le même.** — *Nouvel examen de la route d'Annibal entre le Rhône et les Alpes.*
Même ouvrage. Vol. V — 1725.

CCVIII. **Fréret.** — *Observations sur la situation de quelques peuples de la Belgique et sur la position de quelques places du pays lors de sa conquête par les Romains.*
Même ouvrage. XLVII. — 1746.

CCIX. **De Boze.** — *Des récompenses et des marques d'honneur que les Grecs et les Romains accordaient à ceux qui se distinguaient dans les sciences et dans l'art militaire.*
Même ouvrage. I. — 1705.

CCX. **Naudet.** — *Mémoire sur les récompenses d'honneur chez les Romains.*
Même ouvrage. V. —

CCXI. **Montfaucon*.** — *L'antiquité expliquée* (texte français et latin) *et représentée en figures.* — Paris, 1719. 5 vol. in-fo.

CCXII. **D'Aumale** (duc). — *Alesia. Étude sur la 7e campagne de César en Gaule.* — Paris, 1859.

CCXIII. **Baert.** — *Mémoire sur les campagnes de César dans la Belgique et particulièrement sur la position du camp de Q. Cicéron chez les Nerviens*, suivi d'une notice sur les Nerviens. — Louvain, 1833.

CCXIV. **Allonville.** — *Dissertation sur les camps romains du département de la Somme.* — Clermont-Ferrand, 1828.

CCXV. **Magé.** — *Des lois agraires chez les Romains.* — Paris, 1846.

CCXVI. **Wauters.** — *Quelques mots sur la situation du camp de Quintus Cicero.* — Bruxelles, 1847.

CCXVII. **Ozeray.** — *Histoire de la cité des Carnutes et du pays Chartrain, vulgairement appelé la Beauce-Chartre.* — 1834-36.

CCXVIII. **Pistollet de Saint-Ferjeux.** — *Mémoires sur l'ancienne lieue gauloise.* — Langres, 1852.

CCXIX. **Roche.** — *Notice historique sur les anciens Centrones, sur leurs villes et leurs salines.* — Moustiers, 1819.

CCXX. **Vincent.** — *Recherches sur l'origine des Boiens et sur le lieu de l'établissement d'une partie de ces peuples dans la Gaule.* — Paris, 1843.

CCXXI. **Gollut.** — *Mémoire historique de la république sequanaise.* — Arbois, 1846.

CCXXII. **Troplong.** — *Des causes qui donnèrent à Rome la supériorité sur l'Italie.* (Revue contemporaine). — 1862.

CCXXIII. **Joubert.** — *La fin de la république romaine et l'établissement de l'empire.* (Revue contemporaine). — 1862.

CCXXIV. **Thierry.** — *Tableau de l'empire romain depuis la fondation de Rome jusqu'à la fin du gouvernement impérial en Occident.* — Paris, 1862. (Compte-rendu, Revue contemporaine, 1862.)

CCXXV. **Troplong.** — *Des causes des réformes proposées par les Gracques.* (Revue contemporaine. — 1863)

CCXXVI. **Joubert.** — *Les Césars et les Antonins.* (Revue contemporaine).— 1862.

CCXXVII. **Naudet.** — *De la noblesse et des récompenses d'honneur chez les Romains.* —Paris, 1864. (Compte-rendu, Revue contemporaine, 1864.)

CCXXVIII. **Beauffort.** — *Dissertation sur l'incertitude des cinq premiers siècles de l'histoire romaine.* — Paris, 1866.

CCXXIX. **René Briau.** — *Du service de santé militaire chez les Romains.* — Paris, 1867. (Compte-rendu, Revue contemporaine, 1868.)

CCXXX. **Ampère.** — *L'histoire romaine à Rome.* (Revue des Deux-Mondes. 1855-56-57.)

CCXXXII. **De Coulanges*.**—*Les institutions militaires de la république romaine et leurs rapports avec les institutions politiques.* (Revue des Deux-Mondes, 1870.)

CCXXXII. **Gauldrée-Boileau*.** — *L'administration militaire de l'antiquité.* — Paris, 1871.

CCXXXIII. **Saint-Hippolyte.** — *Recherches historiques sur le siège de Bourges par César de 53 à 52.* (Spect. milit., T. 32.)

CCXXXIV. **Masquelet.** — *Étude sur la castramétation des Romains.* (Spect. mil. Tom. 41 à 46.)

CCXXXV. *Mémoire sur l'insurrection et la guerre des Bataves contre les Romains sous le règne de Vitellius et de Vespasien.* (Sciences militaires.)— 1825.

CCXXXVI. **Vaudoncourt.** — *Essai sur la topographie de l'ancienne Étrurie.* (Sciences militaires.) — 1829.

CCXXXVII. **De la Barre Duparcq.** — *Considérations sur l'art militaire antique.* (Sciences militaires.) — 1849.

CCXXXVIII. **De Colonjon.**—*Précis de la vie d'Annibal, de César et de Pompée.* (Sciences militaires.) — 1852.

CCXXXIX. **Develay.** — *Salluste; guerre de Jugurtha.* (Sciences militaires.) — 1860-61.

CCXXXX. **Develay.**—*Jules César. Guerre civile.* (Sciences militaires.)— 1861.

CCXXXXI. **Sarrette.** —*Quelques pages des commentaires de César.* — (Sciences militaires.) — 1863.

CCXXXXII. **Macdougall.** — *Les campagnes d'Annibal; étude historique et militaire* (traduction Testarode) (Sciences militaires.) — 1864.

CCXXXXIII. **Molero.** — *Résumé des campagnes de César en Espagne.* (Sciences militaires.) — 1866.

CCXXXXIV. **De la Barre Duparcq.**— *Annibal-César.* (Journal Arm.sp.)—1848.

CCXXXXV. **Maynz.** — *Révolution de la plèbe à Rome depuis la loi des Douze-Tables jusqu'à la fin de la République.* (Trésor national, 1844.)

CCXXXXVI. **Altmeyer.** — *État social de Rome sous l'empire.* (Trésor national.) — 1844.

CCXXXXVII. **Guillemaud.**— *Des événements qui préparèrent le triomphe de César dans les Gaules.* (Revue militaire française.) — 1869.

CCXXXXVIII.**Troplong**. — *De la chute de la république romaine*. (Revue con
temporaine.) — 1855-56.

CCXXXXIX. **Bavaux**. — *Le siécle d'Auguste*. (Revue contemporaine.) — 1855-56.

CCL. **Schayes**. — *La Belgique avant et pendant la domination romaine*.
— Bruxelles, 1837. 2 vol.

CCLI. **Thierry**. — *Histoire de la Gaule sous l'administration romaine*. — ,
Paris, 1842.

CCLII. **Desjardin**. — *Alesia* (7e campagne de César). — Paris, 1859.

CCLIII. **Fallue**. — *La conquête des Gaules; analyse des commentaires de
César*. — Paris, 1821.

CCLIV. **Silius Italicus**. — *De secundo Bello punico*. — Lugduni, 1514.

CCLV. **Silius Italicus**. — *De Bello punico*. — Antwerpia, 1566.

CCLVI. **Giani**. — *Battaglia del Ticino tra Annibalo et Scipione*. — Milano,
1824.

CCLVII. **Baert**. — *Mémoires sur les campagnes de César en Belgique*.— Louvain, 1833.

CCLVIII. **Schneider**. — *Caesaris commentarii de Bello gallico*. — Halis,
1840-55.

CCLIX. **Hetzpodt**.—*Notice sur les anciens Trévires et recherches sur les chemins qui ont traversé le pays des Trévires*. — Trèves, 1809.

CCLX. **Wauters**. — *Observations sur Aduatica*. — Bruxelles, 1863.

CCLXI. **Fallue**. — *Annales de la Gaule*. — Paris, 1864.

CCLXII. **Duruy**. — *Histoire romaine*. — Paris, 1874.

CCLXIII. **Des Roches**. — *Histoire ancienne des Pays-Bas Autrichiens avant
et pendant l'invasion romaine*. — Anvers, 1784.

CCLXIV. **D'Auville**.—*Notice de l'ancienne Gaule*, tirée des monuments romains.
— Paris, 1760.

CCLXV. **Fél. Beaujour**. — *De l'expédition d'Annibal en Italie et de la meil-
leure manière d'attaquer la Péninsule.*--Paris, 1832. (*Voir* Spect.
mil., T. 18 et la critique de Vaudoncourt.) (Sciences militaires,
1832).

CCLXVI. **Montesquieu**. — *OEuvres complètes*. — Paris, 1822.

CCLXVII. *Bilder-Atlas*. — Leipzig, 1875.

N.B. Voir également dans la bibliographie de la période grecque les Nos XIII.
XVIII, XXV, XXVI, XXXI, XLI, LXXIV.

CHAPITRE PREMIER.

—

Institutions militaires de Rome.

—

SOMMAIRE.

Organisation militaire de Rome. — De la fondation de Rome ; — nécessité d'étudier sa constitution politique ; — elle sert à expliquer la prospérité et la chute de ses institutions militaires ; — division du territoire par Romulus ; — la famille ; — la gens ; — la curie ; — la tribu ; — organisation militaire de la Rome primitive ; — elle répond à l'organisation civile ; — pourquoi cette connexité se rompt et comment on la rétablit ; — Rome n'est, au début de son 'histoire, qu'un camp permanent ; — fonction la plus importante du citoyen ; — la plèbe ; — son origine ; — ses destinées ; — constitution de Servius Tullius ; — les centuries ; — armée active et armée de réserve ; — les assidui ; — les prolétaires ; — les capite censi ; — l'organisation de Servius Tullius est dirigée contre l'aristocratie ; — réaction de celle-ci ; — avènement de Tarquin le superbe ; — sa tyrannie ; — proclamation de la république ; — elle sert les classes patriciennes qui s'attachent à abattre la plèbe ; — moyens employés ; — les lois agraires ; — établissement de la solde ; — influence de l'introduction des richesses sur les mœurs des Romains ; — naissance de l'aristocratie d'argent ; — elle s'empare de la propriété foncière, en chasse les hommes libres et les remplace par des esclaves ; — la classe moyenne disparaît des armées ; — réaction éphémère des Gracques, — les Cimbres ; — Rome épuisée de citoyens doit confier les armes aux prolétaires ; — Marius enrôle les capite censi ; — le cens est aboli, le choix dans les classes supprimé ; — conséquences ; l'armée ne compte plus que des mercenaires et des volontaires ; transformation de l'esprit des légions, les vertus civiques font place aux passions ; — guerres civiles qui en sont la conséquence et qui mènent à l'empire ; — exigences des légionnaires ; Octave pour se débarrasser d'eux rend l'armée permanente ; — le service militaire cesse d'être obligatoire ; —

dégradation du peuple romain;—le recrutement se fait dans la lie des provinces ;
— séparation de l'armée et de la nation; — les vétérans ; — les prétoriens ;
— les terres létiques; — les barbares ; — la décadence des mœurs romaines
ayant exercé une influence néfaste sur le recrutement des armées, celles-ci
réagissent à leur tour sur le système politique, les révolutions militaires
se font jour et amènent la chute progressive de l'empire.

Résumé. — Phases diverses subies par le recrutement des armées romaines; —
service général, obligatoire et personnel; — service personnel, mais non généralement obligatoire; — introduction des prolétaires; — sous Auguste le service devient volontaire et permanent; — après Caracalla, les provinciaux sont
admis dans les légions romaines; — enfin au IVe siècle l'armée romaine est en
majorité composée de hordes barbares.

La caisse militaire; — la prototypie; — le service territorial.

Des différents modes de recrutement. — Sous les cinq promiers rois; — après
Servius Tullius; — des commissions de recrutement; — formation des légions;
— leur valeur identique; — durée du service; — des vétérans, leurs priviléges; — des volontaires; — les trois sortes de levée; — conditions physiques
exigées; — des exclusions; — des exemptions; — des dispenses; — des ré-
fractaires.

Du serment.

Des exercices. — Leur importance; — leur nature; — surcharge imposée aux
légionnaires; — des marches; — travaux des légions.

De la discipline. — Obéissance absolue exigée des légionnaires; - droits des chefs;
— punitions; — récompenses; — résultats obtenus.

De l'armement. — Des armes défensives : casque, bouclier, cuirasse, bottine de
fer, brassard; — des armes offensives : haste ou pique, javelot ou pilum; —
du pilum de Marius; — épée courte; — épée longue; — hache; — des tribuli
ou chausse-trapes; — des magasins et ateliers d'armes; — des ouvriers
armuriers.

De l'habillement. — Habillement du légionnaire; — la toge : — le sagum; — les
braccæ; — habillement du cavalier; — les gynécées.

De l'alimentation. — Frugalité des Romains; — leur manière de vivre; — les
duplares, les sesquiplares; — introduction des magasins; — vices qui en sont
la conséquence.

De la solde. — Introduite après les siéges de Terracine et de Veies ; — des
officiers comptables; — influence de la corruption des mœurs sur l'armée.

Organisation militaire de Rome (1).

Les origines de Rome se présentent à nous avec un caractère
tout particulier.

---

(1) *Voir* Bibliographie LXXVIII. LXXIXbis. LXXXI. LXXXIV. LXXXV.

Le peuple romain ne s'est formé ni par migration, ni par assimilation, ni par colonisation, ni par conquête, comme la plupart des autres nations; des pâtres révoltés, des gens sans aveu, des meurtriers, des exilés, des hommes enfin de toute provenance, furent les fondateurs de la ville éternelle (753 avant le Christ).

Ils sont forcés d'enlever les femmes et les filles de leurs voisins pour se créer des familles et jeter les bases d'une société nouvelle. Entourés partout d'ennemis, ces bandits, ces déclassés, ces esclaves mutinés comprirent qu'ils ne conserveraient les biens qu'ils avaient ravis, qu'ils ne sortiraient des limites restreintes du terrain dont ils s'étaient emparés, qu'en s'organisant fortement, en se soumettant aux lois de la communauté avec la ponctualité et la rigidité de la discipline la plus austère. Aussi leur premier roi Romulus s'efforça-t-il d'imprimer à la ville naissante le cachet d'une véritable cité guerrière.

Ici donc, bien plus qu'en Grèce, l'organisation militaire et la constitution civile sont unies par une étroite corrélation. Impossible de bien se rendre compte de la première et des transformations qu'elle subit, si l'on ignore les conditions de la seconde. La liaison entre elles est intime ; leur influence réciproque est constante; la grandeur ou la décadence de l'une aura pour corollaire l'élévation ou la chute de l'autre.

Romulus divisa le territoire de Rome en trois parties: la première était destinée au culte; la seconde, réservée à l'État, servait de pâturage commun (l'*ager publicus*); la troisième fut partagée entre la nation et par famille. La famille formait l'unité politique; elle était représentée par le chef, le père de famille, c'est-à-dire par l'homme libre émancipé possédant le *jus quiri-*

LXXXVI. LXXXVIII. LXXXIX. LXXXX. LXXXXI. LXXXXIV. LXXXXV. LXXXXVII. LXXXXVIII. CII. CVI. CIX. CX. CXI. CXII. CXIII. CXIV. CXVI. CXVII. CXVIII. CXXI. CXXX. CXXXXII. CLXX. CLXXI. CLXXII. CLXXIII. CLXXVI. CCIII. CCXV. CCXXII. CCXXIII. CCXXIV. CCXXV. CCXXVI. CCXXVIII. CCXXX. CCXXXI. CCXXXXV. CCXXXXVI. CCXXXXVIII. CCXXXXIX. CCLXVI.

tium et le *jus civitatis*, ou la plénitude des droits politiques et civils; elle se composait du père, de la femme, des fils et des filles non mariées. A elle se rattachèrent d'abord, par le protectorat, les clients, ensuite les esclaves.

Dix familles formaient, au début, la *gens*; dix *gentes*, la curie; dix curies ou mille familles la tribu. Il y avait en tout, à l'origine, trois tribus, donc trente curies, ou trois cents *gentes*, ou enfin trois mille familles.

L'organisation militaire reproduisait ces mêmes subdivisions. L'armée de Romulus se composait de 3,000 hommes, scindés en trois corps de 1,000 hommes; chaque corps divisé en 10 compagnies ou centuries de 100 hommes; chaque compagnie en 10 chambrées ou dizainies de 10 hommes. C'était l'infanterie.

Mais Romulus choisit aussi dans chaque *gens* un homme brave, habile, aventureux; il forma ainsi une troupe de 300 soldats d'élite qu'il appela *celeres* ou *equites*: ils lui servaient de gardes, combattaient ordinairement à cheval et se fractionnaient en pelotons ou décuries de 10 hommes. C'était la cavalerie.

Plus tard, lorsque par suite de l'âge, des maladies, des fluctuations de l'ordre matériel, l'équilibre entre la *gens* et la compagnie se rompit, on le rétablit par l'introduction dans la curie des *minores gentes*, c'est-à-dire des gentes d'un ordre inférieur, formées d'individus dont les aïeux n'avaient pas participé à la fondation de la cité, mais au contraire y avaient été transplantés par conquête.

Cette armée était commandée par cent officiers. Chacune des trois fractions avait son chef; de plus l'armée possédait un commandant supérieur de l'infanterie et un de la cavalerie; la décurie obéissait à un officier; la centurie à deux; ce qui donnait 30 officiers subalternes d'infanterie et de cavalerie; 33 pour chaque corps, 99 pour l'armée et enfin 100 en y joignant le chef de la cavalerie ou *tribun des celeres*, position importante que l'on ne créait cependant que lorsque la république était en danger. Cette armée prenait le nom de légion (1).

---

(1) Légion, de *legere*, choisir. Est-ce bien là le nom donné à l'armée de la

L'analogie entre les constitutions militaire et civile de la Rome antique est plus saisissante encore quand on considère la composition du pouvoir gouvernemental. En effet, Romulus, d'après la tradition, institua un sénat composé de 100 membres. Chaque curie en désignait 3 ; chaque tribu 3 autres, et lui-même nommait, pour présider cette assemblée, le citoyen qu'il considérait comme le plus digne. On retrouve, dans la subdivision de ces chiffres, la répartition des grades de la hiérarchie militaire. On peut donc affirmer que la connexion se trouvait complète ; ce sénat n'était autre, à l'origine, que l'ensemble des officiers formant ainsi le conseil de la nation.

Rome présentait ainsi, après sa fondation, l'aspect d'une cité toute militaire, d'une sorte de camp permanent. Comme en Grèce la fonction la plus noble, la plus importante, celle de défendre la patrie, était le privilége exclusif du citoyen. Seul il pouvait faire partie de l'armée ; c'était son devoir et son droit. Il était à la fois homme public et guerrier ; il votait dans les comices les résolutions graves qu'il exécutait lui-même en campagne. Ceux qui ne jouissaient pas du titre de citoyen ne figuraient pas sur les contrôles ; s'ils accompagnaient les troupes, c'était en qualité de serviteurs et non comme soldats.

A l'origine de Rome deux populations bien distinctes se trouvent dès lors en présence. L'une possède, légifère, se livre aux seuls travaux de l'agriculture, peuple les armées et ne reçoit, pour prix des services rendus à la chose publique, que le butin ou la dépouille de l'ennemi ; l'autre, placée dans une sorte de vasselage, n'existe que par la protection que lui accorde le patron ; c'est à elle que sont réservés les durs labeurs, les travaux de l'artisan, les soucis du commerce, la sujétion de la domesticité ; les armes lui sont interdites.

Mais, par une succession de guerres heureuses, une nouvelle catégorie d'individus vint s'ajouter aux deux autres. Pour aug-

---

Rome primitive ? Puisque tous les citoyens étaient soldats, il n'y avait aucun choix à faire ; il en fut autrement à partir de Servius Tullius. Cependant il est possible que l'on ait cherché, à l'origine, à égaliser chacune des trois grandes subdivisions de la force publique, comme on le fit plus tard pour les légions constituant l'armée.

menter sa population et par suite son influence, Rome transplanta dans son sein une partie des vaincus. Ces nouveaux habitants, auxquels vinrent se joindre tout ce qui n'était pas client ou esclave, constituèrent la classe plébéienne. Cette fraction vaincue ne jouissait d'abord d'aucun droit politique, mais avec le temps elle sut les conquérir. C'est en vain que les vainqueurs cherchèrent à la maintenir sous le joug. La plèbe augmentait en force et en nombre, tandis que les familles des anciens fondateurs s'affaiblissaient au sein même des conquêtes qui avaient illustré leurs armes. A la suite de luttes sanglantes, la plèbe triomphante imposa au sénat un roi de son choix. Ce fut Servius Tullius (578).

C'est à lui que l'on doit l'organisation remarquable qui a subsisté aussi longtemps que la république.

Jusqu'à cette époque l'armée était composée uniquement des hommes des *gentes* qui seuls possédaient le titre de citoyens et devaient tous servir, quel que fût l'état de leur fortune. Après la révolution de 578, quoique tous les hommes de la plèbe fussent devenus citoyens romains, le service des armes ne fut plus imposé qu'à une partie de la nation et conformément au système qui va être développé ci-dessous.

Servius divisa la ville en quatre quartiers et le territoire qu'habitait la population autrefois subjuguée, en vingt-six régions. Il assigna, dans les limites de ces régions, des terres aux habitants émancipés. Ces quartiers reçurent le nom de *tribu* ; il opposa donc trente tribus de plébéiens aux trente curies des patriciens de la Rome primitive. Les tribus et les curies formaient des communautés particulières obéissant à des chefs qui tenaient des registres indiquant le nombre des habitants, l'étendue et la valeur des propriétés; c'étaient eux qui percevaient les impôts et présidaient aux levées des troupes.

Le roi s'occupa ensuite de l'organisation de l'armée, et il basa son recrutement sur le revenu territorial. Tous les citoyens, quelle que fût la tribu à laquelle ils appartenaient, furent divisés en classes. En dehors de ces classes et à leur tête, Servius plaça les membres des curies, ainsi que la noblesse des populations latines et sabines qui, depuis leur transportation à Rome, n'avait pas été reçue dans les *gentes*.

Ces nobles, romains ou étrangers, devaient servir dans la cavalerie ; il les divisa en dix-huit parties ou centuries.

Tous les hommes des tribus, de 17 à 60 ans, possédant un revenu de plus de 12,500 as (1), étaient tenus de servir dans l'infanterie des légions. Le roi les partagea en cinq classes en raison de leur fortune et d'après le tableau tracé plus loin.

Pour en faire partie, il fallait posséder en propriétés foncières au moins 12,500 as, soit 8,000 francs environ de notre monnaie.

Les classes elles-mêmes étaient divisées en centuries de *juniores,* c'est-à-dire formées des hommes de 17 à 46 ans, et de *seniores* ou des hommes de 46 à 60 ans. Les premiers constituaient l'armée active, les autres l'armée de réserve.

Primitivement les quatre premières classes marchaient seules aux armées. La cinquième n'y parut que pendant les guerres puniques.

Il en résulte que l'obligation du service frappait principalement les classes riches. En effet, les centuries étaient plus ou moins nombreuses, selon que les hommes qui les composaient jouissaient de revenus moins ou plus élevés. Or, comme le contingent et les impôts étaient partagés également entre toutes les centuries, sans tenir compte du nombre, il s'ensuit que les riches fournissaient proportionnellement plus d'hommes et payaient plus de taxes que les pauvres.

Tous les cinq ans, les censeurs révisaient les listes du cens.

Le restant de la population était rejeté hors des classes et ne faisait pas partie des légions. Néanmoins les citoyens qui possédaient de 12,500 à 7,500 as, formaient, sous le nom d'*accenses* et de *velati*, des centuries de soldats de renfort qui suivaient l'armée, revêtaient la dépouille des morts et les remplaçaient dans les rangs, ou bien composaient des centuries de charpentiers, de clairons, de trompettes.

Une autre catégorie dont la fortune était comprise entre 7,500

---

(1) As, monnaie de cuivre, valant à peu près 0,08 de notre franc. — Si au lieu de chercher la valeur intrinsèque, on veut calculer la valeur comparative, il faut multiplier par 8 (relation entre les prix du blé dans l'antiquité et de nos jours).

et 1,500 as, envoyait parfois à l'armée des soldats équipés à frais communs (1).

Ils formaient le premier groupe de prolétaires dont les *capite censi* composaient le second.

D'autre part, une allocation était allouée aux cavaliers sur les héritages des veuves, des jeunes filles et des orphelins, pour permettre aux nobles pauvres de s'équiper.

Enfin, bien que les artisans, les commerçants, etc., ne fussent pas compris parmi les citoyens, ils furent frappés d'une capitation au moyen de laquelle on soldait les valets de l'armée.

Quant à ceux qui ne possédaient pas le minimum de 575 as, ils constituaient la classe pauvre, ne servaient pas dans les légions, et ne jouissaient par conséquent d'aucun privilége.

Le tableau de la page 105 permet de se rendre un compte exact du système de Servius Tullius.

Toute la population était donc divisée en 195 centuries. Servius en fit un corps politique et lui remit le soin de décider de la paix ou de la guerre, de nommer les magistrats, de délibérer sur les lois présentées au sénat, tandis que les comices des curies, jusqu'alors toutes puissantes, n'étaient plus appelés qu'à donner la sanction religieusé aux votes des centuries et l'*imperium* aux magistrats.

Servius Tullius avait voulu annihiler l'aristocratie, elle le fit assassiner ; elle le remplaça par Tarquin le Superbe (554) qui régna en despote et abolit, il est vrai, les lois favorables au peuple, mais qui commit la faute d'opprimer les nobles eux-mêmes ainsi que les sénateurs qui les représentaient.

Pour se débarrasser du tyran, les nobles s'unirent à leurs anciens ennemis. Ils leur promirent, en échange d'une action commune, le maintien des lois de Servius Tullius et des assignations de terre pour les citoyens pauvres. Tarquin fut chassé, la royauté abolie et la république proclamée (509).

Cette révolution servait l'aristocratie ; celle-ci mit dès lors tout en œuvre pour abattre la race populaire, et comme elle ne

---

(1) Système que les capitulaires de Charlemagne remettront plus tard en vigueur.

CLASSES.	CENS		JUNIORES.			SENIORES.			TOTAL	
	en as.	en francs.	Centuries.	Effectif total.	Effectif par centurie.	Centuries.	Effectif total.	Effectif par centurie.	des centuries.	des hommes.
Cavalerie.										
Chevaliers patriciens.	»	»	»	»	»	»	»	»	6	600
» plébéiens .	»	»	»	»	»	»	»	»	12	1,200
Infanterie légionnaire.										
1re classe	100,000	8,000	40	8,000	200	40	4,000	100	80	12,000
2e classe	75,000	6,000	10	3,000	300	10	1,500	150	20	4,500
3e classe	50,000	4,000	10	4,000	400	10	2,000	200	20	6,000
4e classe	25,000	2,000	10	5,000	500	10	2,500	250	20	7,500
5e classe	12,500	1,000	15	9,000	600	15	4,500	300	30	13,500
Troupes supplémentaires.										
Assidui. (Soldats de renfort	»		»	»	»	»	»	»	2	»
Charpentiers . .	7,500	600	»	»	»	»	»	»	1	»
Clairons, trompett.	»		»	»	»	»	«	»	2	»
Prolétaires. . . .	1,500	120	»	»	»	»	»	»	1	»
Capite censi. . . .	375	30	»	»	»	»	»	»	1	»

pouvait le faire directement, elle prit une voie détournée qui, en peu de temps, devait la mener à ses fins.

Les plébéiens n'exerçaient de droits que par le cens; si on parvenait à détruire leur fortune, on les rejetait en dehors des classes. En conséquence le sénat suscita des guerres incessantes, forçant le citoyen à s'endetter, à se ruiner, pour subvenir aux dépenses de ces expéditions nombreuses.

A la fin, poussée à bout, la plèbe se révolta et exigea le partage de l'*ager publicus*, c'est-à-dire des terres enlevées en partie aux ennemis et dont elle avait assuré la conquête au prix de son sang (456). Les premières terres publiques qu'elle arracha à l'avidité de ses oppresseurs, furent celles du Mont Aventin.

Ces mesures prises presque simultanément avec l'établissement de la solde, qui eut lieu pendant le long siége de Veies, (405-395), eurent une grande influence sur les armées romaines. Les levées se firent sans tumulte, les opérations militaires purent se prolonger et devenir décisives; les consuls ne se trouvèrent plus dans l'obligation de ramener dans les murs de Rome des soldats ruinés et mutinés.

Quelques années plus tard, en 376, Licinius Stolo et Sextius firent passer, après 10 ans de luttes, les fameuses lois agraires ou liciniennes, qui fixèrent le maximum de l'*ager* que chaque Romain pouvait posséder et ordonnèrent que le restant serait partagé entre les citoyens pauvres.

Rome posséda dès lors une classe moyenne, véritable pierre fondamentale de la puissance des États. Vingt ans après les lois liciniennes, elle pouvait lever 45,000 citoyens et commençait la conquête du monde connu, tandis que, jusqu'à cette époque, elle avait réussi à peine à refouler ses ennemis au delà d'un rayon de quelques lieues.

Malheureusement, comme en Grèce, un chancre rongeur s'attacha à cette grande prospérité. Déjà Annibal avait porté un rude coup au colosse romain. Une partie de la classe moyenne était tombée sous le fer de ses mercenaires. Plus tard encore, les trésors de l'Afrique, de l'Asie et de la Grèce, refluant vers l'Italie, y introduisirent le goût du luxe et donnèrent naissance à une aristocratie financière qui remplaça la vieille aristocratie de race.

Tout fut mis en œuvre par elle pour augmenter ses richesses. Les terres changèrent de nature, l'agriculture disparut pour faire place aux pâturages; les hommes libres furent chassés de gré ou de force de leurs domaines, dont la propriété passa aux riches; les esclaves inondèrent l'Italie. La classe moyenne, qui ne pouvait se recruter parmi les hommes voués aux arts, à l'industrie, aux métiers, au commerce, périclita peu à peu, périt consumée par les armes, l'impôt, la misère, ou bien erra oisive dans les rues de Rome, où elle se nourrissait au moyen des distributions de blé et d'argent que lui faisait l'État. Les Gracques essayèrent en vain de réagir contre ces maux et de ressusciter la classe moyenne en renouvelant les lois liciniennes (153) ; ils furent assassinés (121). Lors donc que les Cimbres inondèrent le midi de l'Europe, ils ne trouvèrent plus devant eux que les débris de cette partie vivace de la population qui avait fait la force des armées de la république. Ils les écrasèrent sur les bords du Rhône (112-106).

C'est alors que Marius, autant par nécessité que par politique, eut recours aux *capite censi*. Du reste, à cette époque, et par suite d'une dégénérescence continue, Rome ne possédait plus que 2,000 citoyens propriétaires, et encore les plus riches obtenaient-ils à prix d'or l'exemption de la milice.

Après Marius, la décadence continua à marcher à grands pas. Le cens fut supprimé, le choix dans les classes aboli ; les pauvres furent reçus dans les rangs à côté des affranchis, des gladiateurs et des esclaves.

Au lieu de citoyens animés de l'amour de la patrie, intéressés à sa gloire, l'armée ne compta plus que des gens qui n'avaient d'autre but que d'échapper à la misère ; l'esprit national disparut, les passions se firent jour, tumultueuses et ardentes ; les légions de Rome devinrent celles des partis, ou des chefs qui les guidaient.

Soixante-dix années de guerres civiles furent le résultat de cet ordre de choses, amené par la chute de la classe moyenne, et elles eurent pour conséquence l'établissement de l'empire.

A dater de cette époque, l'armée romaine subit une transformation radicale. Jusque-là les légions étaient temporaires, bien que la fréquence des guerres leur donnassent l'aspect d'une institution permanente. Le recrutement, il est vrai, était resté national, mais combien la composition de l'armee avait changé, combien l'esprit des légions avait dégénéré ! C'est qu'au lieu de faire appel à toutes les forces vives de la nation, on en était arrivé à n'admettre dans les rangs que la populace et la lie de la société, y portant avec elle ses exigences, ses habitudes de désordre et d'anarchie.

Auguste craignant la turbulence de cette écume en armes, redoutant aussi que le vrai peuple, se réveillant un jour, ne s'insurgeât contre ses décrets despotiques, prit la résolution d'éloigner pour toujours les citoyens romains des légions, et de n'y faire entrer que les levées des provinces et, par exception, les mendiants de la cité.

Il suivit en cela les conseils de Mécène.

« Il convient, lui disait ce dernier, d'entretenir perpétuelle-
» ment des soldats pris parmi les citoyens, parmi les peuples
» soumis et parmi les peuples alliés ; ici plus, là moins, suivant
» chaque province, d'après les besoins de l'État. Il faut qu'ils
» soient continuellement sous les armes et qu'ils se livrent sans
» interruption aux exercices militaires ; qu'ils aient des quar-
» tiers d'hiver, établis dans les positions les plus favorables
» et un service dont la durée soit limitée, afin, qu'avant d'être
» arrivés à la vieillesse, il leur reste encore quelque vigueur.
» Nous ne pouvons plus, avec des frontières si éloignées, avec
» des ennemis qui nous environnent de toutes parts, faire
» usage de secours rassemblés à l'instant et accordés par tous
» ceux qui ont l'âge de prendre les armes et de se livrer
» aux travaux de la guerre ; c'est donner sans cesse naissance
» à des séditions et à des guerres civiles. Si, après les avoir
» empêchés de s'en occuper, nous avons besoin de leur
» concours, nous courrons risque de n'avoir jamais que des
» soldats sans expérience et non instruits. Pour ces motifs,
» je propose que tous les autres citoyens soient sans armes,
» tandis que les plus vigoureux et les plus *indigents* seront
» enrôlés et exercés. Ils combattront mieux en ne vaquant qu'à
» cette seule occupation ; le reste n'en sera que plus à l'aise
» pour cultiver la terre, s'occuper de navigation et s'adonner
» aux arts qui conviennent à la paix, quand ils ne seront pas
» forcés de se défendre et qu'ils auront des défenseurs pour
» les protéger. La portion la plus vigoureuse et la plus forte,
» celle que la *misère* contraindrait à vivre de brigandage, se
» nourrira sans peine et le reste de la population vivra à l'abri
» du danger (1). »

---

(1) Dion Cassius. Bibliographie N° LXXXIV.

Le service militaire cessa donc d'être obligatoire ; le peuple disparut des armées, s'abrutit de plus en plus et à tel point qu'un demi-siècle après l'époque d'Auguste, il assistait en spectateur impassible aux luttes sanglantes que les armées de Vespasien et de Vitellius se livraient dans l'enceinte sacrée de Rome qu'elles avaient forcée.

L'armée permanente romaine cessa donc d'être nationale ; elle se sépara complétement de la nation, et les empereurs ne négligèrent rien pour accentuer cette division qui mettait à leur disposition des forces nombreuses contre les revendications, faiblement formulées du reste, du peuple abâtardi. Les légions formèrent une catégorie spéciale dans l'État. On les établit dans des camps permanents. Le légionnaire avait une place spéciale au théâtre, il n'appartenait pas à l'empire, mais à l'empereur, comme le prouve le serment qu'on lui faisait prêter : « Je » jure de regarder le salut de l'*Empereur* comme ma suprême » loi, d'être toujours prêt à exécuter ce qu'il m'ordonnera. » A ses yeux donc la patrie avait disparu ; il ne restait debout qu'un homme dont il se déclarait l'esclave.

Les principes du recrutement posés par Auguste ne furent pas longtemps observés ; l'empereur étendit bientôt à toute l'Italie l'exemption accordée à la cité. Rome et l'Italie ne fournirent plus que des volontaires, dont le chiffre allait décroissant, tandis que le nombre des légions augmentait. On recourut alors aux provinciaux non romains, mais auxquels, par fiction, on accordait le droit de cité. Toutes les recrues furent tirées des provinces ; celles-ci peuplèrent les cohortes légionnaires, et Tacite put dire avec justesse « c'est par le sang des provinces que les provinces sont subjuguées. » Ce droit de cité accordé d'abord à des hommes isolés s'étendit à des contrées entières, jusqu'à ce que Caracalla, dans un but de fiscalité, eut donné le titre de citoyen romain à tous les sujets de l'empire. Dès lors, les légions auxiliaires, qui existaient à côté des légions romaines disparurent, il n'y eut plus que des légions romaines, mais recrutées dans la boue des provinces et des municipes. Les causes de décadence qui s'était manifestées à Rome, se faisant également sentir dans toute l'étendue du monde romain ; on en arriva aux expédients.

On songea d'abord à augmenter les priviléges des *vétérans.*
Ces vieux soldats ont toujours joué un grand rôle dans la société
romaine. Sous la république, ils furent les principaux fauteurs
de l'anarchie. Auguste avait résolu d'extirper pour l'avenir ce
chancre qui rongeait le pays, mais l'ostracisme dont ils furent
l'objet dura peu. Ses successeurs les rétablirent, et plus ils
avaient besoin d'eux, plus ils augmentèrent leurs priviléges.
Ils leur donnèrent des terres en friche sur les frontières, des
colonies dans l'intérieur, puis constituèrent en leur faveur de véritables bénéfices, consistant en un domaine pourvu d'habitations,
de troupeaux, d'esclaves, etc. Ces bénéfices étaient exempts
d'impôts et n'avaient d'autre obligation que celle du service
militaire ; ils étaient transmissibles de mâle en mâle, à charge
pour les fils de marcher aux armées et de défendre les frontières.

Un autre expédient est celui des *terres létiques.* L'origine de
cette institution est germanique.

Les Germains et les Gaulois avaient deux sortes d'armées,
l'une était nationale et formée de tous hommes libres ; l'autre
était composée de la réunion des bandes guerrières, sous les
ordres d'un chef élu par elles. Celles-ci, qui ont tenu dans l'histoire une grande place, renfermaient deux classes d'individus ;
les premiers étaient les compagnons libres du chef, ceux que
la loi salique nomme *antrustions*, les seconds formaient une
catégorie d'individus d'une condition inférieure, provenant
ordinairement des pays conquis ; ils vivaient sous la protection
d'un guerrier auquel ils rendaient le service d'armes ; les
anciennes lois les nomment *liti.* Or, l'empire qui possédait
sur les frontières une grande quantité de terres abandon-
nées, résolut de les utiliser à la manière germanique, en y
plaçant des colons militaires ou *lites* à charge de servir aux
armées, eux et leurs fils. Ils se trouvaient dans une sorte de
vasselage, étaient, comme on le dit plus tard, gens de poursuite,
bien qu'ils pussent posséder en propre ; mais la terre létique
était inaliénable. Les lites venaient de toute provenance, Gaulois, Germains, Suèves. On les formait en corps homogènes
placés sous les ordres d'un préfet. Leurs officiers et leur tactique
étaient romains.

Ce secours ne fut pas suffisant pour parer à la pénurie de

soldats. . Lorsqu'après un long repos, les frontières furent de
nouveau menacées par les barbares, on songea à faire appel à
d'autres barbares et l'on vit, comme troisième expédient, pulluler
dans les armées romaines des corps de Goths, de Vandales, de
Burgundes, de Sarmates, couverts du vêtement national, obéissant à leurs chefs propres et manœuvrant d'après la tactique qui
leur était particulière. A partir de Constantin, les armées romaines se transformèrent de plus en plus en armées barbares. Ces
corps, d'abord isolés, furent bientôt suivis de peuplades entières
que la faiblesse des empereurs reçut sur le sol romain, et qui
absorbèrent l'empire.

Tout se lie dans l'histoire. La décadence des mœurs, l'abâtardissement des caractères avaient exercé une influence funeste sur
le recrutement des légions; la composition de celles-ci réagit à
son tour sur le système politique de la république, ouvrit l'ère
des guerres civiles, amena l'empire et tous les désordres qui lui
servirent d'escorte.

Pendant cette époque funeste les soldats se rendirent maîtres
de l'État. Après la mort d'Auguste, les premiers mouvements
séditieux éclatent dans les camps de Pannonie et de Germanie;
Drusus et Germanicus parviennent à étouffer la révolte, mais au
prix de dangereuses concessions. Les prétentions des légionnaires et surtout des prétoriens augmentent chaque jour.
Claude monte sur le trône par la volonté des prétoriens (41)
qu'il achète; plus tard, ces mêmes prétoriens forcent Néron
à se poignarder; ils tuent Galba et le remplacent par Othon.

Après la mort d'Othon, les légions du Rhin nomment un
empereur, les légions de Syrie un autre, les prétoriens, un troisième; Vitellius, Vespasien et Othon se disputent le trône à la
tête de leurs fidèles. Heureusement pour Rome, Vespasien
triomphe et inaugure l'ère de la célèbre maison Flavienne et des
Antonins, sous lesquels l'empire parvint à reprendre quelque
vigueur (69 à 180 ap. J.-C.). C'est l'époque de Titus, Nerva, Trajan, Adrien, Antonin, Marc-Aurèle, qui surent purger l'armée des
recrues des villes italiques dont l'arrivée dans les camps était
toujours le signal des désordres et des séditions, et qui dirigèrent habilement l'esprit des troupes vers les guerres extérieures,
contre les Daces, les Parthes, les Quades et les Marcomans.

Mais à l'avènement de Commode (180), le désordre apparaît de nouveau, et les prétoriens donnent encore le signal des révolutions militaires. Après avoir tué Pertinax (193), ils mettent l'empire aux enchères. Deux hommes se présentent et Didius Julianus, qui paie davantage et offre 6,250 drachmes (5,430 fr.) par tête, écarte son concurrent. Mais, comme au temps d'Othon, ce choix n'est pas ratifié par les légions, et l'on voit surgir Claudius Albinus en Bretagne, Pescennius Niger en Syrie, et Septime Sévère en Pannonie. Septime Sévère l'emporte ; il brise les prétoriens, mais il n'ose sévir contre ceux qui l'ont élevé au trône. Les priviléges des légions sont augmentés et la démoralisation des troupes s'accroît en proportion. On connaît le dernier conseil donné par lui à son fils Caracalla : « Enrichissez le soldat .et méprisez le reste » (211).

Avec de pareils principes la décadence marche à pas de géant. Les légions s'efféminent de plus en plus, elles quittent leurs armes défensives devenues trop lourdes ; elles s'adjoignent une foule de corps particuliers destinés à les garder dans les marches et dans les camps, et bientôt elles disparaissent complétement devant les confédérations de Goths, de Saxons, d'Allemands, qui font irruption dans les frontières désarmées.

Dès lors, on peut regarder l'histoire militaire de Rome comme close.

Si nous résumons au point de vue uniquement militaire, cette période de douze siècles qui sépare la fondation de Rome du règne de Théodose, nous voyons le recrutement et la composition des armées subir des transformations bien caractérisées :

1° Dans les premiers temps, le service est général, donc obligatoire et personnel. Tout citoyen, ayant acquis ses droits civils et politiques, défend la patrie et lui seul est digne de cet honneur. Les 5,000 chefs de famille que Romulus a groupés autour de lui, forment l'armée, qui plus tard se double par l'adjonction des Sabins.

2° Cent quatre-vingts ans après la fondation de Rome, apparaît Servius Tullius. La plèbe conquiert ses droits dans l'État, le chiffre des citoyens s'accroît, le service général est aboli, mais il reste personnel ; il n'est plus général, puisque le cens ou la fortune seule désigne ceux qui devront marcher. La propriété est considérée comme une des principales garanties de l'attachement aux institutions et à la grandeur du pays ; c'est un gage, une caution de la fidélité; la république exclut ceux qui n'ont rien à conserver, parce qu'ils n'ont rien à perdre.

Le recrutement s'opère d'abord dans les quatre premières classes ; la cinquième ne figure dans les légions qu'aux temps des guerres puniques.

3° Marius, qui d'une naissance obscure s'est élevé jusqu'à la magistrature consulaire, fait appel aux *capite censi*. Il obéit à deux sentiments : au désir de sauver la république des dangers qui la menacent à l'extérieur, et à la haine qu'il porte aux classes patriciennes. En mettant les armes dans les mains de la populace, il rabaisse le service militaire et prépare ces longues années de guerre civile qui mèneront à l'empire.

Les premiers germes de désorganisation sont, dès lors, introduits dans les légions. Cette première atteinte à l'esprit du système d'enrôlement n'amoindrit pas, il est vrai, le courage des troupes, mais elle relâche les liens qui les attachaient à la république.

4° L'ambition du pouvoir personnel, le désir de se débarrasser de toute entrave amènent Auguste à suivre les conseils de Mécène. Les légions deviennent permanentes ; c'était un avantage pour les opérations lointaines et de longue durée; mais le recrutement, qui ne s'opère plus que dans les couches sociales les plus basses, crée un véritable danger pour la nation. En effet, c'est surtout à partir de cette époque que l'esprit guerrier s'abâtardit chez les Romains. Les citoyens s'éloignèrent de plus en plus de l'armée, qui forma bientôt une caste à part, tenant en fort médiocre estime tout ce qui n'appartenait pas au militaire.

De plus, les légions étant obligées de demeurer dans les provinces frontières, s'isolèrent l'une de l'autre, se jalousèrent réciproquement et formèrent non une armée unie et compacte, mais une foule de petites armées ayant chacune ses passions, ses intérêts, ses tendances. On ne le vit que trop lors de la nomination des empereurs.

Enfin, la qualité des soldats introduits par Mécène, contribue encore à déshonorer et à affaiblir les légions. On ne fut pas longtemps à s'apercevoir, dit Lebeau, qu'une multitude sans éducation et sans consistance ne valait pas des hommes élevés dans l'esprit des lois et le respect de la patrie. Tibère se plaint, dans Tacite, « qu'on ne trouve plus de soldats volontaires ou » que s'il s'en trouve, ils n'ont plus le même courage et » n'observent plus la même discipline qu'autrefois, parce que » ce ne sont plus que des misérables et des vagabonds qui » s'enrôlent dans les légions. » Toutes ces choses engendrèrent l'indiscipline et conduisirent à la guerre civile.

Telles sont les leçons que fournit l'histoire de Rome; elles ont été longtemps méconnues. Que de désastres cependant on se serait épargnés si l'on avait voulu profiter des enseignements du passé.

5° Après Caracalla, lorsque les légions ne sont plus composées que de la lie de la population des provinces, alors que le prestige du nom romain a complétement disparu, la démoralisation arrive à son comble. On voit les désertions, les mutilations se produire sur une vaste échelle. Les parents vont même jusqu'à rendre, dès le berceau, leurs enfants incapables de porter les armes par l'ablation du pouce qui servait principalement à darder le pilum (1). Les peines les plus sévères sont impuissantes contre ces abus; et, pour empêcher la désertion, on dégrade le soldat à l'égal de l'esclave fugitif, en le marquant au front ou à la main avec un fer rouge.

6° Enfin, l'introduction des Barbares porte le dernier coup à la milice légionnaire.

Dès les premiers empereurs, on trouvait déjà quelques étrangers dans les armées ; Vespasien en envoya contre Vitellius en Italie, Titus en avait également devant Jérusalem, mais ils formaient des corps séparés, indépendants et peu nombreux. Maintenant ils inondent les armées de l'empire et n'ont plus de romain que le nom.

La transformation des armées temporaires en armées perma-

---

(1) Sichterman prétend que c'est là l'origine du mot *poltron*. *Pollex truncatus.*

nentes et la dégénérescence progressive du recrutement firent
naître, à Rome, quelques établissements nouveaux.

En l'an V, Auguste institua une *caisse militaire* destinée à
subvenir aux besoins qu'entraînait avec elle la nouvelle forme
donnée à la force publique. Cette caisse, administrée par les
préfets du trésor militaire, était alimentée par l'impôt du 100e
sur les denrées, les marchandises et les ventes, par l'impôt du
20e sur les héritages et les legs, enfin par l'impôt du 50e sur les
ventes d'esclaves.

Au IVe siècle, on prit pour base du recrutement non plus la
fortune considérée dans son ensemble, mais une portion de
de terre d'une certaine étendue, comme cela se pratiqua du
reste sous Charlemagne.

Le service devint dès lors une charge de la propriété foncière
et chaque possesseur de bien-fonds dut fournir autant de soldats
que sa propriété représentait de fois cette portion de terre
considérée comme unité de recrutement. Les possesseurs de
terres de moindre étendue que cette quotité, se cotisaient entre
eux pour fournir un homme. C'est le système des *manses* qu'on
retrouve dans les capitulaires.

Cette mesure conduisit bientôt l'État à se mettre en lieu et
place des propriétaires, c'est-à-dire à fournir, moyennant finance,
les hommes nécessaires au service. En un mot, il se fit agent
de remplacement et créa la *Prototypie* qui, en peu d'années,
devint odieuse par suite des prix exorbitants qu'elle exigeait.

Valentinien abolit la prototypie, pour lui substituer néanmoins quelque chose d'analogue.

Il décréta que, dans des circonstances déterminées, lorsque
les besoins de l'État ne seraient pas pressants, le fisc, au lieu
d'hommes, recevrait une somme d'argent dont la valeur était
indiquée chaque année. Après les *volontaires avec prime*, on en
arrivait ainsi au système de l'*exonération* appliqué sur une vaste
échelle.

Il n'y a donc rien de nouveau sous le soleil. Mais ici le
trésor de l'empire ou de ses agents s'engraissait aux dépens de
l'effectif des légions, car la dégradation en était arrivée à ce point

chez les gouvernants, que l'annonce d'une guerre nouvelle, d'une invasion, d'une calamité quelconque était reçue avec joie par les hauts fonctionnaires qui y trouvaient des moyens de trafic et de fortune.

Des divers modes de recrutement (1).

Sous les cinq premiers rois, il n'y eut pas de forme particulière de recrutement : tout citoyen était soldat. Il ne s'agissait que d'incorporer les hommes dans les trois grandes fractions de l'armée et de donner à chacune d'elles des éléments homogènes.

Mais, sous Servius Tullius, le nombre des citoyens aptes au service des armes, dépassant de beaucoup le contingent nécessaire au recrutement des légions (quoique leur nombre eut été porté à quatre), on adopta un mode d'incorporation particulier. On s'arrêta au *choix*, et les recrues furent prises dans les quatre premières classes.

Tous les ans les consuls ou le peuple, ou bien les deux ensemble, choisissaient 24 tribuns militaires, c'est-à-dire 6 par légion, dont 14 pris parmi les chevaliers comptant cinq campagnes, et 10 parmi les centurions ayant fait dix campagnes. Ces derniers étaient élevés au rang de chevalier ou de patricien par le fait même de leur nomination au grade de tribun. Aux légions impaires (1re et 3e) étaient attachés 4 chevaliers et 2 centurions ; aux légions paires (2e et 4e) 3 chevaliers et 3 centurions.

Au jour que les consuls avaient fixé pour la formation de l'armée, tous les citoyens, payant le cens légionnaire voulu, se réunissaient au Champ de Mars. La vérification du cens s'opérait, comme en Grèce, à l'aide des listes dressées par les censeurs et revisées tous les cinq ans.

Les citoyens étaient appelés par tribu et toutes les tribus tiraient au sort l'ordre de leur présentation.

---

(1) *Voir* Bibliographie LXXVIII, LXXIXbis, LXXXI, CXXI, CXXXIII, CLXXX CLXXXV, CLXXXVII, CLXXXXIII.

Les six tribuns de chaque légion formaient une sorte de groupe ou de commission de recrutement ; il y avait donc quatre commissions pour l'armée. On leur présentait des séries successives de quatre hommes choisis, égaux en taille, en force et en âge. De ces quatre hommes le premier groupe en désignait un, le second groupe avait le deuxième choix, le troisième groupe le troisième choix, au quatrième groupe devait échoir le dernier.

A la présentation de la deuxième série de quatre hommes, choisis comme précédemment, le deuxième groupe avait le premier choix, tandis que le premier groupe venait en dernier lieu, et ainsi de suite. L'opération continuait jusqu'à ce que l'armée fut complète, chaque légion ayant le choix à tour de rôle. Cette méthode rendait les éléments de chaque grande fraction de l'armée parfaitement homogènes. Comme l'observe Polybe, toutes les parties de la force publique à Rome, composées d'hommes de la même vigueur et du même âge, possédaient la même valeur, ce mot étant pris dans sa double acception physique et morale.

L'obligation au service durait de 17 à 46 ans, et même jusqu'à 50, si la maladie ou tout autre cause avait empêché le citoyen de remplir ses devoirs militaires. Après cet âge on était inscrit dans les centuries de *seniores* où l'on restait jusqu'à 60 ans.

Pendant ces 29 années, le légionnaire néanmoins n'était astreint qu'à parfaire 20 campagnes et le cavalier 10 ; on réduisit plus tard ce nombre à 16 pour le fantassin.

Outre les hommes de la levée régulière, l'armée romaine proprement dite contenait encore les *vétérans*, c'est-à-dire les légionnaires qui, ayant accompli leur terme de service, restaient sous les vexilles. Ils formaient des corps spéciaux commandés par des chefs particuliers et jouissaient de priviléges nombreux. Leur position était considérée comme supérieure à celle des légionnaires et assimilée à celle des décurions. Il y avait également des engagés volontaires.

Parfois, dans les cas de pressant danger ou de désastres comme après la bataille de Cannes, si un appel à toutes les forces régulières de la nation était insuffisant pour remplir les cadres des légions, on recourait aux esclaves ; mais on les affranchissait avant l'incorporation.

Sous la république, quand les circonstances n'exigeaient pas une grande promptitude, on laissait 30 jours d'intervalle entre la déclaration de guerre proclamée et dénoncée à la nation ennemie par les hérauts sacrés et l'entrée en campagne. Pendant ce temps un étendard rouge restait arboré sur le capitole, et l'on procédait au choix et à l'enrôlement. Lorsque le moment du départ approchait, on consultait les auspices, on faisait les sacrifices d'usage et l'armée était réunie au Champ de Mars par les tribuns, car l'enceinte sacrée de Rome ne pouvait être foulée par une troupe en armes. Là on distribuait les armes, les bagages, on formait les centuries et on constituait les légions ainsi que les milices urbaines chargées de garder et de défendre la ville en l'absence de l'armée.

Quant aux consuls, après avoir agité le bouclier sacré dans le temple de Mars, ils revêtaient le *paludamentum* ou habit du général, se rendaient au camp où ils se faisaient donner le nom des absents ; puis, après avoir purifié l'armée, ils commençaient les hostilités. Telle était la forme de la levée ordinaire « *ligitima militia.* »

Dans les circonstances graves, on déclarait la république en danger. Deux drapeaux, l'un vert pour les cavaliers, l'autre rouge pour les fantassins, étaient hissés sur le capitole. A ce signal tous les hommes quittaient la toge (vêtement civil), la remplaçaient par le sagum (habit militaire), et prêtaient le serment. C'était une levée en masse dont nul, pas même les vieillards, n'étaient exempts.

Elle s'opérait avec une très-grande rapidité. Tite-Live rapporte que le dictateur Quinctius, voulant délivrer le consul Minucius enveloppé par les Eques (458), rassembla les citoyens, les enrôla et les amena tout armés dans l'espace d'un seul jour. La levée en masse s'appelait *conjuratio.*

Il y avait une troisième espèce de levée qui constituait l'exception sous la république, mais la règle sous l'empire. Le sénat nommait des commissaires qui parcouraient les campagnes pour enrôler les hommes de condition libre. Ces commissaires n'étaient que des agents recruteurs qui se changèrent plus tard en véritatables racoleurs. D'abord, ils durent limiter leurs opérations à l'Italie ; après Caracalla, ils opérèrent dans l'empire tout entier.

Les recrues devaient réunir certaines conditions de taille et de constitution. Sous la république on ne recevait dans les rangs de l'infanterie que les cultivateurs, parce que l'agriculture, après la guerre, était l'unique occupation des Romains; ceux-ci étaient persuadés que cette vie dure et laborieuse formait le meilleur apprentissage au métier des armes. Sous l'empire on recruta indistinctement dans les villes et les campagnes. Cependant sous la république, dans des circonstances exceptionnelles comme, par exemple, devant les invasions gauloises, on ordonnait les levées sans distinction aucune.

La loi sur la milice contenait des cas d'exclusion, d'exemption et de dispense.

L'exclusion était infamante. Elle s'appliquait aux esclaves, aux gladiateurs, aux débauchés, aux condamnés pour crimes ou pour dettes, à ceux qui avaient été chassés du service ou déshonorés par un jugement public.

L'*exemption* se donnait à ceux qui occupaient certaines fonctions; au temps de l'empire on l'étendit aux *curiales;* dans ce cas ce n'était plus un privilége. Le système de fiscalité romaine possédait des raffinements que peu de gouvernements ont atteints. Les curiales, c'est-à-dire les possesseurs d'une certaine fortune, étaient responsables de l'impôt dont ils payaient, du reste, la plus grande part; or, comme la milice exemptait de la taxe, en appelant les curiales aux armées, on aurait privé le trésor de l'empire de ses ressources les plus précieuses et détruit une responsabilité qui seule en assurait la rentrée.

On exemptait aussi les cohortales, sorte d'huissiers des gouverneurs de provinces, dont les fonctions étaient pénibles et onéreuses.

Les *dispenses* s'accordaient dans un assez grand nombre de cas. Il y en avait de trois catégories :

1° Les dispenses légitimes qui se donnaient à l'âge, à certaines fonctions publiques, sauf le cas d'une invasion gauloise, alors que l'on décrétait le *tumultus gallicus ;*

2° Les dispenses nécessaires pour causes physiques. La faiblesse de santé n'exemptait pas dans les cas pressants ;

5° Les dispenses honorables, qui se donnaient comme récompense; par exemple, aux soldats de Préneste, auxquels on accorda cinq années de dispense de service pour avoir défendu héroïquement Casilin devant Annibal. Le sénat et le peuple pouvaient seuls les concéder.

Il y avait, en outre, des dispenses temporaires pour assister aux dénicales, aux funérailles, à des sacrifices anniversaires et à certains auspices.

Si un citoyen refusait le service, on le faisait prendre par les licteurs et, avant la loi Porcia, il était battu de verges. Cependant on ne sévissait pas toujours avec autant de rigueur; on se contentait de saisir les biens du réfractaire. Quelquefois on le vendait comme esclave. Cet usage subsistait encore du temps de Cicéron. « Le peuple, dit-il, en faisant vendre celui qui refuse » de porter les armes, décide qu'il ne regarde pas comme libre » l'homme qui ne veut pas s'exposer au péril pour défendre sa » liberté. »

On voit par ces détails, le soin avec lequel les Romains, dans leur beau temps présidaient au recrutement de leurs légions. Le choix des recrues était fait avec une extrême sollicitude et personne n'y échappait. Les exemptions du service n'étaient basées que sur la nécessité, des causes légitimes et extraordinaires, ou bien sur la reconnaissance.

Du serment. — Le légionnaire prêtait trois serments; il jurait *obéissance* à ses chefs au moment de l'enrôlement; il promettait *constance* et *bravoure* quand il était incorporé dans la centurie; enfin le troisième serment, celui de la *discipline*, se prêtait dans le camp.

Dans les derniers années de la république, il n'est plus parlé que d'un seul serment.

Aux temps de l'empire, le serment se transforma et n'eût plus pour objet que la fidélité et l'obéissance au chef de l'État. Bien plus, à chaque circonstance extraordinaire, l'empereur en exigeait un nouveau; mais cette multiplicité du serment personnel prouve à elle seule la décadence des mœurs.

Montesquieu fait remarquer que les Romains furent le peuple du monde qui observa le plus religieusement la foi du serment, et que celui-ci fut toujours le nerf de leur discipline militaire. Aussi était-il le frein le plus fort, le plus puissant argument que les généraux pussent présenter à leurs soldats, pour les maintenir dans l'obéissance et empêcher la poltronnerie.

DES EXERCICES (1). — Nous avons assisté à la naissance de Rome ; elle ne pouvait se développer que par la guerre, c'est pourquoi l'éducation militaire du jeune citoyen a été l'objet de ses plus constantes préoccupations.

Les exercices furent donc toujours en grand honneur à l'époque des rois et sous la république. On les conserva pendant quelque temps encore au milieu de la mollesse et de la corruption des derniers temps de l'ère républicaine, puis ils disparurent complétement, quand les légions furent devenues permanentes et que les citoyens romains eurent été dispensés du service des armes. On se contenta dès lors d'accoutumer les nouvelles levées aux travaux et aux évolutions militaires. Végèce nous apprend qu'on faisait exercer les conscrits tous les jours pendant quatre mois, et qu'après ce temps seulement, ils entraient dans la légion. Les exercices répétés étaient considérés comme une chose si essentielle que, d'après le même auteur, le mot latin *exercitus*, qui signifie armée, n'a pas d'autre origine.

Voici ce que dit Josèphe à ce sujet : « Si l'on considère quelle
» étude les Romains faisaient de l'art militaire, on conviendra
» que la grande puissance à laquelle ils sont parvenus n'est pas
» un présent de la fortune, mais une récompense de leurs vertus.
» Ils n'attendent pas la guerre pour manier les armes ; on ne
» les voit pas endormis dans le sein de la paix, ni ne commencer
» à remuer les bras que lorsque la nécessité les réveille. Mais,
» comme si les armes étaient nées avec eux, comme si elles
» faisaient partie de leurs membres, jamais ils ne font trève aux

---

(1) *Voir* Bibliographie LXXVIII, LXXIXbis, LXXXI, LXXXVII, CXXI, CLXXXV.

» exercices, et ces jeux militaires sont de sérieux apprentissages
» des combats. Chaque jour, chaque soldat fait des épreuves de
» force et de courage ; aussi les batailles n'ont-elles pour eux
» rien de nouveau, rien de difficile. Accoutumés à garder leurs
» rangs, le désordre ne se met jamais parmi eux, la peur ne
» trouble jamais leur esprit, la fatigue n'épuise jamais leurs forces.

» Ils sont sûrs de vaincre, parce qu'ils sont sûrs de trouver
» des ennemis qui ne leur ressemblent pas, et l'on pourrait, sans
» craindre de se tromper, dire que leurs exercices sont des
» combats sans effusion de sang et leurs combats de sanglants
» exercices. »

Au temps de la république, les exercices avaient lieu au
Champ de Mars ou sous de vastes hangars.

Pour faire acquérir au légionnaire la force de corps, l'agilité
et l'adresse dans le maniement des armes, on le surchargeait en
temps de paix. Le poids de l'armure et des bagages étant en campagne de 65 kil., on lui faisait porter souvent 50 kil. de poids
additionnel pendant les manœuvres ; la guerre était ainsi rendue
moins pénible. C'est le contraire de nos jours ; on se rend le plus
souvent au Champ de Mars sans sac ou avec des sacs allégés.

Catulus rapporta au sénat que, pendant la longue bataille de
Verceil (101), qui fut soutenue contre les Cimbres par une des
plus chaudes journées de juillet, on ne vit pas un seul soldat
romain transpirer ou haleter, alors que leu ? adversaires étaient
épuisés de fatigue et de chaleur.

Les armes qu'on donnait aux légionnaires pour les exercices
étaient également plus lourdes que les armes de combat. Afin
d'endurcir les hommes, on les faisait souvent marcher pendant 50 à 35 kil. aux différents pas réglementaires. Ces pas
étaient de trois sortes :

Le pas ordinaire à l'aide duquel on parcourait 5 kil. à l'heure.
Le pas plein ou accéléré de 6 à 7 kil. à l'heure. Enfin le pas de
course qu'on ne prenait que pour franchir de petites distances
et qui n'était pas réglementé.

Le saut, la danse, la natation faisaient également partie des
exercices.

Les manœuvres des légions avaient lieu quelquefois par corps
opposés.

Enfin, comme les soldats, lorsqu'ils étaient en guerre, fortifiaient tous les jours leur camp, on les employait sous l'empire et en temps de paix à des travaux d'utilité publique pour les habituer à manier la pelle et la pioche.

DE LA DISCIPLINE (1). — Une discipline sévère, rigoureuse était maintenue dans les armées romaines et formait, comme le dit Valère-Maxime, la garde la plus fidèle de l'empire romain. Le citoyen romain si libre, si protégé dans la vie civile, si autoritaire, si despotique dans la vie de famille, faisait abnégation complète de sa personne dès qu'il se plaçait sous les vexilles.

L'obéissance était passive, absolue, et souvent la peine de mort punissait une infraction aux ordres donnés, alors même que cette infraction avait assuré la victoire aux aigles romaines. Témoin le supplice de Manlius.

Aussi Scipion, prêt à passer en Afrique avec ses légions, pouvait-il dire en montrant les troupes qui allaient affronter au delà des mers la puissance carthaginoise : « De tous ces hommes, il » n'en est pas un qui, à mon premier ordre, ne monte sur cette » tour et ne se jette en bas la tête la première. »

Cette confiance du général dans la soumission du soldat, cette obéissance aveugle des soldats et des officiers aux ordres de leur général constituaient la plus grande force de l'armée et elles expliquent la persistance avec laquelle la fortune s'attacha aux entreprises des Romains.

Celui qui était revêtu du commandement suprême avait droit de vie et de mort ; les consuls, comme généraux, possédaient hors des murs de Rome une puissance absolue, et cette puissance était reconnue, respectée, parce que les lois n'étaient pas moins sévères à l'égard des chefs qu'à l'égard des soldats ; les consuls eux-mêmes au retour de chaque expédition, avaient toujours à rendre un compte sévère de leurs actes devant le sénat et devant le peuple.

---

(1) *Voir* Bibliographie LXXVIII, LXXXI, CV, CXXI, CXXXIII, CLXXXV, CLXXXVIII, CCIX, CCX, CCXXVII.

Sous la république, le nombre des punitions servant à la répression des délits, n'était pas considérable, tant les mœurs militaires de cette époque étaient austères. Ce nombre augmenta avec l'abâtardissement de la nation. Voici, telle que l'indique le Digeste, la gradation des peines militaires :

1° La réprimande ;

2° L'amende infligée soit en privant le soldat d'une part du butin, soit en supprimant une partie de la solde. Cette punition s'inscrivait sur la matricule de l'homme. L'amende en elle-même n'était pas une punition très-grave, mais, renouvelée trois fois, elle entraînait les peines les plus fortes ;

3° L'aggravation de corvées. C'était la peine infligée à ceux qui montraient de la mollesse. Les corvées devaient se faire sans armes, comme si le coupable n'était plus digne de les porter ;

4° Le changement d'armes ou de service. Le cavalier passait au rang de fantassin, et celui-ci parcourait l'échelle qui sera indiquée plus loin ;

5° La dégradation. Elle avait pour les officiers, les mêmes effets que la peine précédente pour les soldats ;

6° Le congé infamant ;

7° Les châtiments corporels. C'est-à-dire la bastonnade pour les auxiliaires, les verges pour les Romains. Celui qui avait reçu les verges était réputé indigne, privé de sa liberté ou vendu comme esclave. On infligeait cette peine pour négligence dans le service de ronde autour des camps ; aussi la surveillance était-elle toujours parfaite ;

8° Le supplice capital. Il s'édictait contre les actes d'insubordination, et les atteintes les plus graves à la discipline.

Quand un certain nombre d'hommes, pour un même fait, avait encouru la peine capitale, les Romains décimaient ou vigésimaient la troupe; c'est-à-dire qu'après un tirage au sort le dixième ou le vingtième homme périssait. Quelquefois encore les généraux choisissaient parmi ceux que le hasard avait désignés et réduisaient ainsi au 100°, au 200° et même au 500° homme. C'était un des châtiments que les troupes redoutaient le plus.

Mais si, avec ce régime, Rome savait inspirer la crainte aux lâches, comprimer les mauvaises passions, elle avait pour les braves et les soldats honnêtes des récompenses de nature à enflammer leur courage. Elle mettait autant de libéralité à reconnaître les actions d'éclat que d'énergie à punir la lâcheté.

Dans les premiers temps on se contentait des éloges publics, puis vint la distribution de colliers, de phalères, de bracelets, de hastes sans fer (*hasta pura*), de drapeaux, de cornicules (ornements de casque). A ces récompenses, analogues aux croix et aux médailles que l'on distribue de nos jours, se joignaient souvent des avantages pécuniaires.

Une récompense fort enviée était la promotion, par laquelle le soldat d'infanterie s'élevait dans l'échelle des grades de la hiérarchie; au-dessus de tout cela les couronnes civiques.

Au général en chef étaient réservés les dépouilles opimes, la couronne obsidionale et enfin le triomphe.

C'est à l'aide de ces peines sévères, de ces récompenses glorieuses et surtout de l'esprit particulier qui présidait à la formation de la famille, que les Romains purent entretenir pendant longtemps cette crainte salutaire et cette noble émulation qui forment les assises les plus solides de la discipline des armées.

Il ne nous reste plus, pour terminer ce chapitre, qu'à décrire l'armement, l'équipement et l'habillement du légionnaire, qu'à examiner comment on pourvoyait à sa subsistance et quelle était sa solde.

DE L'ARMEMENT (1).—Sous les rois l'armement était très-imparfait et fort hétérogène. La légion affectant, sur le terrain la forme dorique, l'arme offensive était la pique ou haste; le casque et la cuirasse étaient portés uniquement par les premiers rangs composés des hommes les plus riches.

Sous la république, les perfectionnements introduits dans la fabrication, et l'augmentation rapide de la classe moyenne, permirent de donner aux troupes de Rome un armement uniforme.

Le légionnaire avait deux espèces d'armes : les armes défensives et les armes offensives.

---

(1) *Voir* Bibliographie LXXVIII, LXXIXbis, LXXXI, CVII, CXXI, CLXXIV, CLXXXV, CLXXXVIII, CCXI, CCLXVII.

Les armes défensives étaient :

1° Le *casque*, pour le soldat de rang. Le vélite ou soldat léger portait un bonnet de peau, ainsi que le porte-enseigne ou vexillaire.

Le casque romain laissait le visage découvert ; il offrait la forme d'une calotte demi-sphérique emboîtant exactement la tête et s'allongeant par derrière de quatre à cinq doigts pour couvrir la nuque. La partie antérieure, renforcée d'une bande de métal, descendait sur le front. Deux jugulaires l'affermissaient sur le chef. C'est, en un mot, la forme du casque prussien où la pointe se trouve remplacée par un anneau qui servait à suspendre la coiffure dans les baraques. Une aigrette lui servait d'ornement.

Le légionnaire marchait tête nue loin de l'ennemi; dans ce cas, l'armure de tête pendait sur le côté droit de la poitrine, la bombe en dehors.

2° Le *bouclier* était la principale défense du soldat. Il y en eut de trois espèces. Le *clypeus* ou bouclier rond était porté par les premiers rangs de la phalange romaine. Après la guerre contre les Sabins on adopta le bouclier long ou *scutum*, formé de deux planches légèrement bombées unies par de la gélatine, recouvertes de toile et de peau de veau, et renforcées au-dessus et au-dessous par deux bandes de fer. La première préservait l'arme des coups de taille, la seconde empêchait l'action de l'humidité quand elle reposait à terre. Le bouclier mettait le légionnaire à l'abri des flèches des Crétois dont la force de pénétration était considérable. La partie extérieure portait des signes particuliers qui servaient de ralliement, comme les armoiries du moyen-âge. Le bouclier des cavaliers était circulaire ; il s'appelait *parma ;* sous l'empire, cette arme affecta des formes très-dissemblables. Les auxiliaires et les barbares conservaient leur armement national.

Chez les Romains, comme chez les Grecs, il y avait déshonneur à perdre son bouclier. C'était par le choc des boucliers que l'on manifestait les sentiments de joie ou de tristesse. Pour se rendre à l'ennemi le vaincu rejetait l'arme derrière le dos, ou bien sous l'aiselle; quelquefois il la plaçait au-dessus de la tête.

3° Les premières *cuirasses* avaient été confectionnées de cuir cru ; Servius Tullius donna à la première classe la cuirasse de mailles formée par des chaînettes ou des anneaux enchevêtrés ; les autres classes ne reçurent que le plastron d'airain.

Sous la république, on adopta la cuirasse à bandes. Le légionnaire avait le corps entouré de cinq à six bandes horizontales, semblables à des ceinturons et s'étendant depuis les mamelles jusqu'aux hanches. Ces bandes étaient de cuir revêtu de fer, et formaient deux parties s'assemblant verticalement devant et derrière. Les épaules étaient couvertes de trois à quatre bandes semblables, descendant des deux côtés jusqu'à la première ceinture où elles trouvaient leurs points d'attache. Les bandes scapulaires étaient posées sur un corselet de cuir. Enfin un autre système de bandes verticales protégeait le bas ventre.

Telle était l'armure du légionnaire pesamment armé, ainsi qu'on le voit représenté sur la colonne trajanne.

Les fantassins légers ne portaient qu'un vêtement de cuir, de feutre, de lin ou de laine foulée et préparée au vinaigre.

Ces cuirasses légères, dérivées de l'ancienne cuirasse de cuir, ont donné naissance au thoracomachus dont la *Notice de l'empire*, fait mention pour la première fois. C'était la même chose que le gambeson au gambisson dont les chevaliers du moyen-âge se servaient pour garantir le corps des meurtrissures de l'armure pleine ; le même usage avait déjà été introduit sous les empereurs, lorsqu'on couvrit de fer la poitrine des soldats.

A cette époque aussi parurent les cataphractaires, dont le vêtement était formé de lamelles ou d'écailles de fer superposées et appliquées sur une doublure de cuir ou de forte étoffe. Ces deux dernières cuirasses servaient aux cavaliers.

Dans les premiers temps, la cavalerie n'usait pas d'armure ; cette coutume ne s'introduisit qu'à l'époque de la décadence ; alors qu'elle l'emprunta aux Grecs.

Quant aux chefs, ils portaient l'armure pleine.

4° *Des bottines*. Pendant fort longtemps les Romains n'adoptèrent aucune protection pour les jambes qu'ils avaient coutume de tenir nues sous la toge où le sagum. Plus tard ils munirent la jambe droite d'une bottine de fer, parce que dans le combat à l'épée, qui était leur arme favorite, ils avançaient le pied de ce côté ; le restant du corps devait être couvert par le bouclier.

C'est du reste, la raison qui engagea toutes les nations, dont le jeu principal consistait dans le maniement de l'épée, à se couvrir la jambe droite, tandis que celles qui employaient les armes de jet, comme les Samnites et les Sabins, ou la pique, comme les Grecs et les Macédoniens, garantissaient la jambe gauche.

La bottine ou *ocrea* couvrait le tibia jusqu'au genou.

5° *Du brassard.* Le légionnaire ne portait pas le brassard; les archers seuls s'en servaient pour protéger et défendre l'avant-bras gauche.

Des armes offensives. La légion était composée de plusieurs espèces de soldats; les hastaires, les princes, les triaires et les vélites.

Les hastaires portaient primitivement la pique; ils étaient placés aux derniers rangs de la formation dorique; plus tard, comme nous le verrons, ils passèrent en tête et reçurent le javelot tout en conservant leur nom qui veut dire : porteur de pique. Celle-ci fut alors donnée aux triaires qui composaient la troisième ligne.

On comptait donc :

1° La *haste* ou pique d'une longueur moins considérable que celle des Grecs puisque, verticalement, elle ne dépassait que de fort peu la tête de l'homme;

2° Le *pilum*, qui fut pendant de longs siècles, avec l'épée, l'arme favorite des Romains, comme plus tard la baïonnette devint l'arme de prédilection de l'infanterie française. Le pilum n'était autre qu'un javelot de 1m30 de hampe, terminé par un long fer à pointe aiguë; on le dardait à une certaine distance contre le bouclier de l'adversaire. Si la pointe s'engageait dans la bombe, la hampe par son poids s'inclinait vers la terre; alors le légionnaire, appuyant le pied sur elle, forçait l'ennemi à se découvrir et le frappait de son épée.

Il y avait deux sortes de pilums, celui du légionnaire qui en portait deux ou trois, et celui du vélite, beaucoup plus léger et à pointe très-effilée. Cette précaution était nécessaire, pour que le fer se faussant à son entrée dans le bouclier ne pût servir à l'ennemi; les fantassins légers portaient un plus grand nombre de pilums.

Marius apporta une modification importante à l'arme du

légionnaire. Le fer raccourci fut emboîté sur la hampe et maintenu par deux chevilles, une de métal et une de bois. Cette dernière se brisant lors du choc contre le bouclier, le fer basculait autour de la première ; de cette façon la hampe du pilum traînait forcément à terre, et le jeu de l'épée s'en trouvait facilité. Marius alla plus loin ; il supprima la haste des triaires, le pilum vélitaire et le pilum des princes, pour ne conserver que l'arme du hastaire. L'armement, dès lors, devint uniforme et tous les légionnaires furent exercés à remplir le double service de soldat léger et de soldat de rang. En un mot, il n'y eut plus qu'une seule espèce d'infanterie. C'était là un immense progrès.

Plus tard, sous les empereurs, le fer du pilum fut de nouveau fixé à demeure à la hampe, mais, pour qu'on ne put l'arracher sans effort du bouclier ennemi, on le garnit à sa base de deux crochets. Cette arme était semblable au hang des Francs.

Quant à la cavalerie, elle portait la pique longue, ferrée aux deux bouts et souvent munie d'un taquet ou d'un lacet qui servait au cavalier, à défaut d'étrier, pour s'élancer sur sa monture.

5° *L'épée*. Lorsque le Romain, marchant en bataille à l'ennemi, avait lancé ses javelots, il ne lui restait que l'épée pour arme offensive. Tite-Live, dans son histoire des guerres de Macédoine, décrit, avec énergie, l'effroi des Macédoniens devant les plaies béantes ouvertes par l'épée romaine et les troncs déformés qu'elle laissait sur le lieu de l'action.

Les Romains frappaient d'estoc et de taille, et leur arme bien trempée leur donnait un avantage immense sur les troupes des autres nations. Dion affirme que c'est à l'excellence de l'épée que César dut la victoire remportée sur Arioviste.

L'épée romaine n'avait que 0,^{m}50 de lame ; elle était pesante, tranchante des deux côtés et large de deux à trois doigts. La poignée était à croisière. Elle pendait à droite au ceinturon. Les officiers et les cavaliers la portaient à gauche au baudrier. L'épée de ceux-ci était plus longue.

Comme les armes changent avec le génie et le courage des peuples, les Romains de l'empire allongèrent leurs épées et leurs piques à mesure qu'ils perdaient de leurs vertus guerrières. Le combat de près répugnait à leur nature amollie. Ils perdirent, avec leurs grands sabres, les conquêtes qu'ils avaient faites avec l'arme courte de la république.

4° Vers le milieu de l'empire, les armes de jet qui avaient disparu de la légion et que l'on réservait aux auxiliaires, s'y introduisirent de nouveau. Le dispositif de Végèce est un amalgame informe, alourdi encore par des machines qu'on plaçait, suivant leur tir horizontal ou courbe, sur le flanc ou dans l'intérieur même des cohortes.

5° Les Romains portaient la hache, mais ils ne s'en servaient que pour construire leurs palissades, ce qui arrivait tous les jours en campagne.

6° Sous l'empire, on défendait le front de l'infanterie en jetant devant elle des espèces de chausse-trapes, petits instruments en fer à quatre pointes. Ce système reparaîtra plus tard, mais agrandi, dans les armées allemandes de la fin du xvii° siècle.

Dans les premiers temps et jusqu'à l'époque où la paye fut instituée, l'État fournissait les armes. Plus tard on retint un tantième sur la solde. Il y avait des arsenaux d'armes; à l'époque des empereurs, ils étaient établis près des frontières; c'était là que se trouvaient aussi les forges et les ateliers de fabrication; l'empire d'Orient en comptait 15 et l'empire d'Occident, 19. Chaque fabrique avait sa compagnie d'ouvriers, et des ouvriers spéciaux étaient répartis dans les légions.

La fabrication des armes formait un monopole de l'État.

DE L'HABILLEMENT (1). — L'habillement du soldat romain était fort simple.

Dans les deux premiers siècles, il n'était autre que le vêtement du citoyen, la toge, qu'on relevait pour combattre. On adopta ensuite le sagum ou saye, de mode celtique, fait de laine, que l'on revêtait au-dessus de la cuirasse. Le sagum avait la forme d'une draperie ouverte, demi-circulaire, large vers le bas, propre à envelopper le corps; on l'attachait sur l'épaule droite.

---

(1) *Voir* Bibliographie LXXVIII, CVII, CXXI, CLXXXV, CCXI, CCXXXII, CCLXVII.

Le sagum du légionnaire était roux, celui des centurions et des tribuns, rouge vif. Le général en avait un plus long, distingué par quelques ornements, c'était le *paludamentum*. Le sagum et le paludamentum s'appelaient aussi chlamys. Outre cet habit, le soldat portait la tunique sous la cuirasse, comme il a été dit plus haut. Les jambes restèrent nues jusqu'à l'époque de l'empire. A partir du siècle d'Auguste, on les couvrit de *braccœ* sorte de pantalon imité des Gaulois et des Germains.

L'habillement du cavalier légionnaire était semblable à celui du fantassin. Le premier ne devait songer qu'à l'équipement du cheval qui, jusqu'à la fin de l'empire, était fort peu compliqué, car primitivement on ne se servait ni de selle, ni d'étriers ; la première ne fut employée qu'à la fin du IV° siècle sous Théodose et les deuxièmes sous l'empereur Maurice Tibère, dans les dernières années du VI° siècle. Tout se réduisait donc à la bride et à la housse, celle-ci maintenue par trois sangles, sous le ventre, au poitrail et à la croupe.

Sous l'empire, les vêtements des cavaliers devinrent beaucoup plus riches.

Dans les guerres prolongées, la république habillait le soldat. Quelquefois on obligeait les peuples vaincus à fournir les vivres et les vêtements. Du temps de Constantin et de ses successeurs, ce mode changea de forme. Ce furent les provinces qui habillèrent les troupes à leurs dépens ; on les taxait suivant leurs richesses.

Les vêtements étaient confectionnés par des ouvriers publics dans des établissements appelés *gynécées*, placés sous la surveillance immédiate des gouverneurs de province.

DE L'ALIMENTATION (1). — Le peuple romain était renommé pour sa frugalité. Le blé formait la base de sa nourriture ; on le distribuait en nature parce que le légionnaire portait lui-même ses vivres, et que le boisseau de blé qui servait à la nourriture d'un peu plus de huit jours, était d'un tiers plus léger que le pain fourni par ce boisseau. Du reste, le Romain vivait surtout

---

(1) *Voir* Bibliographie LXXVIII, LXXIXbis, LXXXIX, LXXX, CX, CXXI CXXXIII, CLXXXV, CCXXXII.

de farine bouillie, et cette alimentation a été reprise avec succès lors du siége de Paris en 1870 (aux *fourneaux économiques* du quartier des Ternes). La ration était de 0,^{k}815. Après avoir fait rôtir le blé, on le broyait sur la pierre; plus tard, quand on fit usage du pain, le légionnaire devait encore moudre le blé et cuire la pâte sous la cendre.

L'usage du biscuit ne fut adopté que sous les Antonins.

La boisson était composée d'eau et de vinaigre; le vin ne s'introduisit dans les armées qu'avec le luxe.

La ration complète du mois lunaire était de 24 kil., soit 3 boisseaux. Celle du cavalier était de 72 kil., parce qu'il avait deux valets pour le servir.

Parfois les soldats recevaient, comme récompense, une demi-ration ou une ration supplémentaire; on les appelait alors sesquiplares ou duplares; dans ce cas ils étaient exempts des corvées et pouvaient se faire servir par un valet qu'ils nourrissaient de l'excédant de vivres.

Avant l'établissement des magasins, ou lorsqu'on n'en avait pas installé sur la route, comme pour les expéditions soudaines, ou bien encore lorsqu'il fallait cacher les opérations et surprendre l'ennemi, le soldat se chargeait de vivres pour tout le temps de la marche. Quelquefois, il portait la nourriture pour 30 jours; c'était évidemment l'exception, mais généralement le légionnaire était muni de vivres pour 15 jours. Il les plaçait dans des sacs de peau maintenus sur une fourche fixée à l'extrémité d'une hampe portée sur l'épaule gauche. L'armée pouvait aussi vivre du pays même.

La nourriture des chefs était celle du soldat.

Dans les premiers siècles de Rome, quand l'expédition se terminait au bout de quelques jours, le légionnaire ne coûtait rien à l'État. Cependant, dès le temps des rois, on avait pourvu dans certaines circonstances à la nourriture des troupes. Servius Tullius établit même un impôt proportionnel dans ce but. Plus tard, après l'institution de la solde, les questeurs retenaient une certaine somme pour le blé, les habits et les armes.

Le procédé ordinaire de la république était de charger le questeur de toutes les dépenses; il rendait compte de sa gestion au retour.

Il n'y avait pas à cette époque de magasins permanents; ce fut César qui les établit le premier, et ce système prit dans la suite une grande extension. Des magasins ou *mansiones*, fortifiés et palissadés, étaient formés à l'aide de contributions levées sur les provinces. Les abus les plus criants ne tardèrent pas à se faire jour à cette occasion. Le service était dirigé par un monde d'employés dont les uns dévoraient l'État et les autres rognaient la portion du soldat. Les armées de l'empire furent en proie à une véritable lèpre administrative qui, très-souvent, paralysa les plans de campagne les mieux combinés.

DE LA SOLDE (1).—Dans les premiers temps de Rome, le soldat ne recevait aucune solde; l'expédition étant courte, il devait se contenter de la gloire de vaincre et de la satisfaction d'avoir rendu service à la patrie.

Mais un effort plus considérable étant demandé à la nation, à l'époque du siége de Terracine (406), le sénat établit une solde de 3 as pour le fantassin. Lors du siége de Veies (405-395), les cavaliers reçurent également une solde, mais triple de celle du légionnaire. La valeur de ces sommes serait de nos jours fr. 1-72 et fr. 5-16.

La solde subit de nombreuses modifications qui furent la conséquence de la variation des monnaies. A l'époque de César, elle fut doublée.

A l'origine, pour subvenir à ces dépenses, on imposa sur tout le peuple un tribut spécial de guerre. Après la conquête de la Macédoine, la république fut assez riche pour n'avoir plus besoin de recourir à ce moyen; le tribut fut aboli et le trésor public pourvut à l'entretien des armées. Après les guerres civiles, ce trésor étant épuisé, Auguste créa une caisse militaire.

Des officiers comptables étaient attachés aux légions; ils distribuaient la solde aux troupes, en déduisant ce qui était nécessaire à leur nourriture et à leur entretien. Ils tenaient note du butin et des dons accordés au légionnaire. Celui-ci

---

(1) *Voir* Bibliographie LXXVIII, LXXXI, LXXIX, LXXIXᵇⁱˢ, LXXXIX, CX, CXXI, CXXXIV, CLXXXV, CLXXXVII, CCIV, CCXXXII, CCLXII.

devait en laisser la moitié dans une caisse que gardait le signifère. Ces dépôts formaient une masse qui lui était remise à la fin du service.

Les officiers comptables étaient de deux sortes. Les premiers s'occupaient des comptes généraux de la légion à l'instar de nos intendants; les autres géraient les affaires des légionnaires ; c'étaient les officiers payeurs de l'époque. Réunis ils formaient une sorte de corporation ayant ses règlements spéciaux, ses bureaux, ses priviléges.

Cette organisation fut impuissante à réprimer les abus qui s'introduisirent dans l'armée à l'époque des empereurs. Déjà, sous César, des officiers avaient détourné à leur profit des sommes destinées au payement de la troupe. Plus tard les tribuns et les centurions se mirent à vendre les congés, les dispenses, les exemptions. Ce qui autrefois n'était accordé que comme récompense des services rendus au pays, devint un objet de trafic, et plus la corruption dans les mœurs s'accentua, plus ces ventes, qui s'étaient faites d'abord clandestinement, s'étalèrent au grand jour.

Quelques empereurs essayèrent, par leurs édits, de mettre fin à ces concussions, mais la décomposition était générale et leurs efforts demeurèrent stériles.

CHAPITRE II.

Formes tactiques de la légion et de l'armée romaines. — Des marches. — Des camps. — Du commandement.

—

SOMMAIRE.

Transformations tactiques successives de la légion. — 1re forme phalangite, ordonnée en une ligne pleine ; — 1re forme manipulaire, sur une ligne subdivisée en corps séparés appelés manipules ; — 2e forme manipulaire, sur trois lignes ; — formation du manipule ; ses effectifs ; — des divers ordres de bataille ; — méthode de combat des Romains, elle est basée sur les retours offensifs ; — mobilité de la légion manipulaire ; exemples à l'appui ; — inconvénients de la 2e forme manipulaire, elle ne répond pas à toutes les exigences de la lutte dont le caractère se transforme pendant la deuxième guerre punique ; méthodes d'attaque de Scipion ; — 1er forme cohortale ; — modification apportée par Marius à l'armement ; — de la cohorte, sa composition ; — la légion ne comprend plus qu'une seule espèce d'infanterie ; avantages considérables qui en sont le résultat ; — 2e forme cohortale ; — perfectionnements introduits par César ; — 3e forme cohortale et commencement de la décadence — l'esprit militaire dégénéré fait revenir à l'enfance de l'art ; — 2e forme phalangite ; — les formes barbares. — Résumé.

De la cavalerie. — Elle est formée de la cavalerie romaine et de la cavalerie alliée ; — du turme ; — de l'escadron de combat ; — des ailes de cavalerie ; — du préfet d'aile et du commandant de la cavalerie ; — de la cavalerie régulière et de la cavalerie irrégulière.

Des formes tactiques des armées romaines. — *A*). Sous la 1re forme phalangite et la 1re forme manipulaire ; — *B*). Sous la 2e forme manipulaire ; — des extraordinaires ; leur emplacement dans l'ordre de bataille. — *C*). Sous la 1re forme cohortale ; — des expediti ; — des ordres de bataille par légions accolées et par légions développées ; — *D*). Sous la 2e forme cohortale ; — de l'ordre de bataille de César, son caractère, ses avantages ; — parallèle entre ces ordonnances et celles des modernes ; — des cohortes d'ailes ; — des soldats munis d'armes de jet, leur rôle ; — *E*). Sous la 3ᵉ forme cohortale et la 2ᵉ forme phalangite ; — des ordres de bataille sous les empereurs ; — composition hétérogène de la légion ; — des machines de jet.

Modifications apportées aux ordres de bataille de ces différentes époques ; — emploi particulier de la cavalerie ; — l'infanterie la soutient directement dans plusieurs circonstances ; ce procédé est repris au XVIIᵉ siècle.

Des ordres de marche, — *a*). Sous les deux premières formes ; — *b*). Sous la troisième forme ; — constitution de la cohorte de marche, ou cohorte de Polybe ; — formations et manœuvres employées pour la mise en bataille sur le front ou sur le flanc de la marche ; — des bagages, — *c*). Sous la 4ᵒ forme et sous la 5ᵉ forme ; — constitution des colonnes de cohortes tactiques ; marches-manœuvres des armées de Marius et de César ; — formations en bataille dans les divers cas ; — *d*.) constitution des colonnes de marche sous les empereurs ; — précautions prises par les Romains dans leurs marches de guerre.

Des camps. — Premier établissement des camps ; — du camp des consuls ; — du camp des empereurs ; — leur valeur relative ; — service de sûreté ; — influence exercée par le système de campement sur les opérations en campagne ; — les Romains doivent la continuité de leurs succès à la méthode de toujours camper vis-à-vis de l'ennemi ; développement de cette idée ; — parallèle entre les camps anciens et les camps modernes ; — l'usage général de l'arme de jet à longue portée doit faire rejeter le système des Romains.

Du commandement. — Des chefs d'armée ; rois, consuls, préteurs, dictateurs, empereurs ; — des officiers supérieurs de la légion, tribuns, préfets de légion ; — des *officiers subalternes*, des centurions et de leurs lieutenants ; — avancement dans la légion manipulaire et dans la légion cohortale ; — des décurions et de leurs lieutenants — des dizainiers — total des officiers légionnaires.

De la légion.—Ses formes tactiques.—Sa composition (1).

A l'origine, la légion se formait d'après la manière dorique en une seule masse de six rangs de profondeur. Les hommes les plus riches, c'est-à-dire les mieux armés, étaient placés aux premiers rangs.

La même coutume se maintint quelque temps encore après l'établissement du cens. Les quatre premiers rangs de cette

---

(1) *Voir* Bibliographie LXXVIII. LXXIX. LXXIXbis. LXXXbis. LXXXI. LXXXII. LXXXXIII. LXXXXIX. CXVI. CXXI. CXXIV. CXXV. CXXVII. CXXXIII. CXXXXVI. CXXXXVII. CXXXXVIII. CLI. CLXXIV. CLXXV. CLXXXV. CLXXXVII. CLXXXVIII. CLXXXIX.

légion-phalange contenaient les légionnaires à armure complète, lesquels appartenaient à la première classe ; les cinquième et sixième rangs étaient composés des hommes levés dans les deuxième et troisième classes ; en outre la quatrième classe et plus tard la cinquième (quand elle fut appelée aux armées), sous le nom de *hastaires*, faisaient l'office de troupes légères. Dans l'ordre de bataille et lorsqu'ils n'étaient pas en action, les hastaires constituaient deux rangs supplémentaires placés à quelques pas en arrière de la légion. Ils avaient à remplir le même rôle que les psilites de la phalange grecque.

Le front de la légion étant de 500 hommes, il y avait 3,000 légionnaires, à savoir : 2,000 fournis par la 1re classe, 500 par la 2e et 500 par la 3e, c'est bien là la proportion du nombre des centuries dans chaque classe. (Planche III, fig. 1.)

Les hommes des premiers rangs s'appelaient *princes* (1) ; ils portaient la pique. Ceux des deux derniers rangs se nommaient *pilani* puis *triaires* ; leur arme était le pilum.

Cette formation de combat si dense, si pesante, ne pouvait convenir au génie de Rome. Camille, au commencement du ive siècle, donna à la légion la mobilité qui lui manquait, en fractionnant cette ligne en petits corps nommés *manipules*, de 10 hommes de front sur 8 de profondeur, séparés par des intervalles égaux aux longueurs de front. (Planche III, fig. 2.)

Dans cet ordre, que nous appellerons *première forme manipulaire*, pour la distinguer du précédent que nous nommerons *première forme phalangite*, les hastaires ont serré sur les triaires. Le manipule a huit rangs au lieu de six : 4 de princes, 2 de triaires, 2 de hastaires.

On remarquera que chaque manipule possédait ses troupes légères. Les 7e et 8e rangs se portaient en avant pour tirailler comme l'ont fait de nos jours le 3e rang ou les 3es pelotons des bataillons ou des compagnies prussiennes.

Ainsi à l'époque même où la phalange macédonienne renforçait encore les propriétés de la tactique grecque en augmentant la profondeur des rangs, la légion abandonnait ce dispositif massé.

---

(1) De princeps, premier.

Après être parties du même point, la phalange et la légion vont désormais combattre selon des procédés différents; tandis que la première se caractérisa par l'épaisseur de son ordonnance, la seconde s'efforcera d'étendre sa ligne de bataille. Celle-ci fera appel à l'intelligence et à la valeur individuelle de chaque légionnaire, celle-là, au contraire, comptera moins sur le courage propre du phalangite que sur la densité de l'ordre de combat.

Cette première forme manipulaire reproduit l'ordre de bataille de Xénophon attaquant les Colques. Elle subsiste jusqu'à la première guerre punique vers 264.

Alors se présente la *deuxième forme manipulaire* qui offre un progrès tactique plus caractérisé.

La légion avait ses manipules déployés en ordre mince, c'est-à-dire sur une seule ligne; on adopte pour elle un dispositif auquel on donne, de nos jours, le nom d'ordre perpendiculaire; on la place sur trois lignes. Chaque manipule était composé de trois sortes de légionnaires, c'est-à-dire possédant chacun un armement différent; on les réunit au contraire dans des manipules séparés. Il y eut dix manipules de hastaires, dix de princes, dix de triaires, au lieu de trente manipules hétérogènes. Les hastaires, de soldats légers qu'ils étaient, deviennent soldats de rangs, et ils échangent la pique contre le pilum. On les place en première ligne; à la seconde ligne sont attachés les princes; à la troisième les triaires qui prennent l'armement des hastaires.

Les manipules des deux premières lignes sont forts de 120 hommes sur 10 de profondeur; ceux de la troisième le sont de moitié seulement et sur 6 hommes de front; le lignes s'espacent de 300 pieds (1). (Planche III, fig. 3.)

Il y a 3,000 légionnaires, divisés en 1,200 hastaires, 1,200 princes et 600 triaires. Les premiers ayant cessé de remplir les fonctions de troupes légères, on les remplace par une nouvelle sorte de soldats destinés à ce dernier service et auxquels on donne le nom de *vélites*. Leur nombre est de 1,200 par légion;

____

(1) Le pied romain valait 0ᵐ295.

leur rôle est de protéger la marche des colonnes, de harceler l'ennemi, d'engager le combat, de préparer l'attaque des lignes et, dès que ces dernières se mettent en mouvement pour aborder l'adversaire, de s'écouler par les intervalles des manipules et de prendre place en arrière de la formation.

La légion complète présente 4,200 combattants. Ce chiffre n'est pas immuable ; jusqu'à la bataille de Cannes il a varié de 4,200 à 4,600 ; exceptionnellement, dans cette période il atteint 5,000 hommes, et dans les guerres de Macédoine 6,000. Mais quel que soit l'effectif total, deux données sont constantes à savoir : le contingent des triaires, 600, et des vélites, 1,200. Il suffit donc pour connaître la force du manipule de hastaires et de princes, de soustraire du complet de la légion le nombre 1,800 et de diviser la différence par 20.

Le manipule forme l'unité tactique et se divise selon la profondeur en deux fractions nommées centuries. Il est commandé par quatre officiers ; deux placés à la droite et à la gauche du premier rang, remplissent les fonctions de capitaines ; les deux autres, placés au dernier rang des mêmes files, sont les lieutenants.

Le soldat occupe trois pieds dans le rang et dans la file ; c'est donc 0^{m}885 ou en chiffres ronds 0^{m}90 ; on lui donne 0^{m}35 à 0$_m$40 en plus que de nos jours à cause de l'armement qui ne permet pas le contact des coudes. Un manipule de 140 hommes dessine donc sur le terrain un rectangle de 42 pieds de base ou de front et de 30 pieds de hauteur ou de profondeur. Ce chiffre de 30 pieds est immuable, car le manipule contient toujours 10 rangs.

Lorque la légion quitte l'ordre de bataille à intervalle pour prendre l'ordre de combat, la ligne devient pleine ; les manipules s'épanouissent, les rangs et les files s'ouvrent et doublent leurs distances et leurs intervalles, afin que chaque légionnaire dispose de 6 pieds en tout sens : soit 1^{m}80.

Cet espace lui est nécessaire pour le jeu de l'épée et du bouclier, inhérent au combat corps à corps.

Dans la lutte entre la phalange et la légion, le légionnaire du 1er rang a donc devant lui 2 phalangites et 12 piques de fer.

Pour résister à la cavalerie ou bien pour la guerre de siége, c'est le contraire qui a lieu. L'ordre devient plus dense par le resserrement des files qui se rapprochent à 1 1/2 pied.

Ainsi la tactique romaine, comme la tactique grecque, admet trois formations diverses : 1° l'ordre de combat, ouvert ou déployé : les files et les rangs étant distants de 6 pieds ;

2° L'ordre de manœuvre, de parade ou de revue : les espaces étant réduits de moitié ;

3° L'ordre massé contre la cavalerie ou pour l'attaque des retranchements ; les espaces étant réduits au quart.

La deuxième formation était employée le plus fréquemment. Par suite de la petite portée des armes, les manipules conservaient les espaces de 3 pieds jusque contre l'ennemi. L'indépendance de chaque fraction de la ligne donnait à l'ordonnanee une grande mobilité, et permettait de manœuvrer dans tous les terrains et dans tous les sens.

Dès qu'il fallait combattre, les lignes s'arrêtaient, les vélites s'écoulaient par les intervalles, puis les hastaires s'épanouissaient dans chaque manipule. Cet épanouissement pouvait se faire soit sur le centre, soit sur une des files extrêmes de chaque fraction.

De cette façon la ligne devenait pleine, d'une longueur égale à celle de la ligne à intervalles augmentée du front d'un manipule.

Voici ce qui se passait dans le combat. Les vélites, dispersés en avant de l'armée préludaient à la lutte comme les psilites grecs. Lors de leur rappel ils dégarnissaient le front des hastaires en s'écoulant par les flancs et les intervalles de la légion et se rangeaient soit sur la ligne des triaires, soit en arrière de la formation. Les hastaires dégagés s'espaçaient à six pieds ; les manipules disparaissaient dans la ligne qui n'offrait aucune solution de continuité de la droite à la gauche.

Alors avait lieu le véritable combat. Les hastaires du premier rang lançaient le pilum et se servaient de l'épée comme nous l'avons déja décrit plus haut. Si leurs efforts étaient infructueux ils se dérobaient par les intervalles des files, dégageant le deuxième rang qui agissait de la même façon, puis ils allaient se reformer derrière le dixième rang.

Dix fois le combat pouvait être renouvelé de cette manière.

Si les hastaires sont restés impuissants, la deuxième ligne s'ébranle pour remplacer ou renforcer la première. Les manipules des princes sont égaux en nombre, en effectif, en armement, si ce n'est que le pilum est un peu plus court. Ils se déploient et traversent les manipules épanouis de la première par les intervalles des files. Les princes recommencent la lutte à leur tour, soit isolément, s'ils ont dépassé la première ligne, soit conjointement avec les hastaires. Dans ce cas la formation est sur une seule ligne composée d'un nombre double de files espacées de de trois pieds.

Enfin si ces vingt efforts consécutifs ne parviennent pas à rompre l'ordonnance de l'ennemi, on appelle les triaires. La troisième ligne qui jusque-là est restée agenouillée, couverte par les boucliers et la pique haute, opère comme la seconde, s'enchasse à son tour et la légion, désormais formée en une phalange composée de files alternatives, et par parties, de hastaires, princes et triaires, opère un dernier et suprême effort.

Dans cette charge, il est facile de voir que chaque homme possède encore 2 4/10 pieds dans le rang, soit 0^{m}70 ou 0^{m}15 à 0^{m}20 de plus que le soldat moderne.

Pour accomplir de semblables manœuvres sous les traits de l'ennemi, il fallait que chaque légionnaire fut un soldat d'élite, aussi tout était mis en œuvre pour exalter le courage des enfants de Rome; et ici encore l'antiquité nous offre des exemples que les nations d'aujourd'hui ne sauraient trop imiter. Les Romains (du moins pendant l'ère républicaine) ne se sont jamais endormis dans une trompeuse sécurité, dans une fatale apathie. Ils savaient que l'homme de guerre ne s'improvise pas et que les succès qu'ils avaient conquis ne pouvaient être conservés qu'au prix d'une énergie continue et d'une vigilance de tous les instants.

On n'était point parvenu de prime saut à ce mode d'attaque par rangs. Diverses méthodes avaient déjà été essayées par les tacticiens. Celle qui paraît avoir mis sur la voie avait été adoptée en 355 par le dictateur Sulpicius combattant contre les Gaulois. A cette époque le manipule agissait massé, de sorte que les derniers rangs avaient peu d'influence. Sulpicius prescrivit au premier rang de se baisser après avoir jeté le pilum, pour permettre au second rang de lancer le sien; la même manœuvre se répétait jusqu'au dixième rang, puis, les neuf premiers se relèvant, le manipule entier se précipitait sur l'ennemi en poussant le cri de guerre.

On a dit plus haut que la troisième ordonnance romaine ou la deuxième forme manipulaire offrait une grande mobilité. En effet, les marches-manœuvres s'exécutaient avec promptitude. Voici quelques exemples : si une légion en quittant son camp, apprenait par les coureurs, qu'il y avait chance de rencontrer l'ennemi sur le front de la marche, elle se disposait en une colonne formée de trois tronçons ; le premier comprenait les hastaires marchant par manipules, par la droite ou par la gauche, le deuxième les princes, le troisième les triaires ; la marche était couverte par les vélites.

Arrivé à proximité de l'ennemi on déployait carrément dans chaque tronçon ; les lignes se trouvaient disposées dans l'ordre de bataille et il suffisait de prendre les distances de ligne, soit 300 pieds, pour obtenir l'ordonnance exacte. (Planche, III, fig. 8.)

Si au contraire l'ennemi était attendu sur le flanc de la marche, on se formait sur trois colonnes, marchant parallèlement sur le même front à des intervalles plus ou moins grands d'après la nature du terrain.

Dans le cas, où la formation en bataille devait se faire sur la droite, on quittait le camp avec les hastaires à droite, les princes au centre, les triaires à gauche, et dans chacune des colonnes le 10ᵉ manipule en tête ; si on attendait l'attaque par la gauche, le dispositif était interverti, la colonne de gauche était composée des hastaires, celle du centre des princes, la colonne de droite des triaires et le premier manipule marchait en avant. Dès lors quand il fallait se préparer au combat, les colonnes s'arrêtaient, les manipules rectifiaient leur alignement et leur distance, opéraient une conversion individuelle à pivot fixe du côté de l'ennemi, et chaque ligne prenait l'espace de 300 pieds. Les vélites protégeaient toujours la formation. (Planche, III, fig. 9.)

Cependant il se pouvait que les renseignements fussent erronés, qu'un ennemi, attendu par la gauche, se présentât inopinément sur le flanc droit sans qu'il fut possible de faire opérer une contre-marche générale à toute l'armée : c'est le cas que Métellus dut résoudre avant la bataille du Muthul (109).

Les légions marchaient sur trois colonnes, les hastaires à gauche, lorsque Jugurtha, parut sur le flanc opposé, du côté des triaires ; Métellus arrêta les colonnes, fit converser par manipule à droite, puis la ligne des hastaires, qui était troisième, traversa successivement la ligne des princes et des triaires, et se porta à 600 pas en front ; la ligne des princes traversa celle des triaires et se plaça à 300 pas derrière celle des hastaires. L'ordre de bataille naturel était repris, seulement le 10ᵉ manipule tenait la droite de chaque ligne ; l'on se trouvait par inversion. (Planche, III, fig. 11.)

Si l'ennemi au lieu d'occuper sur le flanc une ligne de bataille parallèle à l'axe de la colonne, s'était placé perpendiculairement à la direction de la marche et dans le sens de cette marche, on opérait autour de lui un mouvement processionnel pour prendre une position parallèle. (Planche, III, fig. 10.)

Enfin, si l'adversaire menaçait la queue des colonnes, on rétablissait les lignes en faisant au préalable la contre-marche. Les Romains n'admettaient que la contre-marche persique.

On voit par ce qui précède que la légion possédait une mobilité telle qu'elle pouvait faire face à l'ennemi de quelque côté que vînt son attaque. Toutefois la deuxième forme manipulaire ne dura pas aussi longtemps que la république et elle disparut au temps de Marius pour faire place à un dispositif plus perfectionné.

En effet, jusqu'à l'époque de la deuxième guerre punique, on s'était presque toujours attaqué de front ; c'était un combat d'homme à homme dans lequel l'armement supérieur des Romains, l'adresse du légionnaire, le jeu successif des rangs devaient exercer une influence prépondérante.

Mais quand par ses stratagèmes, ses manœuvres, ses combinaisons tactiques, le général carthaginois eut vaincu les consuls et mis la capitale de l'Italie à deux doigts de sa perte, les Romains méditèrent sur la cause des désastres multipliés qu'ils avaient subis et comprirent qu'ils ne pouvaient vaincre leurs adversaires qu'en s'assimilant leur méthode de guerre et en abandonnant l'ordre fondamental dans lequel ils avaient jusqu'alors combattu.

Publius Scipion s'écarta le premier des anciens errements et au lieu d'aborder l'ennemi sur un seul front, dont le centre était occupé par les meilleures troupes, il manœuvra devant les Carthaginois et donna ainsi aux diverses parties de la légion une destination qu'elles n'avaient pas encore eue jusqu'à lui.

Ainsi à la bataille d'Ilipe (1) (208) les légions romaines sont placées aux ailes, elles ont la cavalerie derrière elles, les Ibériens se trouvent au centre. Au moment d'entamer la lutte, Scipion dirige les légionnaires obliquement à droite et à gauche sur les extrémités des Carthaginois, tandis que sa cavalerie prononce une attaque de flanc et que le centre tient le reste de la ligne en respect (planche III, fig. 12).

A Zama, (202) les hastaires, les princes et les triaires se réunissent en une seule ligne sur le front des hastaires. (Planche III, fig. 13).

A la bataille des Grandes plaines, livrée par Scipion à Syphax et à Asdrubal (203), l'indépendance des lignes s'est relevée d'une manière plus complète encore, car, tandis que les hastaires contiennent de front les efforts des Carthaginois, les princes et les triaires, manœuvrant par les ailes, attaquent l'ennemi sur les flancs. (Planche III, fig. 14).

Scipion Emilien, l'élève de Polybe, le petit fils adoptif de Publius Scipion, suivit les errements du premier Africain.

Mais le caractère de la deuxième forme manipulaire ne convenait pas à l'indépendance des lignes. On sait que l'armement des légions était complexe. On pouvait les considérer comme formées de dix tranches perpendiculaires au front et composées chacune de trois manipules, un de hastaires, un de princes, un de triaires, qui se complétaient mutuellement. Dès qu'on détachait un manipule ou une fraction de ligne, ces corps marchaient à l'ennemi dépourvus de tous les moyens nécessaires pour vaincre, comme il arriverait de nos jours si, au lieu d'avoir des soldats propres à tous les genres de combat, nos bataillons d'infanterie étaient composés de compagnies alternatives lourdes et légères et qu'une de ces fractions combattît isolément.

De plus, à cause de la multiplicité des petites unités tactiques et d'un effectif assez faible, les ordres se transmettaient difficilement, les hésitations étaient nombreuses, les marches flottantes, les méprises fréquentes.

---

(1) Que l'on appelle aussi bataille d'Ilinga ou de Bætula ou de Stilpia (Vaudoncourt).

L'expérience ne tarda pas à dévoiler les vices de l'ordonnance manipulaire, dès qu'on l'employa à un rôle s'écartant de l'esprit qui avait présidé à sa création.

Or, dans l'armée de Scipion Émilien se trouvait un homme de naissance plébéienne et obscure, qui avait profondément réfléchi à cette situation amenée par une sorte d'antagonisme entre l'organisation de la légion et son nouvel emploi tactique, imposé par les progrès de l'art de la guerre. Cet homme était Marius. Parvenu au consulat en 107, il modifia la constitution de la légion et créa *la première forme cohortale.*

A cet effet, il réunit trois manipules : un de hastaires, un de princes, un de triaires, c'est-à-dire la tranche perpendiculaire de la légion ; il y ajouta les vélites hors rang, et composa du tout un seul corps, une seule unité tactique, à laquelle il donna le nom de *cohorte.*

En bataille, les manipules ne furent plus placés les uns derrière les autres et séparés, mais les uns à côté des autres ou jointifs et sur 10 hommes de hauteur comme précédemment.

La légion, à l'époque de Marius, étant de 6,000 hommes, il y avait donc, pour former la cohorte, 2 manipules à 210 hommes, 1 manipule à 60, et le 10e des vélites soit 120, ce qui fournit le total de 600 hommes, placés sur 60 de front et 10 de profondeur, et divisés en six centuries.

De plus on sait que, dans la légion manipulaire, les soldats de chaque ligne avaient un armement spécial en harmonie avec le rôle qu'on leur destinait ; dans la légion nouvelle l'armement fut rendu uniforme, et les légionnaires reçurent tous le pilum des hastaires, modifié comme il a été dit page 129. Les vélites étant supprimés et rentrant dans les rangs, il n'y eut qu'une sorte de soldats comme il n'y eut qu'un armement unique. Dans la légion cohortale tous les hommes étaient propres au service de tirailleurs et de sûreté comme au service de ligne. Les *extraordinaires,* pris parmi les alliés dans la proportion du 1/3 de la cavalerie et du cinquième de l'infanterie, et auxquels on confiait la mission d'éclairer au loin l'armée dans les marches et les camps, disparurent eux-mêmes et furent détachés des légions. Pendant ce service spécial, on les appelait du nom d'*expediti.* Les modifications de Marius entraînaient

une transformation complète de la légion. Au lieu de trente petits
corps unis tactiquement les uns aux autres, ne sachant ni
s'éclairer, ni se garder, il créa dix corps parfaitement homogènes
qui pouvaient partout se suffire à eux-mêmes puisqu'ils possédaient tous les moyens d'attaque et de défense, et qu'ils n'étaient
pas assez nombreux pour qu'un seul chef ne pût les instruire,
les mouvoir et les commander.

Il conserva le combat à files ouvertes et par rangs successifs ainsi que le passage des lignes par l'intervalle des
files, mais la légion ne fut plus fatalement assujettie à trois
lignes, toujours systématiquement placées. On compta dès lors
l'effectif d'une armée par le nombre des cohortes, comme on
l'estime aujourd'hui par le chiffre des bataillons. La cohorte,
comme le bataillon, est une unité tactique indépendante, dont
la place dans la ligne de bataille n'est pas subordonnée à celle
d'autres troupes, ainsi que cela avait lieu pour les hastaires par
rapport aux princes et aux triaires, et vice-versa. Toute cohorte,
comme nos bataillons, servait à la fois à l'avant-garde, à l'arrière-
garde, aux corps de flanc, au centre, aux ailes de l'armée, en
première, en seconde ligne, ou bien en réserve.

Et ces immenses perfectionnements étaient dus à l'armement.
En rendant celui-ci uniforme, Marius posa ce principe, qui ne
sera reconnu d'une manière immuable que vingt siècles après
lui, c'est qu'il ne doit y avoir dans les armées qu'une seule
espèce d'infanterie. Cette question ne peut être qu'indiquée ici ;
toutefois, il est déjà intéressant de faire remarquer qu'à partir
de la renaissance, c'est-à-dire de l'époque où les armes à feu vont
prendre une place importante dans les combats, les transformations qu'elles subiront amèneront dans la tactique des vicissi-
tudes analogues à celles que nous avons constatées (1).

La cohorte étant devenue une unité tactique complète, Marius
forma la légion sur deux lignes de cinq cohortes chacune, placées
à des intervalles égaux aux fronts et les lignes espacées de
300 pieds. (Planche III, fig. 4.)

---

(1) *Voir* pour les développements de ces questions l'*Histoire militaire de la
Belgique*, du général Renard. Bibliographie, n° CXVI.

César hérita de la légion de Marius, toutefois il en modifia
l'ordre de bataille et constitua la *deuxième forme cohortale.*

Il replaça les cohortes sur trois lignes comme dans la
deuxième forme manipulaire, avec cette grande différence que
cette troisième ligne n'était plus nécessaire au mécanisme du
combat; c'était au contraire une réserve de ligne dont il se
servait au besoin pour parer, comme à Pharsale, aux attaques de
flanc, en massant, derrière une des ailes, les cohortes qui la
composaient.

On verra renaître plus tard ces deux dispositifs; celui de
Marius, dans l'ordre de bataille de Frédéric II, celui de César dans
les dispositions prises par Napoléon I·r sur le champ de bataille
d'Austerlitz.

César divisait les deux cohortes sur trois lignes, par quatre,
trois et trois. (Planche III, fig. 5.) Nous l'avons déjà dit, l'époque
de César forme l'apogée de la tactique romaine.

La formation si forte, si rationnelle du vainqueur des Gaules
disparut à mesure qu'augmentait la démoralisation dans les
rangs de l'armée; la décadence de la tactique suivit de près celle
de l'esprit militaire. Sous les empereurs, il ne restait plus rien
des conceptions de Scipion, de Marius, de Sylla, de César.

Auguste commença l'ère de ces modifications néfastes en supprimant la troisième ligne et en réduisant les intervalles. Il
inaugura la *troisième forme cohortale,* composée de cinq cohortes
en première ligne, cinq en seconde, chacune sur huit hommes de
profondeur. La première cohorte eut un effectif double des
autres; on l'appela *milliaire.* En réalité, la première ligne se
composait de six cohortes et dépassait la seconde d'une demi-
cohorte sur chaque aile. (Planche III, fig. 6.)

Après Auguste, le mouvement de décadence s'accélère.

Les intervalles vont se resserrant de plus en plus, et finis-
sent par disparaître en même temps que la distance entre
les lignes s'efface; l'armement uniforme cesse d'exister. La
légion revient peu à peu à son point de départ; elle présente une
ligne pleine, hétérogène, sur 8 à 12 rangs de profondeur espacés
de six pieds, le légionnaire occupant trois pieds en front. C'est la
deuxième forme phalangite.

Lorsque cette phalange informe compte 10 rangs, les quatre

premiers sont composés des cinq premières cohortes sur quatre rangs (1), les légionnaires portent le pilum : les quatre autres rangs sont composés des cinq dernières cohortes munies de la lance ; les 9e et 10e rangs comprennent les armés à la légère. Ainsi donc au lieu de l'armement unique de Marius et de César, il y a trois sortes d'armes dans la même file. (Planche III, fig. 7a.)

Végèce va plus loin encore; sa légion est disposée par cohortes sur six rangs ; le premier comprend les hommes armés du pilum, le second des archers cuirassés, les troisième et quatrième les vélites, le cinquième est remplacé par une *onagre*, (machine à tir courbe), enfin le sixième comprend les légionnaires avec la lance. Entre les cohortes, sont placées des balistes (machines à tir horizontal). Derrière, une réserve d'élite. (Planche III, fig. 7b.)

Il suffit d'énoncer cet ordre pour en saisir l'absurdité. La phalange antique, composée de fractions accolées, était au moins homogène; elle pouvait se manier, manœuvrer avec une facilité relative; les Romains dans leur deuxième forme phalangite se sont réduits volontairement à une immobilité complète et à l'impuissance.

L'armement et l'équipement suivent le même mouvement de décadence. Nous avons vu combien l'armement uniforme des légions de Marius et de César était favorable à la tactique des cohortes combattant à files ouvertes et à rangs successifs. Dans l'ordre de bataille des empereurs, l'immobilité des fractions tactiques fait revenir aux vieux errements, et l'armement multiple renaît avec des complications inconnues aux temps de la légion manipulaire.

Avec les combats à rangs successifs disparut également l'emploi de la courte épée. Les armées nationales étaient avides de franchir la distance qui les séparait de l'ennemi, les armées mercenaires, au contraire, répugnaient à ces luttes corps à corps et préféraient le combat de loin; les armes de jet revoient le jour en grand nombre, l'arme de main s'allonge, les machines pullulent.

Puis les soldats abandonnèrent successivement les armes

---

(1) Ce système a été préconisé de nos jours par le général Rogniat.

défensives trop lourdes pour leurs membres amollis; la cuirasse fut rejetée, le casque remplacé par le bonnet pannonien; des centuries de valets durent servir ces hommes dégénérés, et cette armée abâtardie eut besoin d'une autre armée pour l'éclairer dans les marches, la garder dans les camps et protéger son sommeil.

Les coutumes barbares s'introduisirent alors successivement dans les rangs, et s'il existait encore quelques vestiges de la tactique romaine, on devait les chercher chez les vieux auxiliaires de l'empire, dans ces corps de Nerviens, de Ménapiens, de Tungres, habitués à combattre depuis plusieurs siècles sous les yeux des légions et qui, au commencement du v° siècle, étaient encore fort nombreux dans ces armées qui n'avaient plus de romain que le nom.

A cette époque l'histoire militaire de Rome est close.

En résumant ce qui précède, on voit que la légion dans sa forme tactique a traversé sept phases successives.

1° *La première forme phalangite.* Elle s'établit en ligne pleine, sur huit rangs disposés d'après l'ordre des classes. Les hastaires se placent à une petite distance en arrière.

Cette forme s'étend depuis la fondation de Rome jusqu'à l'époque de Camille, 753-390 avant Jésus-Christ, soit trois siècles et demi.

2° *La première forme manipulaire.* La profondeur est de huit rangs, le front se fractionne en petites unités tactiques qui prennent le nom de manipules.

Ces manipules se placent sur une seule ligne à intervalle de front.

Cette ordonnance reste en usage depuis Camille jusqu'aux guerres puniques, 390-264 avant Jésus-Christ, c'est-à-dire un siècle et demi.

3° *La deuxième forme manipulaire.* Les 30 manipules se forment sur 3 lignes, et les dix manipules de chaque ligne sont composés d'hommes munis d'un armement spécial.

Les vélites sont hors rangs.

Le dispositif des manipules dans les lignes peut se prendre : soit sur la perpendiculaire, c'est-à-dire axe sur axe, soit en quinconce, c'est-à-dire en plaçant les manipules vis-à-vis des intervalles correspondants de la ligne qui les précède.

On emploie cet ordre de bataille jusqu'à Marius, 264-107 ou un siècle et demi.

4° *La première forme cohortale.* Les vélites rentrent dans la ligne; toute classification entre les légionnaires est supprimée; l'armement devient uniforme. La cohorte remplace la tranche manipulaire.

L'ordre de bataille est pris sur deux lignes de cinq cohortes placées tant plein que vide.

La première forme cohortale est employée depuis l'époque de Marius jusqu'aux conquêtes de Jules César, 107 à 60 avant Jésus-Christ, soit près d'un demi-siècle.

5° *La deuxième forme cohortale.* Elle place la légion sur trois lignes, et dure depuis Jules César jusqu'à Auguste, 60 à 30 avant Jésus-Christ, ou près d'un demi-siècle.

6° *La troisième forme cohortale* revient aux deux lignes; les intervalles entre les cohortes sont d'abord réduits de moitié et se resserrent successivement; les lignes se rapprochent. C'est le commencement de la décadence. Elle s'étend d'Auguste à Adrien, 30 avant Jésus-Christ jusqu'à 120 après Jésus-Christ, c'est-à-dire un siècle et demi.

7° *La deuxième forme phalangite.* Les deux lignes de la formation précédente se sont unies : les cohortes au lieu de former des unités distinctes et séparées se joignent et ne présentent plus qu'un front continu.

La file est composée d'éléments hétérogènes; les machines apparaissent en grand nombre, soit sur le front, soit dans l'intérieur de la formation.

Cette forme tend à se fondre de plus en plus avec les formes tactiques employées par les armées barbares que les empereurs avaient prises à leur solde.

Cet exposé des transformations de la légion justifie le parallèle, qui a été tracé dans l'introduction de ce travail, entre la marche des progrès de la tactique dans l'antiquité et les temps modernes. En effet, on retrouvera la forme phalangite lors de la renaissance ; l'ordonnance manipulaire apparaîtra au commencement du xvii° siècle; la première forme cohortale, à l'époque de Frédéric II ; la deuxième forme cohortale, au temps de Napoléon I°.

La cavalerie attachée aux armées romaines était de deux sortes, romaine ou alliée. Chacune d'elles se subdivisait en *turmes* d'un front constant de 10 chevaux, mais d'une profondeur de 3 pour la première et de 4 pour la seconde ; la turme était commandée par trois officiers, dont le premier se plaçait en tête, et les deux autres sur les flancs du premier rang. Trois officiers inférieurs se tenaient sur le rang des serre-files.

Les turmes se réunissaient par 10 pour former l'escadron de combat ; les intervalles entre les escadrons étaient de 20 pieds ; le cheval occupait 4 pieds dans le rang.

Dans la forme phalangite et la forme manipulaire, la cavalerie était répartie aux ailes à raison de 300 cavaliers pour la légion romaine et 600 pour la légion alliée.

Après Marius, la cavalerie se sépara des légions, et prit le nom d'*aile*. Chaque aile se trouvait sous le commandement d'un officier supérieur, nommé *préfet d'aile*, et toute la cavalerie était soumise aux ordres d'un général spécial.

Du reste, le chiffre des cavaliers avait bien grandi depuis les guerres d'Annibal. Celui-ci avait obtenu plusieurs de ses victoires par l'emploi de fortes masses de troupes à cheval, lancées à propos sur les flancs ou les derrières de l'ennemi ; les Romains suivirent son exemple. Ainsi, au temps de César, les turmes donnent un effectif du 1/6ᵉ au lieu du 1/10ᵉ de l'infanterie ; de plus, un grand nombre de cavaliers étrangers servent dans les armées ; de sorte qu'à partir de cette époque, il faut distinguer entre la cavalerie régulière, formée de la cavalerie romaine et de la cavalerie alliée, et la cavalerie irrégulière, fournie par les nations soumises ou étrangères, mais amies de Rome.

Des formes tactiques de l'armée romaine (1).

L'ordonnance de la légion, prise en grand, était celle de l'armée elle-même.

L'ordre phalangite est simple ; l'infanterie se développe sur une seule ligne, la cavalerie se place aux ailes. (Planche III, fig. 15.)

---

(1) *Voir* la note nᵒ 1 de la page 136.

A l'origine on ne comptait que des Romains dans les rangs ; plus tard, quand par suite de leurs conquêtes ils exercèrent une influence prépondérante sur les nations qui les entouraient, celles-ci fournirent des troupes à leurs armées. Ces troupes, organisées à la romaine, portaient le nom de légions alliées.

Une armée consulaire était composée de deux légions romaines et de deux légions alliées, accompagnées de leur cavalerie. D'après les idées tactiques de l'époque, le centre étant considéré comme le point le plus important, soit pour l'attaque, soit pour la défense, les légions romaines prenaient le milieu et les légions alliées les extrémités de l'ordre de bataille.

Il en fut ainsi dans la 1ʳᵉ (planche III, fig. 16) et dans la 2ᵉ forme manipulaire.

Ce dernier ordre de bataille qui a donné aux Romains leurs plus belles victoires, était composé de la manière suivante :

L'infanterie comprenait quatre légions sur trois lignes de 10 manipules chacune, les légions espacées de 40 pieds. On plaçait ordinairement, aux deux flancs de la ligne des légions, l'infanterie des *extraordinaires*. Cependant ils n'avaient pas de place bien déterminée ; quelquefois ils étaient employés à la garde du camp, quelquefois on les rangeait sur la ligne des triaires.

A droite et à gauche de l'infanterie se portait la cavalerie, soit divisée, soit réunie par catégorie. Ainsi à l'aile droite, on pouvait avoir les escadrons de cavalerie romaine et les extraordinaires, à l'aile gauche les escadrons de cavalerie alliée (Planche III, fig. 18); ou bien : à la droite, la moitié des escadrons de la cavalerie romaine et alliée, enfin les extraordinaires, et à l'aile gauche l'autre moitié des escadrons de cavalerie romaine et de la cavalerie alliée. (Planche III, fig. 17.) Quant aux vélites, ils appartenaient à chaque légion et, après avoir préludé au combat, ils se retiraient, soit derrière les lignes, soit dans les intervalles des triaires. C'étaient des tirailleurs, mais sans réserves.

Dans la *première forme cohortale* l'armée romaine ne présente plus que deux lignes. Tous les hommes sont aptes au double service. Les extraordinaires sous le nom d'*expediti* sont pris indistinctement dans toutes les cohortes ; ils peuvent, au moment du combat, ou rejoindre leurs corps ou bien se placer aux flancs de l'infanterie.

Nous avons insisté sur ce point que l'ordre cohortal donnait aux fractions tactiques une indépendance complète. Dès lors l'immutabilité des lignes disparaît, les relations qui existaient forcément entre elles dans la deuxième forme manipulaire cessent d'exister et les légions peuvent se développer sur une seule ligne. On remarque en effet dans la première forme cohortale deux dispositifs, l'un est l'ordre de bataille par légions accolées, issu de l'ordonnance précédente (Planche III, fig. 19) ; l'autre est l'ordre de bataille par légions développées. (Planche III, fig. 20.)

Dans le premier cas, on trouve dans chaque ligne des troupes appartenant à une même légion, dans le second les cohortes appartiennent à des légions différentes.

Dans la deuxième forme cohortale de la légion, César revient, il est vrai, aux trois lignes, mais la troisième ligne composée de cohortes ne doit être considérée que comme une réserve de ligne, dont on peut disposer au besoin pour des diversions. Ce qui forme la caractéristique de la tactique de César, c'est la création et l'emploi de grandes réserves indépendantes, comprenant non-seulement des légions d'infanterie, mais les deux armes. Sur huit légions, César en mettait six en bataille, chacune sur trois lignes de cohortes et par légions accolées, les lignes appuyées en arrière de leurs ailes par des turmes de cavalerie. Plus loin et vers le centre se tenaient massées et prêtes à marcher au premier signal deux légions d'infanterie et une réserve de cavalerie. (Planche III, fig. 21.)

César réunit donc dans son dispositif le principe des réserves de ligne et des grandes réserves indépendantes, tandis que Marius ne possédait aucun de ces moyens énergiques de fixer la fortune chancelante ; le sort du combat était livré tout entier aux efforts des deux premières lignes. Là encore se confirme le parallèle que nous avons établi entre ces deux époques romaines et celles de Frédéric II et de Napoléon Ier. Des deux côtés, c'est l'ordre profond opposé à l'ordre mince.

A la suite des armées on voyait aussi du temps de César, des fantassins auxiliaires. Ils étaient de deux sortes ; les uns, organisés et armés à la romaine, formaient des cohortes adjointes aux légions et placées souvent derrière les ailes, ce qui leur faisait donner le nom de *cohortes d'ailes* ; on recrutait ces troupes dans les provinces, chez les peuples alliés, dans les colonies. Les autres, entièrement indépendantes des légions, étaient munies d'arcs, de frondes; on les levait principalement dans l'île de Crète et aux Baléares; elles remplaçaient les anciennes centuries de vélites.

Dans l'antique légion il y avait déjà des frondeurs, des archers particuliers accompagnant les troupes hors rangs, mais ils ne doivent pas être confondus avec elles. Ces hommes munis d'armes de jet d'une plus longue portée étaient propres à agir dans des cas spéciaux ; ils escarmouchaient de loin, défendaient les places et les retranchements, mais ils n'éclairaient pas l'armée, ne gardaient pas les camps, ne poussaient pas de reconnaissances, ne faisaient aucun coup de main, ne se livraient pas à la guerre de partisans. C'étaient des tireurs de position, une espèce d'artillerie à main, et leur rôle ressemblait à celui qu'ont rempli les porteurs de carabines rayées dans quelques-unes de nos armées contemporaines.

Vers la fin de l'ère républicaine les modifications apportées dans le recrutement firent disparaître les légions alliées, de sorte que les armées romaines furent composées de corps qui ne se distinguaient plus entre eux que par un numéro ou par le nom d'une province.

L'ordre de bataille d'Auguste est formé de nouveau sur deux lignes, sans réserve de ligne et sans réserve générale; puis les intervalles se retrécissent, les lignes se rapprochent et l'armée romaine retourne à sa première forme phalangite. Sa composition intérieure devient de plus en plus hétérogène ; elle est peuplée de corps de toute provenance, de toute nature, de toute composition. C'est ainsi qu'outre les légionnaires et les vétérans, les armées des empereurs renferment :

1° Des prétoriens ;

2° Des soldats de marine ;

3° Des *exploratores* ou corps particuliers destinés à assurer la sécurité des marches et le repos des camps ;

4° De la cavalerie irrégulière ;

5° De la cavalerie régulière formée en aile milliaire de 24 turmes et en aile quinquagénaire de 16 turmes ;

6° Des cohortes milliaires composées d'infanterie ;

7° Des cohortes équestres comprenant de la cavalerie et de l'infanterie et subdivisées en : cohortes équestres milliaires, de 720 fantassins et de 280 cavaliers, et cohortes équestres quinquagénaires de 380 fantassins et 120 cavaliers. Ces derniers corps formaient les auxiliaires réguliers de la légion.

On voit par ce simple aperçu que les formes républicaines étaient tombées dans l'oubli ; et cette ordonnance complexe se trouvait rendue plus pesante encore par les machines qui encombraient ses rangs.

Ainsi, d'après Végèce, il y avait par cohorte cinq balistes sur affût roulant, et une catapulte de calibre assez fort. En tenant compte de la cohorte milliaire, la légion devait donc traîner 66 machines ; c'est-à-dire, par 1000 hommes, 11 engins que servaient des centuries spéciales.

Les ordres de bataille que nous avons indiqués n'étaient pas toujours immuables. Les généraux habiles les modifiaient suivant les circonstances. Par exemple, sous Tullus Hostilius, au premier combat des Fidènes, alors que l'on manœuvrait d'après la première forme phalangite, les Romains se disposèrent sur deux lignes d'infanterie et de cavalerie.

Les consuls Fabius et Manlius, dans un combat contre les Étrusques, avaient une réserve d'infanterie et de cavalerie derrière le centre de la ligne; de plus les triaires gardaient le camp. Cette lutte eut lieu vers 300 avant le Christ, c'est-à-dire sous la première forme manipulaire.

La cavalerie était surtout employée sous des formes diverses. Dans le second combat de Fidènes, les troupes à cheval se trouvaient sur trois lignes en arrière du centre, et une partie en embuscade derrière l'aile droite. A Corbion, elle était au centre de l'ordre de bataille. Au combat d'Adis (256 avant Jésus-Christ), Régulus avait placé toute la cavalerie en réserve derrière l'infanterie pour attaquer les Carthaginois. C'était cependant la règle de la poster aux ailes.

Dans les batailles livrées par César on la trouve presque toujours placée de cette façon, bien qu'il sut constamment en faire un très-habile emploi. Ainsi dans les guerres des Gaules elle fut souvent en première ligne ; la nombreuse cavalerie gauloise le forçait à agir de la sorte pour couvrir les marches, protéger l'établissement des camps et les déploiements de l'armée. César tenait sa cavalerie rassemblée et l'employait d'après les circonstances, comme un corps indépendant. Quand le terrain l'exigeait, toutes les turmes se postaient à une aile comme à Pharsale (48 av. J.-C.) ; Pompée avait placé toute sa cavalerie à l'aile gauche, César mit la sienne, qui était beaucoup plus faible, à l'aile droite. A Uzita (46 av. J.-C.), Métellus Scipion dispose sa cavalerie régulière à l'aile droite, les Numides derrière l'infanterie, quelques turmes en embuscade derrière la droite ; c'est l'ordre de bataille du deuxième combat des Fidènes. Quant à César sa cavalerie était réunie à la gauche des lignes.

Parfois la cavalerie et l'infanterie légère se trouvaient mêlées ; nous avons déjà eu des exemples de cette formation dans les guerres des Macédoniens. La deuxième guerre punique força les Romains, non-seulement à augmenter leur cavalerie, mais aussi à la soutenir soit avec l'infanterie légère, soit avec leurs légionnaires, pour tâcher de contrebalancer l'infériorité de cette arme. La bataille d'Ilinga est caractéristique sous ce rapport. César soutient aussi ses turmes par des cohortes. Cette méthode réapparaîtra après la renaissance. On trouvera souvent dans les batailles du xviie siècle, les pelotons de mousquetaires « postés aux étriers des escadrons » d'après l'expression de l'époque.

Des ordres de marche.

Si les Romains pouvaient sous leurs deux premières formes tactiques, appliquer à l'ordre de marche la simplicité que l'on remarque chez les Grecs, il n'en fut plus de même après l'apparition de la seconde forme manipulaire. Là le dispositif obligé sur trois lignes, la nécessité de tenir toujours les mêmes fractions réunies, exigeaient des mesures particulières.

Nous avons déjà vu, pages 142 et 143, comment une armée consulaire agençait ses colonnes lorsqu'elle devait s'établir sur le front, sur les flancs ou sur le derrière de la marche. Mais tous les terrains ne se prêtaient pas à cette combinaison qui réclamait une largeur assez considérable de la zone du parcours. Si cette étendue faisait défaut, on recourait à la formation en *cohortes de marche* ou *cohortes de Polybe*.

Alors les trois colonnes de hastaires, de princes et de triaires, au lieu de marcher séparées, se concentraient en une seule colonne dont chaque élément n'était autre chose que la tranche manipulaire. Dans la cohorte de marche, et selon la probabilité de l'attaque, les trois manipules pouvaient s'avancer de deux manières, ou bien concentrés et accolés, ou bien fixés les uns derrière les autres et sous un front plus ou moins développé, suivant la largeur du défilé.

Si l'on se voyait attaqué inopinément en flanc dans la disposition en cohortes de marche, on se plaçait face au danger par une conversion des cohortes ; on reformait de cette façon un ordre de bataille direct ou par inversion.

Ces cohortes de marche avaient une assez grande mobilité, et Scipion s'en servit pour opérer son mouvement oblique à la bataille d'Ilinga.

Nous abordons maintenant les formations cohortales. Là l'unité devient homogène, et les précautions réclamées par la complication de l'ordonnance manipulaire disparaissent.

Une légion, formée sur deux ou trois lignes, se dispose en colonne d'après la méthode grecque, en portant les cohortes de chaque ligne, derrière celle qui forme la base du mouvement ; on obtient ainsi autant de tronçons qu'il y a de lignes, et on les réunit pour composer la colonne légionnaire. C'est à peu près le mouvement que nous avons conservé dans la formation des colonnes serrées, car les Romains ne déboîtaient pas.

On pouvait arriver au même résultat en opérant des conversions successives par cohorte.

Cette manœuvre s'exécutait soit sur la droite, soit sur la gauche. On voit donc qu'une armée légionnaire en bataille pouvait s'avancer parallèlement à son front :

1° Sur une seule colonne de cohortes, les 4 légions marchant les unes derrière les autres ;

2° Sur 4 colonnes, les légions marchant parallèlement et sur le même front ;

3° Sur deux colonnes doubles formées chacune de deux légions accouplées à 40 pieds, la légion de droite rompue sur la cohorte de gauche de chaque ligne, et la légion de gauche sur la cohorte de droite ;

4° Sur une colonne double formée des quatre légions accouplées deux à deux ;

5° Sur trois colonnes, dont deux simples aux extrémités et une double au centre.

Mais il pouvait se faire que, malgré toutes les précautions prises par les consuls, une armée en colonnes par cohortes fût attaquée inopinément en flanc et obligée de faire face immédiatement à l'ennemi.

S'il y avait assez d'espace libre, la manœuvre la plus conforme aux principes des Romains était de changer de direction et de diriger les colonnes perpendiculairement à la nouvelle ligne de bataille; mais si le terrain faisait défaut, on se mettait en bataille sur le flanc par des mouvements successifs de conversions opérées par les cohortes.

Pendant les premiers siècles de l'empire, c'est-à-dire sous la troisième forme cohortale, les modifications apportées aux armées n'ayant pas touché aux formes tactiques, les marches-manœuvres étaient ordonnées comme au temps de Marius.

Des changements à cette ordonnance ont été apportés principalement lors de l'introduction des machines de jet qui devaient nécessairement réduire la mobilité de la troupe. Malheureusement, il ne nous reste aucune donnée qui nous permette d'établir d'une manière certaine ces diverses manœuvres. Végèce, qui vivait à une époque où l'ancienne tactique n'était plus en usage, ne nous a laissé que des renseignements trop vagues pour s'en servir avec fruit. Du reste, son ouvrage est diffus, obscur, pénible à lire, car il confond tous les temps, toutes les époques et toutes les formations.

Les opérations que nous venons de décrire ne s'effectuaient qu'à proximité de l'ennemi; quand il était éloigné, on marchait sur une seule colonne; mais les Romains prenaient toujours les plus grandes précautions pour assurer la sécurité des marches.

Avant d'entrer en campagne les consuls réunissaient tous les renseignements qu'ils pouvaient se procurer sur la topographie

des lieux à parcourir ; ils se servaient d'espèces de plans
figuratifs ou de cartes; ils interrogeaient les principaux habitants du pays; ils choisissaient des guides qu'ils faisaient garder
à vue; ils envoyaient en avant des officiers particuliers et des
exploratores, pris ordinairement parmi les cavaliers les plus
expérimentés.

En marche ils s'empressaient d'occuper les hauteurs, les
passages dangereux et les défilés.

Quand on rencontrait une rivière, on cherchait à la traverser
à gué ; si ce moyen ne réussissait pas, on construisait des ponts
dont on protégeait les débouchés ; parfois on détournait une
partie du cours d'eau pour en diminuer le volume.

Sous les empereurs, les armées étaient accompagnées d'équi-
pages de pont.

Enfin, les Romains ne négligeaient aucune mesure pour
assurer l'ordre, la sécurité et la rapidité des marches.

Des camps (1).

Jusqu'au III* siècle avant notre ère, les Romains attachèrent
fort peu d'importance à l'établissement de leurs camps; mais la
vue d'un campement abandonné par Pyrrhus leur révéla tout le
profit que l'on pouvait tirer de cette partie de l'art de la guerre.

Dès lors la création des postes militaires prit chez eux une
grande extension, et leur emploi judicieux constitua une des
principales branches de leur grande tactique.

Depuis les guerres antiques jusqu'à la renaissance de l'art en
Europe, les camps ont continué à jouer un grand rôle et vers la fin
du XVI⁰ siècle, le Brugeois Simon Stévin, introduisit en partie
le système romain dans l'armée de Maurice de Nassau.

Les Romains suivirent deux méthodes de campement ; la première a donné naissance aux *camps des consuls*, la seconde aux
camps des empereurs. Elles sont indiquées toutes les deux dans

---

(1) *Voir* Bibliographie LXXVIII. LXXIXbis. LXXXI. LXXXII. CIV. CXVI.
CXXV. CXXXIII. CXXXV. CXXXXII. CLXXXV. CCXXXIV.

la planche **IV**, d'après la thèse latine de Lange, imprimée à Göttingen, en 1846.

Lorsque l'on approchait de l'emplacement choisi, un tribun accompagné de centurions et de l'augure, précédait la colonne pour tracer le camp. L'augure, muni du groma, indiquait la direction par deux lignes, l'une appelée *cardinale*, dirigée comme l'axe du monde du nord au sud, l'autre, perpendiculaire ou transversale (*decumanus limes*), conduite de l'occident à l'orient. Ces lignes donnaient les axes du camp, qui regardait vers l'orient, comme le temple de Jupiter au Capitole. Toute la moitié postérieure (*retentura*), c'est-à-dire en arrière de la cardinale, était affectée aux légions ; la partie en avant (*prœtentura*) servait aux vétérans, aux troupes d'avant-garde, au prétoire, aux consuls, aux tribuns. Le grand espace vide restant formait la place de rassemblement.

La partie réservée aux légions était divisée en rues et subdivisée en ruelles, qui partageaient le terrain en rectangles ou *striges* de 60 pieds de large, occupés par la troupe ; on campait dans l'ordre de bataille, et l'on donnait 1 1/5 pied par fantassin et 3 pieds par cavalier dans le sens de la longueur du strige. Quant aux tentes ou baraques, on les disposait par chambrées ou *contubernia* de 10 hommes le long des rues ou ruelles. Derrière les tentes ou baraques, on déposait l'équipement et on plaçait les chevaux au piquet.

Le camp était entouré d'un parapet avec fossé précédé de défenses accessoires. Quatre portes donnaient accès dans la campagne.

On voit par ce dispositif que la plus grande simplicité, et l'ordre le plus parfait régnaient dans les camps consulaires; le drapeau de pourpre du général placé au centre, les drapeaux blancs légionnaires plantés sur l'emplacement des légions, et les fiches qui subdivisaient les grandes rues indiquaient en un instant la place de chaque turme et de chaque manipule ; de sorte que l'armée romaine entrait dans son camp comme si elle l'avait quitté le matin.

Le camp des empereurs était loin d'offrir la même simplicité et la même uniformité ; les grands espaces vides qui facilitent le mouvement des troupes et entretiennent la santé ont disparu ;

la forme carréc fait place à la forme rectangulaire et, dans l'espace intérieur, tout paraît confondu et mêlé.

Sous ce rapport comme sous tant d'autres, la décadence se manifeste.

Les Romains exigeaient la plus grande ponctualité dans le service du camp ; la surveillance intérieure et la surveillance extérieure étaient des plus sévères ; on a déjà vu que des peines d'une gravité exceptionnelle étaient édictées contre ceux que l'on trouvait en faute dans ce genre de service.

Les Romains doivent la constance de leurs succès à la méthode dont ils ne se sont jamais départis de s'établir tous les soirs dans un camp fortifié , de ne jamais donner bataille sans avoir derrière eux un lieu retranché, qui pût leur servir de retraite et qui , pendant le combat, renfermait leurs magasins, leurs bagages, leurs impedimenta , leurs armes de rechange, leurs blessés et leurs malades.

Pourquoi donc, se demande Napoléon Ier, dans son *Précis des guerres de César*, pourquoi une règle si sage, si féconde en grands résultats, a-t-elle été abandonnée par les généraux modernes ?

Il fait d'abord remarquer que les armes offensives ont complétement changé de nature. Les armes de main étaient les armes principales des anciens, tandis que l'arme efficace des modernes est l'arme de jet douée d'une puissance si énergique qu'aucune armure ne peut en parer les effets. Devant le fusil, les cuirasses et les cottes de mailles ont disparu. D'autre part, l'introduction générale de l'arme à feu à longue portée, au commencement du XVIIIe siècle, avait eu pour conséquence de faire abandonner l'ordre profond pour adopter l'ordre mince ; de là dérivait la nécessité de camper sur des surfaces plus étendues puisque, comme le dit l'empereur, l'art de choisir un camp sur une position, n'est autre que l'art de choisir une ligne de bataille sur cette même position. Donc si une armée consulaire de 20,000 hommes pouvait s'établir sur un carré de 600 mètres de côte et couvrir seulement 36 hectares, il faudrait à une armée moderne de composition similaire un emplacement de 5,000 mètres de front sur 1,000 de profondeur, c'est-à-dire une surface presque 10 fois plus considérable.

11

Il ressort de cette observation deux difficultés ; la première, de trouver tous les jours un terrain qui s'adapte à ce dispositif; la seconde, de pouvoir fortifier ce terrain avec les moyens dont les armées disposent; car, d'une part le périmètre à retrancher est de 2,100 mètres, de l'autre il serait de 8,000 mètres , ou près du quadruple. Toute l'armée devrait donc être employée aux travaux, tandis que les Romains n'avaient besoin que du tiers de leurs effectifs ; les deux autres tiers gardaient les approches et s'opposaient aux entreprises de l'ennemi.

Aujourd'hui cette forme allongée du campement est dans tous les cas indispensable, car si une armée moderne employait le système concentré des Romains, elle serait prolongée, enveloppée, enfilée par les projectiles d'un assaillant moins nombreux ; son feu, dirigé du centre à la circonférence, serait de beaucoup moins efficace que le feu enveloppant de l'adversaire; le camp serait bientôt inondé de projectiles, il deviendrait, comme le dit encore l'empereur, l'égout de tous les coups, de toutes les balles, de tous les boulets ; l'incendie, la dévastation, la mort, ouvriraient les portes et feraient tomber les retranchements.

Ces considérations ont décidé les généraux modernes à renoncer au système des camps fortifiés pour y substituer celui des positions naturelles bien choisies.

Un camp romain était placé indépendamment des localités; toutes étaient bonnes pour des armées dont la force consistait dans l'emploi de l'arme blanche; il fallait moins de coup-d'œil et de génie qu'aujourd'hui pour bien asseoir un camp. Les Romains, toujours concentrés, n'avaient rien à craindre pour leurs ailes, et après de longues marches ils se reposaient en sûreté dans leurs retranchements; les modernes, au contraire, doivent placer les différentes armes de manière qu'elles puissent agir sur le champ. Et non-seulement, il faut de nos jours étudier le terrain que l'on occupe, mais encore celui qui se trouve dans le rayon d'action de l'artillerie et de la mousqueterie. Un camp dominé ou prolongé est défectueux, tandis que les anciens n'avaient pas à tenir compte du relief des localités.

Le légionnaire portait avec lui des vivres pour un mois; il les laissait, pendant l'action, dans le camp avec les bagages, les armes de rechange et les provisions transportées par les convois.

Il faut considérer encore que les soldats romains étaient très-sobres et qu'ils trouvaient pour vivre des ressources là où les armées modernes ne rencontreraient que la famine ; de plus les légionnaires, n'ayant pour arme que le pilum et l'épée, n'étaient pas suivis ni embarrassés par un nombre considérable de voitures, conduisant les approvisionnements de poudre, de balles, de boulets, de sorte qu'il leur importait peu d'être coupés momentanément de leur base d'opérations. Actuellement une situation pareille, se prolongeant pendant quelques jours, serait la ruine de l'armée qui aurait eu l'imprudence de s'y exposer.

Nos soldats ont un grand nombre de besoins ; l'occupation des grands centres de population où l'on rencontre les moyens de les vêtir et de les refaire est décisive, tandis que les armées romaines, quand elles quittaient leurs frontières pour entrer en action, n'étaient point pour cela privées de protection. Elles emportaient avec elles leurs places du moment ; les camps étaient de véritables places fortes que les légions traînaient partout derrière elles, et sur lesquelles elles s'appuyaient toujours. En quelque lieu que l'armée s'arrêtât, elle créait sa ville militaire et ne combattait que sous sa protection. Vaincue, elle se réfugiait dans sa citadelle en attendant des secours ou une occasion favorable de tomber sur l'ennemi.

Ainsi donc l'armée romaine, grâce à ses camps, n'était jamais forcée d'en venir aux mains ; elle était, au contraire, libre de choisir l'instant propice ; toujours réunie dans la main des chefs, elle n'était faible nulle part et pouvait être mise en œuvre dans toutes les circonstances.

Ces considérations de Napoléon font bien connaître l'importance des camps dans l'antiquité, et indiquent la valeur que l'on doit attacher à cette partie du système de guerre des Romains.

Du commandement.

DES CHEFS D'ARMÉE. — L'armée romaine fut d'abord commandée par les rois et, après leur expulsion, par les consuls.

On ne pouvait arriver au consulat qu'à 43 ans et après avoir occupé les magistratures inférieures, c'est-à-dire la questure, l'édilité et la préfecture. C'étaient là des garanties dont on voulait s'entourer, mais dont on savait ne pas tenir compte, lorsque le citoyen qui briguait la faveur populaire, était connu par une maturité, une expérience et une capacité hors ligne. Ainsi Valerius Corvus fut consul à 23 ans, Scipion, le premier Africain, à 28, le second Africain, à 38 ans.

Lorsque les deux consuls marchaient avec l'armée, ils se partageaient le commandement.

Nous verrons, à propos de la bataille de Cannes, le danger de ce système.

Jusqu'aux guerres civiles, la nomination des consuls fut une des attributions du sénat ; Marius le premier l'obtint du peuple. Le pouvoir des consuls à l'armée était absolu.

Quand la situation de la république devenait critique, on nommait un *dictateur*. Cette magistrature extraordinaire, qui ne pouvait se prolonger que pendant six mois, donnait un pouvoir illimité à celui qui en était revêtu. Le dictateur se choisissait pour lieutenant, parmi les consuls ou les anciens préteurs, un homme qui prenait le titre de *maître de la cavalerie* (magister equitum).

Lorsque plus tard on décerna à Auguste le pouvoir de lever les troupes, d'entreprendre les guerres, de commander les forces de l'État, c'est-à-dire lorsqu'on remit entre ses mains une véritable dictature permanente, il se garda bien de se revêtir de ce titre ; Octave était trop habile pour conserver une ancienne appellation qui faisait trop pressentir le joug et il prit simplement celle d'*Imperator* qui, à cette époque, avait la signification de général victorieux. L'empereur fut alors le seul chef de l'armée ; cependant il ne la commandait pas toujours, et dans ce cas, il remettait ses pouvoirs à celui qui possédait sa confiance. Néanmoins, en cas de victoire, le triomphe était décerné à l'empereur lui-même.

DES OFFICIERS SUPÉRIEURS. — Les légions étaient dirigées par les tribuns ; leur nombre a varié, mais sous Romulus ils étaient trois, comme l'indique leur nom, commandant chacun une des fractions de l'armée.

Sous l'ancienne république les tribuns étaient élus par les chefs; plus tard, au IVe siècle avant notre ère, le peuple en nommait la moitié ou le tiers, et à partir de Tibère ils furent promus par les empereurs eux-mêmes ; mais dès ce moment leurs fonctions dégénérèrent rapidement et ils descendirent bientôt au rang de chefs de cohorte.

Dans cette période de décadence, le commandant de légion prit le nom de *préfet de légion*.

DES OFFICIERS SUBALTERNES. — Les chefs de manipule ou de cohorte, avant la dégénérescence du tribunat, s'appelaient *centurions*. Comme il y avait 60 centuries dans la légion, on y comptait 60 centurions, mais tous n'étaient pas de la même classe. Dans la légion manipulaire, les centurions des triaires étaient supérieurs à ceux des princes et ceux-ci à ceux des hastaires.

L'avancement se faisait avec une très-grande régularité; il s'opérait par tranches manipulaires successives, à partir de la 10° vers la 1re, d'abord dans les deuxièmes centuries, puis dans les premières, et cela depuis le grade de chef de la 2e centurie du 10° manipule de hastaires, jusqu'à celui de chef de la 1re centurie du 1er manipule de triaires ; ce dernier officier était le premier centurion de la légion et prenait le nom de *primipilus*.

Pour fixer les idées, nous dirons que le centurion ou chef de la 2e centurie du 10e manipule de hastaires, passait successivement à la deuxième centurie du 10e manipule de princes, du 10e manipule de triaires, du 9e manipule de hastaires, du 9e manipule de princes, du 9e manipule de triaires, du 8e manipule de hastaires. . . ., et ainsi de suite, pour arriver au grade de centurion de la 2e centurie du 1er manipule de triaires ; de là, par une nouvelle promotion, il devenait centurion de la 1re centurie du 10e manipule de hastaires et recommençait la même filière dans les premières centuries.

Après Marius, la division par manipule disparaissant, il y eut d'autres degrés hiérarchiques parmi les centurions. On les distingua par le rang de la cohorte à laquelle ils appartenaient. Il y avait 6 centurions par cohorte, et l'on devenait successivement centurion à la 6e centurie de la 10e cohorte, à la 6e de la 9e . . . . à la 6e de la 2e, puis alors à la 5e centurie de la 10e cohorte, à la 5e de la 9e . . . ., à la 5e de la 2e; de là on revenait à la 4ᵉ centurie de la 10ᵉ cohorte et ainsi de suite jusqu'à la 1ʳᵉ centurie de la 2ᵉ cohorte.

Le chef de la deuxième cohorte complétait son avancement en passant par les six centuries de la 1ʳᵉ cohorte, pour atteindre ce grade de primipile ou chef de la première centurie de la 1ʳᵉ cohorte, analogue à celui de chef de la première centurie du premier manipule des triaires.

Ces règles dont on ne s'écartait qu'exceptionnellement et pour des actions d'éclat, tombèrent en désuétude sous les empereurs. La faveur, le privilége, la richesse décidèrent de la nomination des centurions; les positions militaires furent vénales, et les officiers pour se dédommager du prix qu'ils en donnaient, exerçaient toutes sortes d'exactions sur les soldats qui, de leur côté, s'en consolaient et s'en vengeaient sur le peuple.

Tacite prétend que le mal était arrivé à ce point, que les soldats eux-mêmes réclamèrent contre l'inconduite des chefs, et que les empereurs n'osant punir les puissants, essayèrent de calmer l'effervescence générale par des libéralités faites aux légionnaires. Végèce dit aussi, que depuis plusieurs siècles on n'arrivait au grade de centurion que par l'intrigue et la corruption.

Ainsi donc, les cadres, qui doivent former la véritable force des armées, étaient tombés dans un état de décadence complet, et cette chute paraît avoir précipité celle de la légion elle-même.

Les officiers commandant les centuries avaient sous eux un égal nombre d'officiers en second. Il y avait donc dans la légion :

1 *centurion primipile* commandant la 1ʳᵉ centurie et la 1ʳᵉ cohorte.

5 *centurions supérieurs* commandants les 5 autres centuries de la 1ʳᵉ cohorte.

9 *centurions commandants*, chefs à la fois des 9 autres cohortes et de la 1ʳᵉ centurie de ces cohortes.

45 *centurions*, commandant les 5 dernières centuries de ces 9 cohortes.

60 *centurions en second*, lieutenants des premiers.

En tout 120 officiers d'infanterie.

Les chefs de la cavalerie sont connus; ils étaient au nombre de 60 par légion.

Les bas officiers étaient appelés *decani* (dizainiers), et surveillaient des fractions de 10 hommes.

On avait donc pour la légion entière :

3, 4 ou 6 tribuns ou préfets.

120 officiers d'infanterie.

60 officiers de cavalerie.

CHAPITRE III.

—

Des guerres entreprises ou soutenues par les Romains.

Nous avons étudié l'organisation de l'armée romaine, ses méthodes de combat, le mécanisme de ses légions; il est temps de faire connaître les principales guerres entreprises ou soutenues par les Romains, en nous arrêtant à celles qui offrent un intérêt capital au point de vue de l'étude de l'histoire militaire.

Rome fut fondée 753 ans avant le Christ. Ce ne fut d'abord qu'un gros bourg peuplé par des hommes de toutes conditions. Sept rois s'y succédèrent en 244 ans, et dès le troisième règne, celui de Tullus Hostilius, la ville, par une succession de petites guerres heureuses, commença à prendre un assez grand développement; elle s'était assujetti la moitié du Latium et une partie du territoire des Sabins.

La tyrannie de Tarquin, le sucesseur de Servius Tullius, amena l'expulsion des rois et l'érection de la république (509). Des révolutions intérieures arrêtèrent dès l'abord les progrès de celle-ci. Les querelles perpétuelles des deux ordres, des patriciens et des plébéiens, prolongèrent au moins d'un siècle cet état do faibloooe, pendant lequel on vit les Éques et les Volsques soutenir une lutte à mort contre Rome et souvent la mettre en péril imminent.

L'établissement du tribunat (493) et ses empiétements successifs, le décemvirat (451-449), le tribunat militaire, pris et abandonné à diverses reprises (444-366), furent les principaux événements intérieurs de Rome jusqu'à l'époque de la guerre contre

Veies (405-395) et de l'invasion des Gaulois (390). Ces derniers prirent Rome et faillirent la ruiner à jamais. Sauvée par Manlius et relevée par Camille, elle résista à de nouvelles invasions, repoussa les bandes gauloises qui vinrent encore la menacer et comprima les séditions des populations déjà conquises.

La guerre samnite, qui s'engage ensuite se divise en quatre périodes : 1° de 343 à 341 ; 2° de 326 à 319 ; 3° de 311 à 305 ; 4° de 300 à 290. De plus en plus terrible, cette guerre embrasse toute l'Italie, depuis la Macra jusqu'à la pointe de Rhegium. Malgré les lignes du Samnium, de l'Étrurie et de l'Ombrie, malgré la résistance de Tarente et les armes de Pyrrhus, Rome sortit victorieuse de la lutte et devint la première puissance de l'Italie.

C'est à partir de ce moment que la république commence ses grandes guerres et porte ses armes en dehors de la Péninsule.

Elle entreprend successivement :

1° *La première guerre punique* (264-241). Cette guerre peut se diviser en cinq parties. La première dure jusqu'en 261 ; pendant ce temps les Carthaginois restent maîtres de la mer ; — la seconde s'étend de 260 à 258 ; les Romains construisent leur flotte et battent leurs adversaires ; — la troisième se termine en 256 ; la guerre est transportée en Afrique par Régulus, on livre les batailles d'Adis et de Tunis ; — la quatrième partie commence à la défaite de Régulus par Xanthippe en 256 et se termine par la victoire de Metellus à Panorma (Palerme) en 249. — Enfin la cinquième partie comprend les deux derniers combats livrés en Sicile, à Lilybée et à Drépane, et finit par la victoire décisive des îles Egates (242). La première guerre punique dure 23 ans ; elle donne la Sicile à Rome ;

2° *La conquête de la Gaule Cisalpine* (238-222). Elle est signalée par la bataille de Clastidium (Chiasteggio), le siége d'Acerra (Gerrha) et la bataille de Mediolanum (Milan) ;

3° *La deuxième guerre punique* (219-201). Elle naît de la rivalité de Rome et de Carthage. Elle commence en 219, par le siége et la prise de Sagonte attaquée au milieu de la paix par Annibal ; la ville se défend héroïquement et les habitants se jettent dans les flammes plutôt que de se rendre. Après la prise de Sagonte, Annibal traverse la Gaule, passe les Alpes et gagne successivement les batailles du Tessin, sur P. Scipion (218), de la Trebbia

(218) sur Sempronius, du Trasimène sur Flaminius (217), de Cannes sur Varron et Paul Émile (216). Il assiége Nole, mais il est battu deux fois devant ses murs par Marcellus qui la défend vaillamment (216-215). Les expéditions des deux Scipion en Espagne, leur lutte contre Asdrubal, frère d'Annibal, se rattachent également à cette guerre. Enfin, le passage du grand Scipion en Afrique et la victoire de Zama (202) terminent les hostilités. La deuxième guerre punique, après avoir mis Rome à deux doigts de sa perte, la rend maîtresse des mers et d'une partie de l'Espagne ; elle lui donne la suprématie absolue sur les côtes septentrionales de l'Afrique. Carthage est réduite au rôle de ville commerçante ;

4° *Les deux premières guerres de Macédoine* de 216 à 206, pour la première et 200 à 197, pour la seconde. Cette dernière est remarquable par la bataille des Cynocéphales où Flaminius défait Philippe V (197) ;

5° *La guerre de Syrie* (192-190) connue par la bataille de Magnésia (au pied du mont Sipylos en Lydie) dans laquelle Scipion l'Asiatique bat avec 30,000 hommes les 100,000 d'Antiochus le Grand (190) ;

6° *La troisième guerre de Macédoine* (172-168). Persée, fils de Philippe V est vaincu par Paul Émile à Pydna (168, première bataille de ce nom). Par cette victoire toute la Macédoine et l'Épire dépendent de Rome ;

7° *La quatrième guerre de Macédoine.* En 148, l'aventurier Andriscus soulève la Macédoine ; Métellus gagne la deuxième bataille de Pydna et transforme l'ancien royaume d'Alexandre en province romaine ;

8° *La troisième guerre punique* (149-146). Elle est soulevée par les difficultés survenues entre Massinissa, roi de Massylie en Numidie, et Carthage. Elle contient, comme seul fait de guerre, le siége de Carthage qui, après trois années de défense, est prise, incendiée et son territoire converti en province romaine par Scipion Émilien, le second Africain.

La troisième guerre punique est glorieuse pour Carthage. Ses fils, cette fois, combattent en héros contre leurs injustes agresseurs, ils montrent un ardent patriotisme, digne d'un plus heureux sort ;

9° *La guerre de la ligue achéenne* (147), entre Métellus et Kritclaos qui est battu à Scarphée. Cette guerre se termine par la destruction de Corinthe, de Thèbes et de Chalcis qui ont fait cause commune avec les Achéens. Le résultat est de convertir la Grèce en province romaine ;

10° *Les guerres d'Espagne* (149-133). Elles comprennent : *a*) la *guerre lusitanienne* (149-141), dans laquelle le partisan lusitanien Viriathus tient les Romains en échec pendant 8 ans ; *b*) la *guerre numantine*, qui a pour objet la conquête de Numance sur le Douro, prise par Scipion Émilien (133). Numance est rasée ; ses défenseurs, comme ceux de Sagonte, s'entretuent après avoir brûlé leurs richesses ;

11° *La guerre contre Jugurtha* (111-106), roi de Numidie qui s'était emparé du pouvoir à la mort de son oncle au détriment des droits de ses deux cousins, fils du roi défunt. Les Romains prennent parti pour ceux-ci, envoyent contre Jugurtha plusieurs généraux qui se laissent corrompre par son or. Enfin il est battu par Métellus d'abord (109), puis par Marius et Sylla, à la bataille livrée sur la rivière du Muthul (Numidie) et au siége de Kapsa ;

12° *La guerre cimbrique* (133-101). Les Cimbres et les Teutons se portent d'abord en Espagne, après avoir traversé l'Helvétie et la Gaule ; dans cette marche ils infligent plusieurs défaites aux Romains (112-106).

En 102, ils quittent l'Espagne pour attaquer l'Italie. Mais les Cimbres se séparent des Teutons et des Ambrons ; les premiers se proposent d'attaquer la Péninsule par le nord, tandis que les derniers passent le Rhône pour l'envahir par l'ouest. Les Teutons sont défaits par Marius à Aquæ Sextiæ (Aix, en Provence, 102). Les Cimbres, ayant pénétré en Lombardie, sont à leur tour écrasés par Marius et Catulus, à Vercellæ (Verceil, 101);

13° *La guerre des confédérés, guerre marsique* ou *guerre sociale* (90-88).

Elle éclata entre la République et les nations alliées d'Italie, ce qui la fit appeler *sociale* ou *confédérée ;* son nom de *marsique* vient de ce que les Marses y jouèrent le principal rôle.

Les peuples d'Italie, profitant des dissensions intérieures de Rome et se fondant sur les promesses des Gracques, croient pouvoir exiger du sénat qu'on leur concède le droit de bourgeoisie et les priviléges accordés au titre de citoyen romain.

Cette demande est rejetée avec mépris, et le tribun L. Drusus, qui avait soutenu leurs prétentions, est assassiné dans le forum par les patriciens.

Les Marses et leurs alliés, les Samnites et les Péligniens forment aussitôt une confédération. Conduits par Pompedius, Silo et Pontius Telasinus, ils sont d'abord vainqueurs, mais ils doivent bientôt reculer devant Marius, Sertorius, Sylla et Murena. La destruction d'Asculum (dans le Picenum) met fin à la guerre. Les principales villes se rendent et obtiennent le droit de cité qu'elles demandaient ;

14° *Les guerres contre Mithridate* (88-65). La première est engendrée par la haine que Mithridate, roi du Pont, porte aux Romains, qui se sont unis, contre lui, aux Cappadociens dont il méditait la conquête. Il détache plusieurs peuples de leur alliance, rassemble en silence une armée nombreuse, s'unit contre eux à Tigrane, roi d'Arménie, fond à l'improviste sur la Cappadoce et presque toute l'Asie Mineure, et pour déclaration de guerre fait égorger, à la fois dans toutes les villes d'Asie, les Romains qui y résident. Il en périt, dit-on, cent mille. Ce fut le prélude de la première guerre (88-84).

Il fait ensuite passer en Grèce son lieutenant Archelaüs, qui est accueilli comme un libérateur. Celui-ci avait déjà battu plusieurs généraux romains, lorsque Sylla envoyé contre lui, après avoir repris Athènes (87), le bat à Chéronée (Béotie, deuxième bataille de ce nom), défait Dorylaos à Orchomène (87), reconquiert l'Asie Mineure, et tue à Mithidrate, en divers combats, plus de 200,000 hommes. Mithridate, ayant perdu sa flotte par une défaite et dans une tempête, inquiet sur la fidélité de ses sujets, demande la paix (85); il ne l'obtient qu'à des conditions très-onéreuses ; il livre le reste de ses vaisseaux et restitue toutes ses conquêtes.

La deuxième guerre est provoquée par les Romains à cause de la lenteur qu'apporte Mithridate à l'évacuation de la Cappadoce ; elle dure deux ans de 83 à 81, entre Murena, lieutenant de Sylla et Mithridate, qui remporte quelques avantages de peu d'importance.

La troisième guerre éclate sept ans après (75-65). Le royaume de Bithynie ayant été réduit en province romaine, Mithridate qui prétend avoir des droits sur cette contrée, reprend l'offensive, en fait de nouveau la conquête, taille en pièces à Chalcédoine l'armée de Cotta, et met le siége devant Cyzique. Mais Lucullus, l'assiége lui-même dans son camp et le force à la retraite. Une de ses flottes est détruite dans deux combats près de Ténédos et de Lemnos. Il se retire alors dans ses états héréditaires ; Lucullus le suit et, après quelques échecs, le bat complétement (69). Mithridate s'enfuit en Arménie auprès de Tigrane, et revient bientôt à la tête d'une armée considérable.

Vaincu deux fois, il reste sans ressource quand Lucullus est rappelé par les Romains. Alors Mithridate reconquiert tout son royaume (67); mais deux ans après, Pompée lui fait subir un échec prés de l'Euphrate, dans un combat de nuit. Mithridate s'enfuit dans le royaume du Bosphore où règne Macharès, un de ses fils ; il veut engager ses soldats à porter la guerre au sein même de l'Italie ; ses troupes effrayées d'une telle entreprise, se révoltent et proclament roi, Pharnace, son autre fils. Mithridate, ayant vainement tenté de s'empoisonner, se fait tuer par un soldat gaulois (65).— Le royaume du Pont est déclaré province romaine;

15º La *guerre des gladiateurs* (73-71). Elle forme la troisième série de la *guerre des esclaves* ou *guerre servile.* Dans la première qui éclate en Sicile et qui dure de 139 à 132, les esclaves se soulèvent sous la conduite d'Eunus et de Cléon, défont quatre préteurs et prennent Tauromenium et Enna (Sicile). Il fallut les efforts de trois consuls pour les réduire ; Pison les soumit en 133.

La deuxième guerre s'étend de 105 à 101. Les esclaves se soulèvent de nouveau en Sicile, ils sont vaincus par Licinius Lucullus et Manius Aquilius.

Enfin la troisième guerre servile éclate en 73. Le gladiateur Spartacus se met à la tête des esclaves à Capoue, ravage la Campanie, défait le consul Lentulus, plusieurs préteurs, le proconsul Cn. Cassius et menace Rome elle-même.

Crassus, plus heureux, repousse Spartacus jusque dans la Lucanie, bat ses lieutenants, le défait et tue plus de 40,000 esclaves. Spartacus périt dans la mélée à la bataille du Silare (71) : le reste fut exterminé par Pompée à son retour d'Espagne ;

16º Les *guerres civiles* (88-31).

La première eut lieu entre Marius et Sylla (88 à 86). La cause véritable fut l'éternelle lutte entre les patriciens et les plébéiens ; le prétexte fut le commandement de l'armée destinée à combattre Mithridate; les deux généraux l'ambitionnaient. Le peuple l'ayant donné à Marius (88) tandis que le sénat le conférait à Sylla, celui-ci marche sur Rome et en chasse son compétiteur. Poursuivi par les soldats, ce dernier se cache dans les marais de Minturnes. Arrêté, puis rendu à la liberté par la désertion de l'esclave qui devait le tuer, Marius s'enfuit en Afrique et erre quelque temps sur les ruines de Carthage. Là, ayant appris que Cinna tentait à Rome une révolution en sa faveur, il revient en Italie avec 1000 hommes seulement (87). Il voit bientôt grossir sa troupe, entre dans Rome et, se faisant nommer consul pour la septième fois, il assouvit sa vengeance par les plus cruelles proscriptions (86). Il meurt 15 jours après son retour. Son fils renouvelle la guerre contre Sylla, mais battu à Sacriportum, il se fait tuer par un de ses officiers.

La deuxième guerre civile (49-46) naît de l'antagonisme de César et de Pompée; elle éclate à la fois en Espagne, en Italie, en Grèce et dans les îles. Pompée obtient contre César un *sénatus-consulte* par lequel on somme celui-ci d'abandonner ses légions, tandis que lui-même garderait son commandement et ses provinces. Ce fut le signal de la guerre. César passe le Rubicon (49) et Pompée qui s'est laissé surprendre sans forces en Italie, s'enfuit en Grèce avec le sénat et les nobles. Là il quitte son camp de Dyrrachium où César n'a pu le forcer, suit son rival en Thessalie, lui livre bataille à Pharsale (48) où il est vaincu, fuit jusqu'en Egypte et y meurt assassiné. César détruit, en 46, l'armée républicaine de Metellus Scipion et de Caton en Afrique, et anéantit les derniers débris du parti de son rival à Munda en Espagne, où le jeune Pompée est battu (46).

Après cette victoire il reçoit la dictature suprême, mais il est assassiné au moment où il conçoit les plus vastes projets (44).

La troisième guerre civile (44-41) est provoquée par le meurtre de César. Après la mort du dictateur, Marc-Antoine ameute le peuple contre ses assassins, Brutus et Cassius. Il les poursuit vigoureusement et vient assiéger Brutus dans Mutina (Modène)(43). Mais le sénat l'ayant déclaré ennemi de l'État, les consuls Hirtius et Pansa marchent contre lui et le vainquent près de Modène.

Trop faible pour résister seul, Antoine s'unit avec Lépide et le jeune Octave, et, pour cimenter cette union, il épouse Octavie, sœur d'Octave.

Cette association, nommée le deuxième triumvirat, débuta par d'horribles proscriptions et remplit l'Italie d'exécutions sanglantes. L'année suivante (42), Antoine, suivi d'Octave, défait Brutus et Cassius dans les plaines de Philippes en Macédoine, et détruit ainsi le parti républicain.

Les triumvirs se partagent le monde romain ; Antoine eut la Grèce et l'Asie.

La quatrième guerre civile (31-28) a lieu entre Octave et Antoine. Voulant régner seul, Octave saisit le prétexte de la répudiation d'Octavie par Antoine, pour lui déclarer la guerre ; il marche contre lui et le défait à Actium (Acarnanie) (31). Il fait ensuite voile vers l'Egypte où Antoine s'est refugié près de Cléopatre, prend Alexandrie, force son rival à se donner la mort, et réduit le pays en province romaine. De retour à Rome (28), il se fait décerner le titre d'empereur et met fin à la république ;

17° *La guerre des Gaules* (58-51). Entreprise dans l'intervalle des guerres civiles, par Jules César, elle compte 8 campagnes.

La première campagne (58) est dirigée contre les Helvètes qui ont envahi les Gaules, et les Suèves d'Arioviste venus au secours des Séquanais et des Arvernes contre les Éduens. César bat les Helvètes à Bibracte et Augustodunum (Autun) et défait les Suèves entre Vesontio (Besançon) et le Rhin.

La deuxième campagne (57) a lieu contre les Belges dont la soumission doit faciliter la conquête de la Gaule. César passe l'Aisne à Pont-à-Vaire, trace son camp sur la rive droite, défait les Belges, se détourne par Compiégne et Amiens contre les Nerviens qu'il culbute dans la Sambre, vers Hautmont.

La troisième campagne (56) est dirigée principalement contre les habitants de l'Armorique (actuellement la Bretagne et la Normandie) et surtout contre les Vénètes qui se sont révoltés contre la domination romaine.

Dans la quatrième campagne (55) César combat les Germains qui, expulsés par les Suèves, ont traversé le Rhin et la Meuse et fait invasion en Belgique. Il les surprend, puis il entreprend sa première expédition de Bretagne.

La cinquième campagne (54) est marquée par un soulèvement des Trévires et des Éburons bientôt réprimé, et par la deuxième expédition de Bretagne.

Dans la sixième campagne (53), César se dirige vers le Rhin afin de châtier les peuplades qui ont donné leur aide aux Trévires; il jette un pont sur le fleuve et revient dans les Gaules en passant par les Ardennes.

César et son lieutenant Labiénus ravagent le pays des Éburons et des Trévires.

La septième campagne (52) est conduite contre Vercingétorix qui s'est mis à la tête des tribus gauloises de l'ouest et du sud soulevées contre les Romains. Vercingétorix, battu en rase campagne, se réfugie dans Alésia, où César le bloque et repousse l'armée de secours.

Cette campagne est une des plus intéressantes de la guerre des Gaules.

Enfin, *la huitième campagne* (51) achève la conquête du pays et termine la guerre entre César et les Gaulois.

Après Jules César et à partir du règne d'Octave commencent les guerres de l'Empire, qui n'offrent plus pour le progrès de l'art de la guerre qu'un intérêt secondaire.

Elles ont lieu principalement contre les Barbares, soit pour les soumettre à la domination de Rome, soit pour repousser leurs incursions. Ce sont :

1° *Les guerres de Germanie* de Drusus et de Tibère, sous le gouvernement d'Auguste. Elles s'étendent de 12 à 9 ; de 8 à 7 avant le Christ et de 3 à 5 de notre ère ;

2° *Les guerres de Germanicus* sous le gouvernement de Tibère, également en Germanie, contre Arminius, chef des Germains, 14-17 après le Christ ;

3° *La guerre batave*, 69-70, contre Civilis ; sous le gouvernement de Vitellius ;

4° *La guerre de Judée*, 67-70, sous le même empereur ; commencée par Vespasien, elle est terminée, après son avènement au trône, par son fils Titus, qui prend Jérusalem après un siége de cinq mois ;

5° *La guerre des Bretons*, 78-84, ouverte par Agricola sous le règne de Vespasien ; elle finit sous Domitien ;

6° *La guerre des Daces*, 100-105, sous Trajan, contre Décébale ;

7° *Les guerres des Marcomans*, 166-180, sous l'empereur Marc-Aurèle ;

8° *La guerre des Parthes*, 197-199, sous Septime Sévère ;

9° *La guerre contre le royaume néo-Perse*, 229-234, sous Alexandre Sévère ;

10° *La guerre contre les Goths*, 249-270, principalement sous l'empereur Décius, 249-252, et sous l'empereur Claude le Gothique ;

11° *La guerre des Alemans*, 270-272, sous Aurélien ;

12° *Les guerres de Germanie*, 276-278, dans le pays du Neckar, sous Probus ;

13° *Les guerres du Rhin*, 356-361, par Julien, avant son élévation à l'empire ;

14° *La 1re guerre contre les Visigoths*, 378, sous Valens ;

15° *La 2e guerre contre les Visigoths*, 379, sous Théodose le Grand ;

16° *La 3e guerre contre les Visigoths* commandés par Alaric, sous Arcadius, 401-404 ;

17° *Les guerres des Huns* commandés par Attila, 437-453, sous Valentinien ; Aétius dirige l'armée romaine ;

18° *La guerre des Vandales*, 454-455, menée par Genseric, sous Valentinien et Pétrone-Maxime. Genseric s'empare de Rome et la livre au pillage pendant quatorze jours ;

19° *La guerre des Hérules et des Rugiens*, sous Romulus Augustule. Conduits par Odoacre, ils envahissent l'Italie, prennent Rome et anéantissent l'empire romain d'Occident. Ils se maintiennent en Italie jusqu'en 495, époque à laquelle ils sont complétement défaits par les Ostrogoths qui les chassent de la Péninsule.

Il est impossible de donner le détail de ces expéditions ; un grand nombre d'entre elles, comme nous l'avons dit, n'offrent qu'un médiocre intérêt au point de vue de l'étude des progrès de l'art de la guerre.

Il suffira, pour se faire une idée exacte du génie militaire des Romains et pour bien préciser leur système d'opérations, de décrire aussi brièvement que possible les faits qui se rattachent :

1° A la deuxième guerre punique ;

2° Aux guerres de Macédoine ;

3° A la guerre des Gaules.

L'exposé de ces faits fera l'objet des trois derniers chapitres.

CHAPITRE IV.

—

De la deuxième guerre punique.

—

RÉSUMÉ.

Considérations générales. Causes de la guerre entre Carthage et Rome ; — la lutte entre la race indo-germanique et la race sémitique ; — études des institutions militaires de Carthage ; — influence exercée par l'esprit mercantile des Phéniciens sur l'organisation de l'armée ; — comparaison entre la valeur de la force armée à Rome et à Carthage ; — moyens employés par les Carthaginois pour pallier les vices de leur armée de mercenaires.

Première campagne, 218. — But des opérations des Carthaginois en Espagne ; — Amilcar Barca ; — Asdrubal ; — possessions des deux républiques au début de la deuxième guerre punique ; — discussion du plan de campagne adopté par Annibal ; — départ de Carthagène ; — marche à travers la Gaule ; — passage du Rhône ; — traversée des Alpes ; — mesures insuffisantes prises par les Romains ; — Annibal se répand dans la plaine du Pô ; — les légions sont rappelées dans la Gaule cisalpine ; — défaite de Scipion au Tessin ; — défaite de Sempronius à la Trebbia ; — stratagème et ruse d'Annibal ; — soin constant qu'il apporte à bien connaître le caractère du chef ennemi ; — fautes commises par Sempronius ; — danger des commandements temporaires.

Deuxième campagne, 217. — Conséquences de la bataille de la Trebbia ; — nouvelles dispositions des Romains ; — ligne de conduite suivie par Annibal ; son but est de dissoudre la confédération italique et d'isoler Rome ; — passage de l'Apennin et des marais de l'Arno ; — marche sur Rome ; — Flaminius, trompé par la feinte d'Annibal, le suit sans précaution et sans attendre son collègue Servilius ; — il est battu sur les bords du lac de Thrasymène ; — discussion ; — Annibal repasse l'Apennin et se dirige vers Hadria ; pourquoi ; — Rome nomme un dictateur ; — conduite de Fabius Maximus ; — résultats ; — opposition soulevée contre la dictature ; le parti démagogique l'emporte, on revient au système consulaire ; — Rome arme huit nouvelles légions.

Troisième campagne, 216. — Influence des places fortes dans la deuxième guerre punique ; — Annibal enlève Canosa ; — le sénat ordonne de livrer bataille ; — funestes effets du double commandement consulaire ; —bataille de Cannes ; — dispositif pris par Varron ; — ordre de bataille d'Annibal, il met à profit l'expérience de la bataille de la Trebbia pour attirer les Romains dans un piége et les entourer ; — discussion ; — fautes commises par Varron ; — pourquoi Annibal n'a pas marché sur Rome après la victoire éclatante de Cannes ; — conduite analogue de Gustave-Adolphe pendant la guerre de 30 ans.

Dernières campagnes en Italie, en Espagne et en Afrique ; — bataille de Zama, 215-202 ; — résumé de ces expéditions ; — passage de Scipion en Afrique ; — défaite de Carthage ; — traité de 201 ; — conséquences de la deuxième guerre punique ; — pertes subies par les deux partis ; — influence de ces pertes sur la constitution de l'armée romaine ; — résumé de la bataille de Zama.

Les guerres puniques (1) forment un incident de cette lutte gigantesque qui, pendant un grand nombre de siècles, a mis aux prises la race indo-germanique à laquelle appartiennent les Grecs, les Romains et les Germains, et la race sémitique d'où sont sortis les Juifs, les Arabes, les Phéniciens. Dans l'antiquité, la première personnifie principalement l'esprit guerrier des temps héroïques, tandis que la seconde semblait ne trouver de vigueur que pour l'industrie, la navigation et le commerce.

Les descendants de ces races fameuses se sont toujours combattus ; les guerres de Rome contre Carthage caractérisent l'antagonisme qui les animait, et elles devaient nécessairement éclater le jour où les deux peuples se trouveraient en contact et aspireraient tous deux à la conquête du monde connu.

Mais avant d'étudier les luttes où devaient s'illustrer Annibal, Scipion, Fabius, Asdrubal, Métellus, etc., il est nécessaire de jeter un coup d'œil sur l'organisation militaire de Carthage, afin de bien apprécier la valeur des forces en présence.

Carthage, ville maritime et commerçante, vouée tout entière au négoce, formait une république dirigée par deux *suffètes*, nommés annuellement par le peuple. Cette institution démocratique

---

(1) *Voir* Bibliographie XIX, LXXIV, LXXVIII, LXXIXbis, LXXXX, CXXV, CXXIX, CXXXXIX, CL, CLI, CLII, CLIII, CLIV, CLV. CLVI, CXVIII, CLXXIV, CLXXV, CLXXXVI, CLXXXVII, CLXXXVIII, CLXXXIX, CLXXXX, CCVI, CCVII, CCXXXVIII, CCXXXXII, CCXXXXIV, CCLIV, CCLV, CCLVI, CCLXII, CCLXV.

Pour le développement des trois premières campagnes, le lecteur peut recourir à l'ouvrage du général de Vaudoncourt.

n'avait cependant aucune influence sur la direction du gouvernement ; le véritable pouvoir politique et judiciaire résidait dans le sénat et ses comités. Là, les charges étaient ou gratuites ou vénales et par conséquent appartenaient toutes à une aristocratie d'argent qui, par son influence, annulait les décisions des suffètes contraires à ses intérêts.

Le commerce était la principale ressource de Carthage; tout était organisé pour en assurer la prospérité. Les marchands trouvaient sur la côte d'Afrique des colonies où ils pouvaient trafiquer; car, même par politique, le gouvernement peuplait de colons les terres des pays soumis par ses armes, afin de se concilier les prolétaires en leur donnant les moyens de s'enrichir. Arriver à l'opulence le plus rapidement possible, tel était le but du Carthaginois, but auquel il n'atteignait qu'en pressurant les contrées tombées sous sa domination. La richesse de Carthage provenant surtout des dépouilles des nations asservies, celles-ci devaient naturellement s'insurger contre leurs avides oppresseurs chaque fois que l'occasion s'en présentait. Afin de rendre ces révoltes inoffensives, le vainqueur avait démantelé les villes conquises, sans songer que, par cette conduite imprudente, il se découvrait devant les invasions du dehors. Aussi, quand un ennemi attaquait cette république de marchands, les nations africaines se déclaraient immédiatement contre elle; dans la guerre dirigée par Régulus, 200 villes s'étaient livrées aux Romains.

Jetons maintenant un coup d'œil sur l'organisation militaire des deux nations que nous allons voir aux prises.

Un peuple, dont le but et les moyens d'existence résident dans le négoce, constitue rarement un peuple militaire. Les opérations commerciales l'absorbent tout entier, et il est porté à remettre à des mains étrangères le soin de la défense nationale.

C'est ce qui eut lieu à Carthage. L'armée carthaginoise était une armée de mercenaires, et, bien qu'elle fût largement payée, elle mit parfois l'État dans un grave péril.

Comme les généraux pouvaient abuser de cette force dangereuse, ils étaient l'objet d'une surveillance sévère ; vaincus, le crucifiement les attendait au retour; vainqueurs, ils n'étaient souvent récompensés que par l'exil. Le lacédémonien Xanthippe qui avait sauvé Carthage vivement pressée par Régulus, fut noyé, au dire d'Appien, ou tout au moins, suivant la version de Polybe, il s'exila volontairement.

Rome et Carthage étaient toutes les deux agricoles et commerçantes ; mais à Rome l'agriculture seule était en honneur. Le contraire se présentait à Carthage. Ici, les terres appartenaient à de grands propriétaires qui les faisaient valoir par des esclaves ; là, les citoyens cultivaient eux-mêmes leur héritage, et la fortune territoriale y était très-divisée. La population romaine était conservatrice par essence, parce que le plus grand nombre des citoyens étaient propriétaires, tandis qu'à Carthage, à côté de fortunes fabuleuses, ce plus grand nombre était dénué de ressources fixes, et par là cédait facilement à l'influence des démocrates et plus facilement encore à l'argent des riches. Il fallut le désastre de Zama pour lui rendre un peu de dignité et de vigueur. Il en résulte encore qu'à Rome l'influence du peuple contrebalança bientôt celle du sénat, tandis qu'à Carthage son crédit était de nulle valeur.

Au point de vue financier, les ressources de Carthage étaient bien supérieures à celles de Rome ; néanmoins pour la guerre elles s'équilibraient. C'est que les richesses d'une ville commerçante se tarissent en cas de danger. D'autre part, l'état d'hostilité permanent existant entre Carthage et ses dépendances, arrêtait dès le début les tributs et les redevances. Enfin, le système de mobilisation d'une armée de mercenaires est beaucoup plus coûteux que celui d'une armée nationale.

Dans les temps ordinaires, les Carthaginois ne figuraient qu'en petit nombre dans les phalanges. Le noyau des troupes était composé de Lybiens dont l'infanterie était excellente et la cavalerie incomparable. Autour d'eux se groupaient les Espagnols, les Baléares, les contingents des peuples alliés ou soumis, les corps mercenaires et tout ce qu'on enrôlait à l'étranger.

On comprend combien la mise sur pied de guerre devait être lente avec un pareil système. On devait dépenser un temps précieux pour mobiliser, alors que les Romains pouvaient mettre instantanément toutes leurs forces en campagne. De plus (et ce vice était capital), tandis que les Romains marchaient guidés par le sentiment patriotique le plus élevé, les soldats carthaginois n'obéissaient qu'à l'intérêt personnel, à la soif du lucre et exceptionnellement à l'amour ou à la foi aveugle que savait inspirer un chef illustre. Dans ce dernier cas, il est vrai, des mercenaires fanatisés peuvent accomplir des prodiges ; tels étaient les hommes qu'Annibal conduisit en Italie à travers les glaciers des Alpes et la Gaule soulevée.

Cette composition de l'armée carthaginoise influait également sur les relations des officiers et de la troupe. L'indiscipline parfois était grande, et Carthage a souvent subi les exactions d'une soldatesque effrénée. Plus d'une fois les soldats payés par elle lui ont inspiré plus de crainte que ses propres ennemis ; c'est vainement qu'on essayait de contrebalancer, par la sévérité de la discipline, les effets de ce recrutement vicieux.

Il faut reconnaître cependant que Carthage, au moment de ses plus grands désastres, a su imiter sa rivale, qu'elle a appelé aux armes tous les citoyens et que ceux-ci, secouant leur antipathie naturelle pour la guerre, sont accourus avec empressement sous les drapeaux de leur patrie chancelante. Il était trop tard ; que pouvaient ces soldats improvisés contre les levées romaines rompues dès l'enfance aux travaux des camps.

Le gouvernement de Carthage ne se faisait pas illusion sur les imperfections de son établissement militaire ; il essaya d'y remédier en tenant constamment ses coffres pleins et ses arsenaux garnis. On s'occupa aussi beaucoup de renforcer la valeur des troupes par l'usage des machines et l'emploi des éléphants. Les casemates de la ville contenaient 300 places d'écurie pour ces animaux qui tenaient lieu des anciens chariots de guerre.

Le parallèle que nous venons de tracer montre l'infériorité de Carthage sur Rome, au point de vue de l'organisation des armées. Mais il est évident que les termes de la proposition se modifieraient si l'on avait à comparer deux puissances commerçantes.

Entre marchands qui ne se battent pas eux-mêmes, mais qui commettent aux étrangers le soin de défendre le sol natal, le plus riche l'emporte, parce qu'il peut acheter un plus grand nombre de mercenaires et, par là encore, priver son adversaire d'une partie des forces sur lesquelles il comptait. Ce dernier motif est, en effet, une des raisons qui ont engagé plus tard les puissances européennes, et principalement la France, à persister dans le système des enrôlements et des capitulations, malgré tous les inconvénients que l'expérience avait dévoilés.

A l'époque que nous examinons, l'armée carthaginoise suivait les méthodes de guerre introduites (256) par le grec Xanthippe. Elle se rangeait suivant la forme phalangite; l'infanterie s'établissait sur 16 rangs de profondeur, et on donnait, pour le combat, 3 pieds à chaque homme. La cavalerie lourde, divisée en îles de 64 chevaux, se rangeait sur 8 hommes de front et 8 de profondeur; la cavalerie légère n'admettait que 4 chevaux en profondeur; l'île présentait dans ce cas 16 cavaliers en ligne. Le cavalier tenait 4 pieds dans le rang. Pour le combat, les îles de grosse cavalerie se réunissaient par 8 en une masse sans intervalle; ces masses s'établissaient à 20 pieds l'une de l'autre. La cavalerie légère groupait dans les batailles ses îles par deux pour former les unités de combat, qui laissaient également entre elles des espaces libres de 20 pieds.

1re Campagne. — Bataille de la Trebbia (218).

Nous l'avons déjà dit, les causes générales des guerres puniques résident dans l'hostilité naturelle d'un peuple de soldats contre un peuple de marchands, dans l'antagonisme de deux républiques ambitieuses, rapprochées par leurs conquêtes respectives.

La première guerre éclata au sujet des prétentions que les Romains et les Carthaginois élevèrent sur la possession de la Sicile.

Cette première guerre punique dura 23 ans (264-241). L'énergie des Romains triompha de l'habileté d'Amilcar Barca, appelé malheureusement trop tard à la tête des troupes carthaginoises. La cité phénicienne, craignant de voir Amilcar et les forces qu'il dirigeait tomber au pouvoir de ses adversaires, fatiguée d'une guerre qui se prolongeait au delà de ses prévisions, avide enfin de retrouver les jouissances de la paix, traita précipitamment, évacua la Sicile, qui resta aux Romains, et paya à ces derniers une contribution de guerre de 12 millions (2200 talents).

Amilcar sentit bien que la fâcheuse issue de la lutte provenait de la constitution même de Carthage. Cette ville commerçante.

n'ayant étendu ses conquêtes que sur des peuples faibles et isolés, n'était pas en état de vaincre une puissance continentale aussi virile, aussi fortement établie que Rome. Ici l'État absorbait tout, fortunes et individus ; on ne pouvait le dompter qu'en l'anéantissant, et pour cela il fallait se donner des moyens d'action analogues à ceux dont il disposait. Amilcar crut y parvenir en faisant de Carthage une puissance continentale.

L'Espagne, riche par elle-même, habitée par une race énergique et courageuse, lui parut capable de donner à sa patrie les moyens de subjuguer Rome. Le sénat, vivement froissé de la conquête de la Sardaigne, entra dans les vues de son général et lui fournit les moyens qu'il demandait. L'Espagne fut en partie soumise.

Amilcar ayant été tué dans un combat livré, en 229, contre les Vettones, Asdrubal, son gendre, continua son œuvre. Amilcar laissait un fils âgé de 9 ans; ce fils était Annibal.

Les progrès d'Asdrubal furent tels que les Romains menacèrent d'intervenir. Asdrubal ne se croyant pas encore assez fort pour soutenir la lutte, arrêta sa marche victorieuse, afin de consolider ses nouvelles conquêtes et de ne pas compromettre l'avenir.

Au moment où s'ouvre la deuxième guerre punique, la situation était celle-ci.

Carthage possédait toute la côte septentrionale de l'Afrique, les Baléares, la partie méridionale de la Péninsule ibérique entre l'Èbre et le Tage; elle avait fondé la puissante ville de Carthagène (*Carthago nova*). Les Romains étaient maîtres de toute l'Italie proprement dite, de la Sicile, de la Sardaigne, de la Corse ; ils dominaient sur les nations de la Gaule cisalpine et de l'Illyrie supérieure ; Sagonte était leur alliée ainsi que Marseille.

Annibal, que les soldats avaient mis à leur tête (221) après l'assassinat d'Asdrubal (223), Annibal, élevé dans la haine du nom romain, crut que le moment était venu d'accomplir le serment de vengeance qu'il avait prêté devant son père mourant. Du reste, la politique tortueuse des Romains lui était connue. Il ne se faisait pas illusion sur leur apparente tranquillité; il se doutait bien que les progrès des Carthaginois sur le continent avaient excité leur jalousie, et il en trouvait la preuve dans leurs exigences au sujet des conquêtes d'Asdrubal. Il fallait donc tôt ou tard attendre la guerre ou la provoquer. Or, si on laissait l'offensive aux Romains, ils choisiraient la Sicile comme base d'opérations, dirigeraient leurs efforts sur Carthage même, et par là rendraient inutiles les fruits des dernières conquêtes ; les Carthaginois, réduits à défendre le centre de leur puissance, se retrouvaient, dans ce cas, à peu près dans les mêmes conditions qu'en 264.

Si au contraire les Carthaginois prenaient l'initiative, tous les avantages étaient pour eux. Non-seulement les Gaulois transalpins, irrités de la destruction de leurs colonies en Italie, ouvriraient la route aux armées d'Espagne, mais encore celles-ci pouvaient espérer d'obtenir leur appui, appui d'autant plus précieux que les Romains les redoutaient davantage.

Les Carthaginois trouvaient également un grand avantage à porter la guerre en Italie, à cause de la constitution politique de la Péninsule. Les populations italiques étaient subjuguées, mais non liées d'intérêts à des maîtres exigeants, qui leur refusaient les droits et le titre de citoyens, qui les traitaient, sinon comme esclaves, au moins comme une race inférieure destinée à leur faciliter des conquêtes dont ils accaparaient tous les fruits. Il n'était peut-être pas difficile de soulever ces populations auxquelles un pareil joug devait peser, de leur ouvrir les yeux sur leurs véritables intérêts, de réveiller en eux le désir de reconquérir la liberté perdue, et de profiter de leur concours pour abattre Rome.

Il se pouvait cependant que l'instinct de race prévalût, et que les habitants de l'Italie aimassent mieux subir la pression de Rome que de se laisser aller aux promesses de Carthage ; mais Annibal espérait jeter, dès le début des opérations, des ferments de discorde assez puissants pour annihiler ou entraver les secours sur lesquels comptaient ses adversaires et se donner ainsi le temps de gagner les rives du Tibre.

Dans tous les cas, c'était une lutte continentale entre l'Afrique, l'Espagne et au moins la Gaule cisalpine d'un côté, et l'Italie de l'autre. Rome, attaquée chez elle, ne pouvait opérer de diversions, et Carthage était certaine d'alimenter ses armées par l'Europe même.

Le but étant déterminé, il s'agissait de savoir comment on pourrait l'atteindre : si l'on attaquerait la Péninsule par terre ou par mer.

Depuis la première guerre punique, Rome avait acquis une prépondérance maritime incontestable ; elle était maîtresse de la Méditerranée ; la Sicile lui appartenait; la Sardaigne, la Corse lui fournissaient d'excellents points d'observation. Les Carthaginois ne pouvant établir leur base qu'en Afrique ou en Espagne, leur ligne d'opérations, à cause de sa longueur et des stations maritimes romaines, se trouvait exposée aux plus grands dangers ; si elle venait à être coupée, l'armée d'expédition était perdue sans ressource.

Cette circonstance seule, indépendamment de la difficulté que l'on éprouvait à cette époque à bien conduire une double guerre maritime et terrestre, devait faire profondément réfléchir Annibal, alors même qu'il n'aurait pas été retenu par la crainte de voir les populations italiques refuser au dernier moment de se joindre à l'envahisseur. Dans ce cas, sa position devenait désespérée. L'armée d'invasion prenant pied sur le territoire italien, sans ressources, sans autre base que ses transports, aurait été écrasée entre le réseau des places romaines et les forces de la fédération.

Tels étaient les inconvénients d'un débarquement. Une partie en disparaissait si l'on prenait la voie de terre, c'est-à-dire si l'on attaquait par le nord ou par la Gaule cisalpine. On était certain de l'alliance des Gaulois transalpins ; les tribus du versant italique, frémissantes encore du joug étranger, n'ayant aucune attache avec Rome, n'hésiteraient pas, sans doute, à se jeter dans l'alliance carthaginoise : la plaine du Pô devenait alors la base d'Annibal. Il pouvait de là, et sans danger, franchir soit la Macra, soit le Rubicon et engager les hostilités contre Rome, avec ou sans le secours des puissances italiques.

Enfin, les relations qui existaient entre Rome et la Macédoine tendaient encore à faire adopter ce plan de campagne. A cette époque, la Macédoine dominait le Péloponèse ; elle vivait en mauvaise intelligence avec la République, une guerre semblait devoir éclater, et, dans ce cas, les armées carthaginoise et macédonienne trouvaient dans la Gaule cisalpine un lieu naturel de rendez-vous.

Ainsi, tout attirait Annibal vers le nord de l'Italie, et c'est de ce côté qu'il résolut d'attaquer la puissance romaine.

Son armée fut bientôt prête à entrer en campagne, son trésor était rempli et, en 219, il mit le siége devant Sagonte, l'alliée des Romains. La prise de cette place, après huit mois d'efforts, réveilla l'ardeur de ses compatriotes. Il parvint à leur faire admettre l'idée d'une offensive vigoureuse. Il fit immédiatement ses préparatifs pour marcher vers l'Italie et défendre l'Espagne et l'Afrique, car il avait, comme Amilcar et Asdrubal, le commandement des deux pays.

L'ensemble de ses forces s'élevait à 120,000 fantassins, 16,000 cavaliers, dont un tiers était recruté en Espagne et le reste en Afrique. 37 éléphants devaient le suivre; ils étaient destinés à servir d'épouvantail plutôt qu'à jouer un rôle tactique ; l'infanterie d'Annibal n'avait nul besoin de se dérober derrière un rideau protecteur, et le général carthaginois était trop habile pour placer sa confiance dans un moyen d'action aussi précaire. L'emploi des éléphants est une arme à deux tranchants, plus funeste parfois à celui qui la manié qu'à l'ennemi contre lequel on la dirige.

Ces forces furent réunies à Carthagène. Une partie resta dans le pays, et Annibal, avec 50,000 fantassins, 9,000 cavaliers et les éléphants, franchit les Pyrénées par la dépression du cap de Creuz (218), s'engagea dans la Gaule, et se dirigea vers le Rhône qu'il passa de vive force, vis-à-vis des Volkes, non loin de Roquemaure. Cette opération se fit par une attaque directe et une diversion d'Hannon du côté de Pont-Saint-Esprit. C'était le procédé qu'avait mis en œuvre Alexandre sur l'Hydaspe (326), et que l'on verra presque toujours employé avec succès.

Pendant ce temps, Rome avait levé 6 légions de 4,200 hommes et 300 chevaux ; les alliés fournirent 4,000 cavaliers ; on équipa une flotte nombreuse. Le commandement fut donné aux consuls Sempronius et Publius Scipion, et au préteur Manlius. Le premier devait passer en Sicile et de là en Afrique ; le second opérer en Espagne; le troisième observer la Gaule cisalpine. On voit, par cette division imprudente, que les Romains ne se faisaient pas une idée exacte des dangers qui les menaçaient. Ils croyaient que la double offensive, quelque restreinte qu'elle fût, de Sempronius et de Scipion, suffirait pour arrêter les Carthaginois, privés de la Sicile et de la Sardaigne, puisqu'il avait suffi d'une simple démonstration pour arrêter Asdrubal sur les bords de l'Èbre. Rome fut trompée. Scipion, parvenu à Marseille, y apprend qu'Annibal se trouve sur les rives du Rhône. Il se contente d'envoyer vers Roquemaure un parti de cavalerie à la découverte; il le suit tardivement. Arrivé après le passage d'Annibal, il rétrograde sur Marseille où il partage ses forces; il en dirige une fraction vers l'Espagne, sous les ordres de son frère Cnéus, et se rend avec l'autre en Ligurie. Cette dislocation était fautive. Du moment où Annibal avait franchi le Rhône, dénonçant son projet d'aborder l'Italie par les Alpes, il fallait à tout prix se concentrer dans la plaine du Pô, couvrir l'Apennin et fermer l'accès de la Péninsule. La réunion de toutes les légions romaines n'était pas de trop pour cet objet, l'événement du reste l'a prouvé; il fallait donc agir par concentration et non par dislocation. Annibal, battu à 150 lieues de sa base, était perdu, puisqu'il n'avait encore aucune conquête qui lui assurât des points de résistance et que sa retraite aurait dû s'opérer au milieu de populations, les unes ouvertement hostiles, les autres ralliées à la cause romaine par le prestige de la victoire.

Cependant les Carthaginois gagnaient les Alpes. Bien des hypothèses ont été émises sur cette marche; celle qui paraît la plus vraisemblable appartient à M. Zander (*le Passage des Alpes par Annibal*, Hambourg, 1823). En effet, Annibal qui se faisait accompagner par les délégués des peuples gaulois, connaissait la contrée des Alpes, l'Italie supérieure, les nations qui l'habitaient, leurs forces, leurs qualités guerrières et leurs dispositions politiques. Il avait, par ses émissaires, noué des relations avec quelques peuplades du versant oriental; il est donc naturel de penser, comme le fait M. Zander, qu'il chercha à déboucher là où il savait être reçu en ami et non en ennemi. En partant de ces données, on peut croire qu'il se dirigea, en remontant le Rhône par la rive gauche, vers l'île des Allobroges, côtoya l'Isère, traversa le mont du Chat, et par le petit St-Bernard, déboucha dans la vallée d'Aoste. Ce ne fut du reste pas sans de grandes difficultés que l'envahisseur parvint en Italie; la saison, la nature des localités, le mauvais vouloir des habitants amoncelèrent les obstacles sur ses pas.

Enfin, vers le commencement de novembre, Annibal se trouvait dans la plaine lombarde. Le but était atteint, mais au prix de cruels sacrifices. Des 50,000 vétérans d'infanterie et des 9,000 cavaliers que l'armée comptait au passage des Pyrénées, il ne restait que 20,000 hommes de pied et 6,000 cavaliers; il avait donc perdu 33,000 hommes. Est-ce là une bonne opération ? On peut dire que non, car cette marche ne fut troublée par aucune grande bataille, ni par aucune catastrophe imprévue, et cependant elle fatigua les troupes à tel point qu'il leur fallut un long repos pour être de nouveau prêtes à l'action. Ce repos leur fut donné par l'incurie des Romains. A l'apparition d'Annibal, la situation de Rome était précaire. Sempronius se trouvait en Sicile, la partie la plus forte de l'armée de Scipion en Espagne, Manlius seul campait dans la vallée du Pô où Scipion le rejoignit après son départ de Marseille. Il n'y avait pas de forces suffisantes pour arrêter l'envahisseur qui, avant de rencontrer Scipion, eut le temps de se reposer, de prendre Turin, de nouer des alliances. Le consul avait rassemblé à la hâte les faibles troupes éparpillées sur le territoire et rappelé les légions de Manlius. Il créa ainsi une armée de 16,000 hommes, dont 1,300 cavaliers, avec laquelle il traversa le fleuve pour arrêter Annibal du côté du Tessin. C'était courir à un grave danger. A cette époque, l'Insubrie ne présentait pas l'aspect qu'offrent aujourd'hui le Milanais et le Novarais. C'était une plaine rase, propre aux manœuvres de la cavalerie et qui donnait un avantage évident à Annibal. Aussi, dès la première rencontre, Scipion se vit-il entouré, attaqué à revers par les Carthaginois et les Numides, et rejeté sur son infanterie qu'il culbuta lui-même; il recula, se couvrit par le Pô et campa vers la haute Trebbia. Il avait un triple devoir à remplir : arrêter Annibal devant une position importante ; donner à Sempronius, rappelé de Sicile et arrivé à Ariminium, le temps de le joindre ; surveiller les nations gauloises que la venue des Carthaginois jetait dans une grande fermentation. A cet effet, Scipion appuya sa gauche à l'Apennin, la droite au Pô et à la ville forte de Plaisance, et obligea son ennemi à camper devant lui ; il rallia ainsi ses renforts, tandis qu'Annibal se voyait privé d'une partie des secours qu'il attendait.

C'était un grand point. L'armée romaine portée à 8 légions,

forte de 37,200 hommes, inférieure, il est vrai, en cavalerie, était supérieure en infanterie; elle n'avait qu'à conserver sa position pour obliger Annibal à essayer en plein hiver le passage de la Trebbia et l'attaque du camp, ou bien à suspendre sa marche et à rester alors à la merci du bon vouloir de ses alliés, que les Romains travaillaient incessamment dans l'espérance de les séparer de lui.Si l'intérêt de Sempronius qui, à son arrivée, avait remplacé Scipion blessé au Tessin, l'engageait à se tenir sur la défensive, le désir d'Annibal était autre. En effet, son principal appui reposait sur les Celtes. Le poids de la guerre pesait tout entier sur la Cisalpine et pour conserver des alliances, que le caractère inconstant des peuplades amies rendait toujours précaires, il était urgent de prendre une offensive vigoureuse, de dégager les pays alliés, et de porter le théâtre des hostilités sur le territoire italique. On soutiendrait à ce prix l'enthousiasme des auxiliaires, et l'on augmenterait leur bonne volonté par l'appât du butin que la victoire leur promettait.

Annibal mit tout en œuvre pour atteindre ce but. Une des qualités qui distinguait principalement le général carthaginois, fut le soin constant qu'il mit à connaître exactement le caractère du chef qu'il avait devant lui; son système d'espionnage était parfaitement organisé. Il apprit que Sempronius, orgueilleux et fier, avait le plus grand désir de signaler son consulat, dont le terme approchait, par une action d'éclat. Il manœuvra dès lors en conséquence. Il fit ravager les villages autour du camp romain, laissa Sempronius remporter l'avantage dans quelques petits combats de cavalerie, mit tout en œuvre pour augmenter sa confiance et l'attirer hors de son camp.

Enflammé par ces succès partiels, le consul crut la victoire facile et se prépara au combat. Annibal, averti par ses émissaires, examina attentivement le terrain qui séparait les deux armées (Planche IV). C'était une plaine découverte, bordée à l'est par la Trebbia, à l'ouest par le Tidone et un affluent très-encaissé et à bords fourrés. Il choisit ce lieu pour établir une embuscade; il ordonna à son jeune frère Magon de s'y cacher avec 1,000 hommes de pied et 1,000 cavaliers, choisis parmi les plus braves, de laisser engager l'action et de tomber sur les derrières des Romains quand ceux-ci seraient aux prises. Mais il fallait pour cela attirer Sempronius en plaine et lui faire passer la Trebbia. A cet effet, au point du jour (décembre), la cavalerie numide reçut l'ordre de se porter au delà du cours d'eau, d'insulter le camp romain, mais de ne point s'engager à fond, de paraître au contraire hésiter dans l'attaque et de reculer incessamment devant l'ennemi. Pendant ce temps il faisait allumer de grands feux, ordonnait à ses hommes de prendre leur repas et de s'enduire d'huile pour résister au froid.

Le mouvement hésitant des Numides inspira la plus grande confiance à Sempronius. Il avait d'abord lancé contre eux sa cavalerie soutenue par de l'infanterie ; il fit bientôt sortir les légions du camp, et, poursuivant sans relâche le détachement d'Annibal, il traversa la Trebbia. On était au cœur de l'hiver et ce passage affaiblit les troupes à un tel point, disent les historiens anciens, qu'elles avaient peine à tenir leurs armes.

La ruse d'Annibal avait réussi. Il suivait d'un œil anxieux tous les mouvements de son adversaire, et dès qu'il vit ses premières troupes toucher la rive gauche, il ordonna à son armée de prendre l'ordre de bataille.

L'armée carthaginoise comprenait 20,000 fantassins africains, espagnols et gaulois, des fantassins légers, 8,000 cataphractaires et 2,000 cavaliers légers, plus les éléphants qui avaient survécu au rude passage des Alpes. L'armée romaine était forte de 8 légions à 4,200 hommes, de 1,200 cavaliers romains et 2,400 cavaliers alliés.

Annibal a toujours tenté de manœuvrer sur les flancs de ses adversaires. Or, en calculant les lignes en bataille d'après les données qui ont été fournies précédemment, on verra qu'il y avait pour l'infanterie une différence de 2,290 pieds en faveur des Romains ; d'autre part, la cavalerie cataphractaire avait un excédant de 108 pieds sur les ailes romaines, qui en outre se trouvaient encore débordées de toute la cavalerie numide placée aux extrémités, soit un front de 1,148 pieds. Si donc Annibal voulait faire combattre les armées l'une contre l'autre, et user de sa cavalerie plus nombreuse pour envelopper son adversaire, il devait racheter la différence de sa ligne d'infanterie ; il le fit en plaçant aux ailes, et un peu en avant de sa phalange, les éléphants soutenus sur le front de l'ordre de bataille par une partie des psilites.

Ce dispositif est indiqué planche IV (1ʳᵉ et 2ᵉ phases). Au milieu de sa formation se trouve la phalange présentant, du centre aux extrémités, les troupes gauloises, africaines et espagnoles; le front de cette phalange est prolongé jusqu'aux flancs de la ligne d'infanterie romaine par les éléphants. Puis vient la cavalerie de chaque aile. Celle-ci déborde les troupes de Sempronius de 2,236 pieds.

Cette formation était fondée sur une juste relation des forces en présence et sur la supériorité de la cavalerie d'Annibal ; c'était elle qui devait vaincre et c'était par les ailes qu'il voulait mettre l'armée romaine en déroute. Il lui suffisait de résister au centre des légions et de couvrir ainsi les flancs de son infanterie dans les premiers moments de l'attaque, pour effectuer contre Sempronius une manœuvre dont les Romains auraient été naturellement amenés à prendre l'initiative, s'il n'avait eu soin d'obvier aux inconvénients que la profondeur de l'ordre phalangite présentait vis-à-vis de l'ordre développé de la légion.

Les points faibles de la ligne se trouvaient au centre et aux ailes de l'infanterie. Mais Annibal crut les Gaulois suffisamment renforcés en les faisant appuyer par quelques psilites ; quant aux ailes, il y avait placé ses meilleures troupes, afin de pouvoir résister plus longtemps si les éléphants mollissaient dans l'attaque. Tout son dispositif était couvert par les troupes légères.

L'action s'engagea par le jeu des psilites et des vélites ; ceux-ci résistèrent peu. Ils étaient affaiblis par le froid et une partie des traits avaient été consommés dans le premier combat contre la cavalerie. Aussi Sempronius fit sonner presqu'immédiatement leur retraite, dégarnit son front et ordonna aux princes de s'enchasser dans les files des hastaires. Annibal, rappelant également ses enfants perdus, les disposa comme on vient de l'indiquer, et enjoignit à la cavalerie de charger. Les turmes romaines, trop faibles en nombre et moins habiles que les îles carthaginoises, furent culbutées et poursuivies par une partie des cataphractaires, tandis que le reste de la grosse cavalerie, soutenue par les Numides, se rabattait sur le flanc et les derrières des Romains. Pendant ce temps les deux infanteries arrivaient au combat. Le choc fut vigoureux ; le centre de la ligne de Sempronius gagna du terrain et força les Gaulois, mal armés, à plier, tandis que les ailes attaquées de tous côtés et les triaires menacés par Magon se trouvaient arrêtés sur place.

Le mouvement rétrograde des Gaulois en amena un autre qui ne permit pas à Annibal de s'opposer à cette pression du centre et qui lui eut été fatal, si Sempronius l'avait dirigé en personne. Les ailes de l'armée romaine ne pouvaient, par suite de la différence de résistance, suivre de front le mouvement du centre; les soldats de ces ailes, pour ne pas se disjoindre, se serrèrent de ce côté. Ce flottement, doublement oblique, donna à toute la ligne la forme d'un coin dont l'impulsion était maxima à la tête, tandis que le désordre allait croissant vers les extrémités qui ne combattaient que de flanc et faiblissaient de plus en plus. A mesure que les Gaulois, imparfaitement soutenus, reculaient, ce coin prenait peu à peu la forme d'une double colonne d'une grande profondeur (voir planche IV, 3e et 4e phases).

Il n'y avait qu'un moyen de le maîtriser, c'était de l'attaquer lui-même en flanc, en faisant faire un quart de conversion aux Africains et aux Espagnols; alors la tête victorieuse serait obligée d'opérer un mouvement inverse, tout au moins de s'arrêter, si elle ne voulait pas être coupée et détruite.

Annibal essaya en partie cette manœuvre, mais il n'osa l'accentuer à cause de la faible longueur de sa ligne qui risquait d'être prise elle-même en flanc. Il aima mieux laisser échapper les deux légions qui avaient complétement traversé son armée et qui, chose inconcevable, au lieu de profiter de leur succès, se dirigèrent vers Plaisance, faiblement poursuivies, sans plus s'occuper de Sempronius et du sort de leurs camarades. Après ce départ inexplicable, la phalange se referma, rejeta les princes et les hastaires des légions des ailes sur les triaires qui, de leur côté, avaient dû faire face en arrière pour résister à la cavalerie et à l'embuscade de Magon. A partir de ce moment toute l'armée romaine, dont les lignes et les armes étaient confondues, ne forma plus qu'une masse informe ; elle fut taillée en pièces.

La bataille de la Trebbia aurait peut-être eu d'autres résultats, si Sempronius avait su profiter de l'avantage remporté par les 4e et 5e légions. Il s'était formé là une attaque en échelons, offrant bientôt, comme à Fontenoy, l'aspect d'une sorte de carré ouvert par un des côtés; du moment où les Gaulois cédaient et où la ligne carthaginoise se trouvait forcée et ouverte, il semble qu'on pouvait augmenter cette trouée en faisant manœuvrer de flanc les côtés de ce carré. Il suffisait d'opérer un mouvement individuel dans les doubles manipules ; ceux-ci auraient eu, comme à Cannes, une profondeur égale à leur front. On verra plus tard qu'une partie de la tactique de Gustave Adolphe, dans sa formation en quart de brigade, est basée sur cette manœuvre.

Annibal sentit du reste le danger qu'il avait couru, et l'on constatera ce fait dans le dispositif particulier qu'il donna à ses troupes, lors de sa lutte contre Varron.

La bataille de la Trebbia fait plus d'honneur aux légionnaires qu'au général en chef ; du moment où les troupes furent engagées, et elles le furent fort mal, toute direction supérieure fit défaut et chaque corps combattit pour lui-même.

Il faut cependant faire remarquer qu'un commandement qui expire à jour fixe est une institution anti-militaire ; l'ambitieux Sempronius voulait à tout prix engager une bataille qui, il l'espérait du moins, devait tourner à son avantage et le faire passer à la postérité.

La victoire, du reste, coûta cher aux vainqueurs et, quoique les plus fortes pertes eussent été supportées par les Gaulois, un grand nombre de vétérans succombèrent plus tard aux maladies contractées dans cette rude journée.

Les Romains se réfugièrent à Plaisance et après quelques mouvements peu importants, les deux armées prirent les quartiers d'hiver.

2ᵉ campagne. — *Bataille du Thrasymène* (217).

L'effet de la victoire de la Trebbia fut de répandre l'insurrection parmi les tribus celtiques et d'organiser le soulèvement national dans toute la haute Italie ; 60,000 fantassins et 4,000 cavaliers vinrent se joindre aux Carthaginois.

Pendant ce temps les deux nouveaux consuls, Flaminius et Servilius, levèrent quatre légions. Ils avaient à protéger la frontière du nord et ils s'établirent sur les deux routes qui conduisaient de Rome vers la vallée du Pô, à droite et à gauche de l'Apennin. Celle de l'ouest fut occupée par Flaminius, celle de l'est, par Servilius. Ils appelèrent à eux une partie des troupes qui,après la campagne de 218,s'étaient dispersées dans les places, et attendirent le retour de la bonne saison pour attaquer Annibal.

Mais le général carthaginois n'avait pas l'intention de se maintenir dans l'Insubrie. Il savait que, pour abattre Rome, les victoires en rase campagne ne suffiraient pas, et qu'il fallait s'attaquer à la ville elle-même. Il comprenait aussi que la confédération italique, dont ses adversaires tenaient les liens, offrait une grande solidité au point de vue politique et militaire ; sous ce rapport, la situation de ses ennemis était supérieure à la sienne, attendu qu'il ne recevait de Carthage que des secours précaires, alors que tout en Italie gravitait autour de Rome. Isoler cette dernière ; abattre son prestige par des victoires répétées au sein de la Péninsule; porter la guerre chez ses alliés; briser soit par la force, soit par la persuasion, le faisceau qui constituait sa puissance, tel fut le plan qu'Annibal voulut poursuivre et qu'il ne pouvait atteindre que par une vigoureuse offensive. Aussi, à peine au sortir de l'hiver, il mit ses troupes en marche, traversa l'Apennin aux gorges du Taro et, après mille difficultés, pénétra en Étrurie par les marais du Serchio et de l'Arno; le passage fut très-pénible, ses troupes faillirent s'embourber et lui-même y perdit un œil.

Il arriva à Fresolle alors que Flaminius s'apprêtait seulement à quitter Arezzo. Le consul romain s'était laissé surprendre, parce qu'il avait négligé de s'éclairer du côté des montagnes; cette faute était d'autant plus grande qu'il suffisait d'un faible détachement pour s'opposer à l'offensive d'Annibal engagé dans des passes étroites ou sur un terrain fangeux.

Cependant la position des Romains n'était pas désespérée. Annibal, il est vrai, se trouvait devant Flaminius, mais Servilius était libre et il pouvait rapidement se porter d'Ariminium vers son collègue. Un peu de prudence aurait fait pencher la balance en faveur de Rome. Par la jonction des consuls les Carthaginois auraient eu les deux armées romaines à combattre avant de poursuivre leur route, car il n'était pas supposable qu'ils marcheraient vers Rome, laissant sur leur ligne de communication les légions intactes, augmentées des débris des troupes levées en 218. Mais Annibal connaissait trop son adversaire pour s'être témérairement engagé.

Il savait que Flaminius, chef de parti politique, n'était arrivé au pouvoir que par suite des efforts qu'il avait faits pour limiter la puissance du sénat; il n'ignorait pas que ce consul, très-présomptueux, n'avait aucune des qualités nécessaires au généralat, et il comptait bien se servir de ces données pour entraîner le chef romain à sa perte. Loin d'attaquer Flaminius, Annibal se dirigea vers Pérouse; il fit ravager toute la contrée par les Celtes, persuadé que son bouillant ennemi ne tarderait pas à le suivre sans attendre la jonction de Servilius. Ce qu'il avait prévu arriva. Aussi, dès qu'il connut la levée du camp ennemi, Annibal se prépara à tendre une embuscade aux Romains. Arrivé au bord du lac de Thrasymène, le terrain lui sembla propre à ses projets. La route était resserrée entre les montagnes et le lac ; les légions ne pouvaient marcher que sur un faible front, et leur perte était certaine si le consul ne prenait pas les dispositions particulières que nécessitait la configuration des localités. Annibal fut favorisé par la fortune. Il avait placé les Espagnols et les Africains au sortir des gorges, il avait mis les Baléares en embuscade dans les montagnes, parallèlement au lac, et plus loin les Gaulois et la cavalerie, de manière à occuper un espace égal à la profondeur de la colonne consulaire.

Il comptait attaquer celle-ci en même temps, en front, en queue et sur le flanc gauche, si Flaminius commettait l'imprudence de s'engager dans le défilé sans le faire éclairer. C'est ce qui se présenta. Le consul croyait sans doute les Carthaginois fort loin, peut-être pensait-il ne les rencontrer, au plus tôt, qu'au delà des gorges; toujours est-il qu'il prit, pour ordre de marche, le dispositif des cohortes de Polybe, indiquant clairement par là que son intention était de déployer parallèlement à son front de marche. Il longea ainsi le Thrasymène sans prendre la précaution très-élémentaire de fouiller les hauteurs aux pieds desquelles il défilait. Aussitôt que la tête de sa colonne eût atteint les Espagnols, il fut attaqué de toutes parts. Pressé sur un terrain étroit et dans une forme qui ne permettait pas de faire agir les différentes armes, il fut battu malgré la grande bravoure déployée par les légionnaires, dont une partie à la tête parvint seulement à percer la ligne des Espagnols.

La perte de la bataille du Thrasymène fut le résultat de

l'inertie de Flaminius. Il commit une double faute : 1° celle de s'être imprudemment engagé dans des passes dangereuses sans les avoir reconnues ; 2° celle d'avoir pris un ordre de marche contraire aux circonstances que le terrain, sur lequel il s'avançait, pouvait exiger. Tite-Live indique parfaitement les conséquences de cette faute.

« Le soldat ne pouvait ni s'armer, ni prendre sa place de
» bataille. Flaminius fit ce qu'il put pour rétablir les rangs qui
» étaient mêlés et former un ordre de bataille compatible avec le
» peu d'espace qu'offrait le terrain ; mais il n'y put réussir. Cha-
» cun combattit donc où il se trouvait par petits groupes réunis
» au hasard ; beaucoup furent tués sans avoir aperçu le danger.
» Battus en détail, écrasés sans pouvoir se porter de secours, les
» Romains furent mis en pleine déroute, tués ou noyés dans le
» lac. »

C'était le cas de prendre ici le dispositif indiqué, planche III, fig. 9, d'accoler les trois colonnes dans le défilé, en plaçant les hastaires à gauche et de marcher sur front de centurie ou même de demi-centurie, si l'espace était trop resserré. Dans cet ordre, un à-gauche individuel rétablissait immédiatement la ligne de bataille naturelle ; il est vrai que l'on aurait combattu de flanc dans chaque manipule, mais, encore une fois, les Romains ne rejetaient point cette méthode, puisqu'ils l'employèrent à la bataille de Cannes.

Servilius, qui s'était mis en marche pour rejoindre son collègue, ayant eu son avant-garde de cavalerie détruite, rétrograda sur Ariminium. Dans cette deuxième campagne Annibal n'eut donc à combattre que la moitié des forces que Rome avait mises sur pied en Italie ; il aurait heurté successivement les deux armées de la République, si Servilius avait poursuivi sa marche.

Après sa victoire, le général carthaginois abandonna la route de Rome, chercha vainement à s'emparer de Spolète, passa sur le versant adriatique de l'Apennin et s'arrêta à Hadria, dans la partie méridionale du Picenum, contrée riche et fertile, où il remit son armée des fatigues qu'elle avait éprouvées jusque là. Il y avait un an que ses troupes avaient quitté Carthagène, et depuis lors elles n'avaient pour ainsi dire pas reposé. Le soldat était abîmé, couvert d'une espèce de gale, les chevaux étaient ruinés. Il répara tout. C'est là également qu'il modifia l'armement de ses troupes, en distribuant aux Africains les dépouilles de l'ennemi. C'est un exemple unique dans l'histoire, que cette modification complète de l'armement d'une armée en pleine guerre et au cœur même du pays ennemi.

Puis Annibal reprit sa marche vers le sud ; et, en longeant la mer à une certaine distance, il entra dans l'Apulie daunienne.

Ainsi donc Annibal s'éloignait de plus en plus de sa base primitive d'opérations ; il paraît n'y plus songer et semble abandonner et la contrée qui doit lui fournir des ressources et la ligne de communication qui y conduit. En agissant de la sorte, il obéissait à de graves préoccupations politiques. Son but était de détacher la Grande Grèce de l'alliance romaine, et de se rapprocher des côtes sur lesquelles pouvaient débarquer les renforts qu'il espérait de Carthage et de la Macédoine. Ses calculs étaient justes en partie, puisque c'est grâce à l'appui de l'Italie méridionale qu'il parvint à se maintenir pendant seize ans devant Rome et ses alliés. S'il n'a pas vaincu sa rivale, ce n'est pas faute de génie, mais parce qu'il fut délaissé complétement par son ingrate patrie. Ceux qui auraient dû le soutenir obéissaient soit aux sourdes menées d'une basse jalousie, soit à un esprit mercantile et rétréci ; ils lui refusèrent les secours en hommes et en argent qui devaient assurer leur propre gloire et la prééminence de leur pays.

Le temps de répit qu'Annibal laissait à Rome ne fut pas perdu. Servilius fut rappelé, deux nouvelles légions furent levées ; c'était donc 12 légions mises sur pied en deux ans ; le consulat fut suspendu et Fabius Maximus nommé dictateur.

Fabius était un homme d'un âge avancé, d'une résolution et d'une fermeté que beaucoup prenaient pour de l'entêtement. Il était partisan du sénat et ne dut son pouvoir qu'à la réaction qui, après le Thrasymène, s'éleva contre la démagogie militaire dont le malheureux Flaminius était le triste représentant. Fabius adopta un plan opposé à celui de ses devanciers. Il était convaincu de l'impuissance où l'on se trouvait de battre, en rase campagne, les vétérans d'Annibal, tant que l'on ne posséderait pas un noyau de troupes plus aguerries, plus solidement encadrées, et rompues, comme les Carthaginois, au métier de la guerre. Il résolut en conséquence de n'engager aucune affaire générale, d'observer son adversaire, de l'entamer par des combats partiels, de le lasser par des escarmouches, de l'inquiéter sans relâche, de se placer enfin constamment entre lui et le but qu'il poursuivait, c'est-à-dire Rome, sans lui donner l'occasion de le contraindre à accepter une grande bataille. Il resta constamment fidèle à ce plan. En vain Annibal essaya-t-il de l'attirer en plaine, en vain ravagea-t-il la Campanie, le Samnium et l'Apulie devant les légions qui souvent murmuraient de leur inaction, il ne put faire dévier le dictateur de la voie qu'il s'était tracée. Mais si, par ce moyen, le *Cunctator* (temporisateur) avait évité une défaite, il n'avait pu, il est vrai, empêcher le pillage des alliés de Rome. Aussi un parti puissant s'ameutant contre lui exigea d'abord que des pouvoirs égaux fussent donnés au maître de la cavalerie, — ce qui était revenir au double commandement, — puis l'opposition démagogique força le sénat à abolir la dictature et à reprendre la forme consulaire. Terentius Varro, fils de boucher et boucher lui-même, mais puissant par ses richesses, était l'âme de cette intrigue; il fut nommé consul avec Paul-Emile. Rome ordonna de plus la levée de huit légions, d'un effectif de 5,000 hommes.

3ᵉ campagne. — *Bataille de Cannes* (216).

Telle était la situation au printemps de 216. Annibal qui avait hiverné à Gerio, en présence des anciennes légions, résolut de se porter vers Canosa, afin d'enlever les magasins que les Romains y avaient formés. On conçoit que dans cette guerre menée pendant de longs mois dans la même contrée, les Romains trouvaient de puissants moyens d'action dans les magasins abrités par leurs forteresses, tandis que les Carthaginois étaient réduits à vivre du pays. Tant qu'ils conserveraient ces ressources, tant qu'ils posséderaient dans l'Apulie méridionale une place près de laquelle ils pouvaient s'établir et dont ils pouvaient vivre, Annibal ne devait pas concevoir l'espérance de les forcer à se battre. Il s'appliqua à leur enlever cet appui, et la marche sur Canosa, habilement dérobée, n'eut pas d'autre but. La réussite de son expédition fut la cause déterminante de la bataille de Cannes.

Le sénat, déconcerté par cette attaque imprévue, donna l'ordre aux consuls et à 6 légions de nouvelle formation de rejoindre

celles qui avaient laissé échapper les Carthaginois, et de courir les
chances d'une bataille rangée. Ils se dirigèrent vers l'Aufidus
(Ofanto) dont Annibal occupait la rive droite.

Quand les armées furent en vue, Paul-Émile, qui ce jour avait
le commandement, s'arrêta. Tout le terrain autour de lui était
plaine rase, et comme il craignait surtout la cavalerie carthaginoise, il résolut de suspendre la marche et de camper, se réservant
d'examiner si l'on ne pouvait attirer l'ennemi dans des lieux plus
favorables. Malheureusement Varron était d'un avis contraire.
Aussi le lendemain, ce dernier mit ses troupes en marche, lança
sa cavalerie en avant et la fit soutenir par de nombreux légionnaires. Ces précautions lui donnèrent l'avantage dans un combat
que les turmes engagèrent contre les îles ennemies, et Varron
ordonna d'établir le camp à proximité de celui d'Annibal.

Le jour suivant, Paul-Émile, jugeant la situation critique et
cette position rapprochée dangereuse, mais n'osant opérer la
retraite en présence d'Annibal éloigné seulement de 800 à 900
mètres, se contenta de jeter 10,000 hommes sur la rive gauche
de l'Aufidus, et de les y camper pour protéger ses fourrageurs.

Enfin arriva le jour du combat. Varron, qui avait repris le
commandement, décida d'entamer immédiatement la lutte.
Dès l'aube, il ordonna à ses légions, sauf une qui devait garder le
grand camp avec les auxiliaires, de passer sur la rive gauche de la
rivière, dont le terrain était, suivant lui, plus propre au déploiement de ses forces. Il disposa son armée comme il est indiqué
planche IV (1re et 2e phases), la cavalerie romaine à la droite,
appuyée à l'Aufidus; au centre, sept légions romaines, ayant à leur
gauche les huit légions alliées ; la cavalerie alliée à la gauche.
Les légions étaient fortes de 5,000 hommes ; l'effectif des manipules s'élevait donc à 160 hommes. Croyant, sans doute, que
les avantages remportés jusque là par Annibal étaient dus à la
profondeur de sa formation phalangite, et voyant qu'il pouvait
diminuer le front de sa nombreuse infanterie sans cesser de
déborder l'ennemi, Varron prescrivit de renverser les manipules,
en d'autres termes, de porter l'épaisseur de ses deux premières lignes
à 16 hommes. Il n'y eut sur le champ de bataille que 15 légions;
la légion romaine et les extraordinaires du grand camp devaient
faire une diversion sur le camp ennemi et inquiéter les derrières
d'Annibal pendant le combat.

Dès que le chef carthaginois vit se prononcer le mouvement des Romains, il se hâta de faire passer la rivière aux Baléares et aux troupes légères, leur enjoignant de se ranger à une certaine distance et en face de l'ennemi, pour masquer et protéger la traversée de l'Aufidus et la mise en bataille. La précipitation avec laquelle les Romains prirent leurs dispositions lui dévoila de suite leur ordonnance de combat, et c'est d'après cela qu'il régla la sienne. L'exemple du combat d'avant-garde qui s'était livré deux jours auparavant lui fit craindre que la cavalerie romaine ne fut encore soutenue comme elle l'avait déjà été ; il voulut y remédier en assurant à son aile gauche une grande supériorité. Il y plaça toute sa grosse cavalerie, soit 8,000 chevaux; à cause de la proximité de la rivière, elle dut se former sur deux lignes ; c'était là que la lutte décisive des troupes à cheval devait avoir lieu. Son aile droite ne comprenait que 2,000 Numides ; l'espace occupé par ceux-ci n'étant que de 2,300 pieds, il fit ouvrir leurs intervalles de manière à couvrir les 5,020 pieds occupés par la cavalerie alliée. Le rôle des Numides serait passif; ils se contenteraient de caracoler vis-à-vis de Varron pour donner le temps à Asdrubal (Giscon), de refouler l'aile droite des Romains, puis de se diriger sur l'aile gauche romaine qu'il attaquerait à revers. Annibal forma son infanterie au centre ; il ne disposait que de 52,000 hommes, couvrant 6,000 pieds, alors que les Romains occupaient, avec leurs 15 légions, 9,560 pieds. Il voulut suppléer à l'inégalité de ses forces en tendant un piége au consul.

Il se rappelait la Trebbia ; il songea de nouveau à attirer à lui le centre romain, afin de l'enserrer comme dans une tenaille et de profiter du désordre de la ligne pour vaincre à coup sûr. Mais il voulut ici éviter l'éruption qu'il n'avait pu empêcher alors et se donner les moyens d'opérer la double conversion des ailes avec une longueur de ligne suffisante, afin de n'avoir rien à craindre pour ses flancs.

Voici les dispositions qu'il prit pour atteindre ce but. L'infanterie africaine était l'élite de l'armée, celle qui devait lui donner la victoire; il la plaça aux extrémités du corps de bataille joignant la cavalerie; elle était rangée sur 16 hommes de profondeur et subdivisée en fractions déterminées. Entre les ailes africaines il plaça les Espagnols et les Gaulois par pelotons alternatifs,

mais en réduisant la profondeur de leur formation, de manière
à en étendre le front. Cette diminution de profondeur affaiblissait,
il est vrai, la force de cette partie de la phalange; mais Annibal
le voulait ainsi, parce qu'il comptait lui faire opérer une retraite
simulée pour agir ensuite par ses ailes. Cette retraite devait se
prolonger jusqu'au moment où la plus grande partie des psilites,
formés en seconde ligne viendraient renforcer les pelotons du
centre dont l'épaisseur avait été diminuée à dessein. Pour favo-
riser davantage l'action des ailes, deux petits contingents de
troupes légères étaient placés en une deuxième ligne et vers
leurs extrémites, afin de coopérer au double mouvement de
conversion en attaquant les légions à dos.

Aussitôt qu'Annibal eut pris son ordre de bataille, il fit sonner
le rappel des troupes légères qui escarmouchaient contre les
vélites, lança sa cavalerie de droite et de gauche; puis il ordonna
aux Espagnols et aux Gaulois de marcher à l'ennemi en accentuant
le mouvement par le centre, tandis que les Africains resteraient
sur place; en un mot, il marcha par échelons et par le centre.

Le choc eut d'abord lieu du côté de la rivière entre les îles
et les turmes de cavaliers; les Romains, inférieurs en nombre,
et dont quelques-uns avaient commis la faute de mettre pied à
terre, furent refoulés avec perte. A la gauche on ne s'aborda point.
Pendant ce temps les lignes d'infanterie se choquaient. Varron
avait enchâssé les deux premières lignes, dont le centre donna
contre la tête du coin formé par les Gaulois et les Espagnols.
Cette infanterie, brave mais mal armée et, surtout pour les
Gaulois, fort mal équipée, soutint pendant quelques instants l'effort des légions et garda ses rangs; mais enfin ne pouvant résister à l'impulsion de la masse qui la pressait, elle céda, en aplatis-
sant successivement le coin, qui bientôt présenta le dispositif
inverse; la courbe s'infléchit en sens contraire par la poussée sans
cesse réitérée du centre romain victorieux. Malheureusement la
véhémence de l'attaque avait entraîné la troisième ligne; les
triaires et les vélites vinrent s'accoler aux hastaires et aux princes,
de sorte qu'en ce moment, c'est-à-dire lorsque la droite romaine
était en déroute, la gauche immobilisée et le centre vainqueur,
les légions présentaient l'aspect d'une phalange brisée de 26 rangs
d'épaisseur.

Le moment critique était arrivé.

Annibal, on le sait, avait compté sur la retraite du centre. Dès qu'il vit ce mouvement rétrograde suffisamment accusé, il prescrivit : 1° aux corps de deuxième ligne de s'arc-bouter sur la première et de la consolider ; 2° aux contingents d'Afrique de pousser vigoureusement par les ailes et de s'aider, dans ce mouvement, des pelotons de psilites dont la mission était d'agir directement sur les flancs ; 3° à la cavalerie de terminer la mission qui lui était dévolue, à savoir de dégarnir la gauche des légions, de leur enlever l'appui des turmes alliées et d'envelopper complétement les troupes de Varron, comme elle avait entouré les soldats de Sempronius à la bataille de la Trebbia.

Les manœuvres de la cavalerie s'exécutèrent avec facilité et précision. Asdrubal, après la déroute des escadrons de Paul-Émile, s'était contenté de les faire harceler par les îles de deuxième ligne. Avec la première ligne il opéra, en arrière des légions, un changement de direction à droite et traversa obliquement le terrain pour se diriger vers la cavalerie alliée, commandée par Varron. Mais celui-ci manqua à ses devoirs ; il s'était laissé intimider déjà par la cavalerie numide qui jusqu'alors avait caracolé devant lui, il n'osa résister à l'aile gauche d'Asdrubal s'avançant au galop vers sa ligne et menaçant de la prendre à revers. Au moment d'être saisie dans cette tenaille de troupes à cheval, la cavalerie alliée se dispersa dans la plaine, suivie de Varron qui abandonna le champ de bataille trop tôt pour son honneur. Asdrubal se contenta de lancer à sa poursuite les Numides si terribles pour un adversaire en fuite, et avec sa cavalerie régulière, il se hâta d'aller au secours de l'infanterie.

C'était l'instant (planche IV, 3e et 4e phases) où le mouvement des ailes carthaginoises se prononçait, et où les Romains, formés en une masse épaisse, s'engouffraient dans le vide que leur ouvrait Annibal. A cause de la poussée oblique imprimée par le centre, leurs rangs étaient mêlés au point de se confondre ; ils étaient tellement serrés que le légionnaire pouvait à peine faire usage de ses armes. Cette ordonnance informe fut dès lors arrêtée net de front, tandis que les flancs étaient aux prises avec les troupes légères, et qu'Asdrubal la menaçait à revers. Les Romains furent obligés de se battre sans pouvoir manœuvrer. En vain Paul-Émile,

déjà grièvement blessé dans l'attaque de l'aile droite, essaya-t-il
de rétablir le combat ; après avoir lutté en héros, il tomba percé
de coups. Après sa mort la bataille ne présenta plus qu'une sorte
de carnage; les Romains de plus en plus resserrés et pressés
furent totalement mis en pièces.

La légion et les auxiliaires, laissés sur la rive droite de l'Aufidus, avaient exécuté l'attaque du camp d'Annibal ; mais celui-ci
avait eu la précaution de fortifier son établissement et de le laisser
sous bonne garde. La défense fut vaillamment conduite et elle
retint les assaillants jusqu'à la fin de la bataille. Alors Annibal
marcha à son secours avec une partie de ses troupes. Les Romains
perdirent encore 2,000 hommes dans cette affaire.

Les Carthaginois laissèrent sur le champ de bataille de Cannes
4,000 Gaulois et Espagnols, 1,500 Africains, 200 cavaliers, soit
5,700 hommes. Les Romains 40,000 légionnaires, 4,000 cavaliers ou 44,000 hommes. Paul-Émile, Servilius qui dirigeait
le centre, Minitius l'ancien maître de cavalerie de Fabius, 21 tribuns, 80 sénateurs furent tués.

Les fautes commises par Varron amenèrent la perte de cette
journée. La première réside dans le mauvais dispositif et l'emploi malhabile de la cavalerie.

D'abord il semble, par les dispositions prises, que le consul
voulait ménager les turmes romaines et que son intention était
de vaincre par la supériorité d'effectifs des troupes à cheval
de l'aile où il s'était placé. Cette conception était bonne en
elle-même, car le point tactique d'attaque se trouvait en effet
du côté de la droite carthaginoise ; cette droite vaincue, le sort
d'Annibal acculé à l'Aufidus devenait précaire ; mais les moyens
mis en œuvre furent déplorables. Les circonstances précédentes
avaient prouvé la supériorité de la cavalerie carthaginoise ;
pouvait-on espérer résister avec 2,400 chevaux aux 8,000 d'Annibal ? Il semble donc que l'on aurait dû recourir au système
de soutien employé dans le combat d'avant-garde qui avait précédé la bataille, et par lequel Paul-Émile parvint à annihiler en
partie l'effort des îles africaines. En outre, il fallait défendre, de
la manière la plus formelle, aux cavaliers de mettre pied à terre
et d'agir comme fantassins. A l'aile gauche, Varron possédait
la supériorité, et cependant il n'en fit aucun usage; 4,800 cavaliers alliés se laissèrent annihiler par 2,000 Numides.

Il est donc probable que le hasard seul et non la réflexion amena Varron à adopter une mesure qui pouvait décider du gain de la journée.

La formation de l'infanterie est également vicieuse ; en établissant ses manipules sur 16 rangs au lieu de 10, Varron diminuait le front de sa ligne, sans profit pour le combat réel ; et dans tous les cas, puisque déjà il avait augmenté sa profondeur de la moitié, il devait éviter avec soin le contact des lignes qui rendait toute manœuvre impossible, et qui présentait d'autant plus de danger que, lorsqu'il s'effectua, le double mouvement de resserrement vers le centre commençait déjà à se faire sentir.

Pour éviter ces dernières fautes Varron, aurait dû commander réellement l'armée ; mais il ne s'occupa que d'une aile, abandonna le champ de bataille au moment critique et laissa les légions sans direction. Varron, comme Darius, fut plus soucieux de sa sécurité personnelle que de son honneur et de celui de ses troupes.

Dans une pareille situation une armée, quelque brave qu'elle soit, sera toujours vaincue.

Par la victoire de Cannes, Annibal se trouvait maître de l'Apulie, du Samnium et d'une partie de la Campanie. On lui a reproché de n'avoir pas su profiter de cette situation pour marcher sur Rome et mettre fin à la lutte qui avait éclaté entre la puissance phénicienne et la puissance romaine. M. de Vaudoncourt a répondu à ce reproche dans une des notes de son « *Histoire des campagnes d'Annibal.* »

Il fait remarquer qu'Annibal était, en ligne directe, à 500 kilomètres de Rome ; il lui fallait donc 15 à 20 marches pour y arriver, et cette distance exclut la probabilité d'une surprise de la ville. Il aurait donc trouvé à son arrivée le sénat prévenu et à la tête de nouveaux moyens de défense. Or, ces moyens, malgré les échecs successifs de la République, étaient encore puissants. Il y avait dans Rome 2 légions urbaines, Marcellus était à Ostie avec 3 légions de marine et 1,500 conscrits. La levée extraordinaire de 17 ans et au-dessus pouvait procurer 4 légions et 1,000 chevaux, ainsi qu'elle les fournit plus tard. Le sénat fit acheter 8,000 esclaves qu'il arma ; il pouvait faire délivrer, comme la chose eut lieu, les prisonniers pour crimes capitaux et pour dettes et les enrôler ; Rome était donc gardée par 9 légions et par plus de 12,000 hommes de troupes qui pouvaient donner 3 autres légions. Annibal, dans ces conditions, aurait-il pu emporter la ville d'emblée, lui qui n'avait plus qu'une armée de 35,000 hommes ? De plus, il faut remarquer qu'aucun allié n'avait quitté le parti romain, qu'aucune des trente colonies n'avait refusé son concours ; le sénat pouvait donc continuer ses levées et appeler de toutes parts des légions vers la capitale. Si Annibal s'engageait dans le siége de Rome, il était obligé de faire face à la garnison et à une armée de secours considérable ; celle-ci, sans le combattre, pouvait l'affamer et si enfin il échouait, son prestige était à jamais perdu, les Gaulois l'abandonnaient, et isolé en Italie, il n'avait plus qu'une ressource, c'était de se rembarquer sans encombre avec les Africains et les Espagnols pour rejoindre Carthage.

Au lieu d'une entreprise certes brillante en apparence, mais au fond très-précaire, Annibal résolut d'affermir sa puissance par des alliances. Il réussit dans le midi de l'Italie. Les populations de la Grande Grèce lui fournirent les moyens de se soutenir pendant de longues années dans la Péninsule. Et sans les victoires de Scipion qui l'empêchèrent de recevoir des secours d'Espagne, sans l'inertie de Carthage, sans la jalousie du parti qui lui était opposé, sans la malheureuse catastrophe du Métaure où périt son frère, il aurait fini par se rendre maître de toute l'Italie et par là de Rome même.

Du reste, à une époque beaucoup plus rapprochée, une conduite identique a été suivie par un des plus grands généraux des temps modernes. Les protestants d'Allemagne, après avoir vainement lutté pendant douze ans pour conquérir la liberté de conscience qui devait les mener à l'indépendance politique, avaient fait appel au roi de Suède. Gustave-Adolphe trouva devant lui l'Autriche, chef de la ligue, personnifiant l'ultramontanisme, appuyée vigoureusement par la Bavière et par tous les états catholiques. L'Autriche fut vaincue dans les champs de Breitenfeld, et Tilly qui combattait pour elle, complétement défait. La route de Vienne était ouverte, mais Gustave ne s'y engagea pas ; il savait que Ferdinand n'était fort que par ses alliés et c'est à vaincre les membres de la *ligue* que le roi se consacra.

Il prit donc la direction du Rhin et revenait contre Ferdinand quand il fut arrêté par le crime de Lutzen.

Dernières campagnes en Italie ; — Campagnes d'Espagne et d'Afrique ; — Bataille de Zama (215-202).

Nous avons retracé avec quelques détails les trois premières campagnes d'Annibal, afin de mettre en relief ses méthodes de guerre et les progrès qu'il fit faire à la conduite des troupes sur le champ de bataille.

Le cadre de ce travail ne nous permet pas de le suivre avec les mêmes développements ; nous résumerons donc ses expéditions postérieures et nous exposerons dans l'ordre chronologique, en copiant en grande partie Constantin (1). les faits qui se rattachent aux guerres d'Espagne.

On sait que P. Scipion avait, en quittant Marseille, envoyé son frère Cneius en Espagne (218); Cneius battit Hannon à Scissis, brûla, à l'embouchure de l'Èbre, la flotte d'Asdrubal (frère d'Annibal) et ferma à ce général la route d'Italie. En 217, alors qu'Annibal avait pénétré jusqu'en Apulie, Rome lui opposait Fabius, Otacilius se préparait à passer en Afrique, et Posthumius Albinus contenait les Cisalpins. C. Scipion, parcourant toutes les côtes de l'Espagne orientale, avait reçu la soumission de 120 peuplades, consolidé, avec P. Scipion, la domination romaine dans la Tarraconaise et fait battre Asdrubal par les Tartessiens.

En 216, l'imprudence de Terentius Varron compromit la position de Rome ; mais cette année marque le dernier succès éclatant d'Annibal ; le sénat de Carthage faillit l'abandonner. La faction Barcine fit toutefois décréter un renfort de 4,000 Numides, et Asdrubal reçut l'ordre de passer d'Espagne en Italie. Pendant ce temps Rome prenait de nouvelles dispositions. Alors qu'Annibal s'arrêtait à Capoue, Marcellus fermait la route du Latium en plaçant une légion à Teanum Sidicinum et campait à Casilinum avec 21,000 hommes ; Varron, que le sénat avait remercié « pour

---

(1) Dictionnaire de Dezobry.

n'avoir pas désespéré du salut de la République » couvrait l'Apulie; M. Junius Pera appelait les contingents des alliés, levait 4 légions, 2,000 chevaux, armait 8,000 esclaves avec les trophées des temples et des portiques. Néanmoins le Sénat refusait de racheter les 10,000 légionnaires prisonniers d'Annibal, et envoyait les fuyards de Venosa servir sans solde et sans honneurs en Sicile. Enfin, en Espagne, Scipion rejetait une seconde fois Asdrubal dans la Bétique.

Annibal échoua devant Naples (216) et devant Noles, où Marcellus le vainquit. Privé de Magon, que Carthage envoyait en Espagne, il forma un vaste plan pour écraser Rome ; il traita avec Philippe V de Macédoine, fit écraser Posth. Albinus dans la Gaule cisalpine (215), attaquer la Sardaigne et soulever la Sicile. Mais Fabius Maximus fit passer Rome de la défensive à l'offensive, leva 9 armées, équipa 4 flottes, fit chasser par Manlius les Carthaginois de la Sardaigne, brûler par Lœvinus (214) la flotte de Philippe, repousser par Marcellus, son collègue, Annibal de Cumes et de Noles (215-214), battre Hannon à Grumentum, par Sempronius Longus (215), à Benevent par Gracchus (214), enfin marcha lui-même contre Capoue, d'où Annibal s'enfuit à Arpi sur l'Adriatique, pour y trouver la flotte de Philippe. Ici se place une série de marches et de contre-marches d'Annibal rentrant en Campanie (214), manœuvrant audacieusement entre les généraux romains, perdant avec Arpi, 1,000 cavaliers numides, attaquant Pouzzoles, Naples, Noles, puis courant vers Tarente pour y entraîner Marcellus. Mais Tarente lui échappa. Fabius reprit toutes les villes du Samnium, et Annibal ne dut plus compter que sur la Sicile et l'Espagne. En Sicile, Syracuse résista deux ans à Marcellus (214-212), grâce au génie d'Archimède, mais la prise de la ville amena (malgré deux victoires de Mutine sur Marcellus près de l'Himère) la reddition d'Agrigente ouverte, en 210, à Lœvinus par Mutine lui-même fatigué des hauteurs d'Hannon. La soumission de l'île entière suivit de près ; elle fut réduite en province romaine.

En Espagne, les Scipions avaient secouru (215) Illiturgis contre trois armées carthaginoises, sauvé la ville d'Intibili, pris Castulon (215), battu dans quatre rencontres (214) Asdrubal, Magon et les Gaulois, chassé les Carthaginois de Sagonte (213), préparé à

Rome l'alliance de Syphax, roi de Numidie et décidé les Celtibériens à servir sous les aigles. Vainqueurs ensemble, ils se séparèrent malheureusement pour hâter la soumission de la Péninsule. Publius, marchant seul contre Magon et Asdrubal Giscon, eut à lutter contre leurs deux armées, jointes à celle du Numide Massinissa et de l'Espagnol Indibilis. Il périt dans l'action et quelques jours plus tard, Cneius fut écrasé entre ces quatre armées victorieuses et celle d'Asdrubal contre laquelle il marchait. L'Espagne eut été perdue pour Rome, sans l'héroïsme d'un chevalier, Cneius Marcius, qui, ralliant ses compagnons, remporta quelques succès et surtout sans l'audace du jeune P. Corn. Scipion qui, nommé préteur avant l'âge (211), vengea son père et son oncle, par la prise de Carthagène (210), par la victoire d'Ilipe (208), etc. En quatre ans (210-206) à force d'activité, de modération envers les Espagnols, de fermeté et de clémence envers ses troupes révoltées, grâce aussi à d'habiles alliances, il parvint à reconquérir l'Espagne.

Annibal avait profité de la division des forces romaines pour faire lever le siége de Capoue. Il battit (212) Appius Claudius et Fulvius devant cette ville, surprit Tarente, dispersa en Lucanie l'armée d'esclaves de Sempr. Gracchus qui périt dans une embuscade, tua 15,000 hommes au centurion Penula, 16,000, près d'Herdonée, au préteur Cn. Fulvius, enfin tenta sur Rome (211), un coup de main que le sénat et le peuple méprisèrent, vendant le champ sur lequel il campait et dégarnissant la ville de troupes. Enfin Capoue, reprise par les proconsuls Cn. Fulvius Flaccus et Appius Claudius Pulcher (211), fut traitée avec la dernière rigueur, et Annibal dut se réfugier dans le Brutium, réduit à une guerre purement défensive. Il la fit avec une vigueur et des retours admirables. Il vainquit à Herdonée (210), le proconsul Cn. Fulvius Centumalus, se laissa enlever Salapie et Maronée par Marcellus, le battit, fut battu par lui près de Capoue (209), ne put empêcher Fabius de reprendre Tarente (209), attira Marcellus dans une embuscade et le tua (208), obligea les Romains à lever le siége de Locres, et, renforcé par une foule de transfuges italiens, attendit avec confiance son frère Asdrubal qui, échappé à Scipion (208), lui amenait des Pyrénées et des Alpes 50,000 Espagnols et Gaulois (207). Mais vaincu lui-même en Lucanie (207), il apprit bientôt qu'Asdrubal avait péri sur les bords du Métaure, battu par Livius Salinator, que Cl. Nero (qui, peu de jours auparavant, se trouvait devant Annibal) avait renforcé par une marche rapide faite en poste.

Annibal se retira de nouveau dans le Brutium et s'y maintint quatre années encore, malgré tous les généraux romains.

A ce moment la Sicile et l'Espagne étaient reconquises, les Numides alliés. Scipion proposa de porter la guerre en Afrique, pour y attirer Annibal. Consul (205), malgré l'opposition de Fabius, il prépara son expédition en Sicile, pendant que Lelius y préludait par des incursions sur les côtes de Carthage. Il passa en Afrique en 204, y trouva Syphax, allié aux Carthaginois, Massinissa détrôné ; il ravagea le pays, tua Hannon et 2,000 Carthaginois, incendia devant Utique (203) les deux camps d'Asdrubal et de Syphax, les battit tous les deux aux Grandes plaines, fit poursuivre et prendre le second par Massinissa, et assuré d'une excellente cavalerie par le rétablissement de Massinissa sur le trône de Numidie, maître d'Utique et de Tunis, il menaça Carthage de si près, qu'elle rappela Annibal et Magon du sud et du nord de l'Italie.

Annibal avait défait près de Crotone le consul Sempronius (204) et comptait sur l'arrivée de Magon, débarqué en Ligurie (205). Mais Magon avait été battu chez les Insubres (203) et il mourut de ses blessures en mer, en regagnant Carthage.

Annibal égorgea tous les mercenaires italiens qui refusèrent de le suivre, aborda sur la terre d'Afrique, proposa, mais en vain, la paix à Scipion, afin de ne pas lutter avec des recrues contre des troupes aguerries. Forcé au combat, il perdit en 202, la bataille de Zama. Rentré dans Carthage, après 36 ans d'absence, Annibal obligea le sénat à accepter les conditions de Scipion. Par le traité de 201, Carthage s'engageait à ne conserver que son gouvernement et son territoire propre, à livrer ses éléphants et tous ses vaisseaux à Scipion qui en brûla 500, à ne conserver que 10 trirèmes, à payer en 50 ans, 10,000 talents (56 millions), à ne point faire de guerre sans la permission de Rome, et enfin à rendre à Massinissa tout ce que ses ancêtres ou lui avaient possédé.

C'est ainsi que finit la deuxième guerre punique que les Romains appelèrent *la guerre d'Annibal*. Elle eut pour résultat de transformer la Sicile et l'Espagne en provinces romaines, de substituer le patronat des Romains à celui des Carthaginois sur les plus considérables des chefs numides; de réduire Carthage au rôle d'une impuissante cité marchande; d'établir l'hégémonie incontestée de Rome sur l'Occident méditerranéen; de mettre définitivement en contact les États de l'orient et ceux de l'occident, de provoquer les guerres de Macédoine, et d'amener l'intervention décisive de Rome dans les conflits des monarchies alexandrines.

En Italie, le résultat direct fut la soumission définitive des Celtes, la suprématie plus dessinée des nations latines, qui s'étaient unies dans le danger, et par contre, l'abaissement des Italiotes non latins, particulièrement de la basse Italie.

Ce résultat, Rome le paya chèrement. La population avait diminué d'un quart pendant la guerre. L'on porte à 300,000 le nombre de ceux qui périrent sous les coups des Carthaginois. Ce désastre tomba naturellement sur la fleur des citoyens, sur la classe moyenne qui formait le noyau et la masse des combattants, et nous avons vu déjà la perturbation que cette décimation amena dans le recrutement des armées et dans les institutions qui avaient fait la grandeur de la république.

Les pertes d'Annibal furent également considérables, mais Carthage eut peu à en souffrir. Annibal revint en 202, avec 15,000 Africains; 25,000 avaient passé les Alpes et pendant les 16 ans qu'il se maintint en Italie, il ne reçut qu'un renfort de 4,000 Carthaginois, après la bataille de Cannes. On estime que 140,000 hommes tombèrent dans les combats et les engagements et qu'il périt 100,000 hommes par les maladies. Il résulte de ces chiffres qu'Annibal avait retiré des tribus gauloises et de l'Italie près de 225,000 hommes de troupes auxiliaires.

Nous terminerons ce chapitre par l'exposé rapide de la bataille de Zama.

Annibal, placé par Scipion dans une situation qui ne lui permettait pas de refuser le combat, fut obligé de le livrer avec des troupes en partie de nouvelle levée et dans lesquelles il n'avait que peu de confiance.

Il rangea d'abord en avant de son armée et sur le front de l'infanterie et de la cavalerie 80 éléphants ; derrière ceux-ci les auxiliaires étrangers, soit 12,000 sur 10 rangs; la seconde ligne, identique à la première, comprenait les Carthaginois et les Africains ; puis à 200 mètres en arrière de cette seconde ligne il déploya ses vieux vétérans d'Italie au nombre de 24,000.

L'armée de Scipion renfermait six légions de 6,200 hommes ; elle occupait donc 8,120 pieds, soit à peu près le front des vétérans d'Annibal (7,200 pieds). Ce dernier, voulant faire agir sa cavalerie contre celle des Romains, la disposa en dehors des perpendiculaires élevées des flancs de la ligne des vétérans sur le front de son armée; de sorte qu'à droite et à gauche de ce front, entre les étrangers et les ailes de cavalerie, il existait deux espaces vides de 1,800 pieds, couverts du reste par les éléphants. La cavalerie carthaginoise était postée à l'aile droite, opposée à la cavalerie romaine ; la cavalerie numide à l'aile gauche, vis-à-vis des Numides de Massinissa qui servait sous Scipion.

Le but de cette disposition est facile à pénétrer. Annibal voulait attaquer le centre des Romains par sa double ligne d'auxiliaires; s'il réussissait, il portait immédiatement en avant sa troisième ligne, sorte de réserve composée des meilleures troupes et il aurait avec elle décidé la victoire, en prenant en flanc et de front les ailes de Scipion, formées par les légions alliées désormais sans appui.

Si, au contraire, les deux premières lignes étaient battues, le grand espace qui les séparait des vétérans leur donnait la possibilité de s'écouler sans occasionner de trouble dans la formation de ceux-ci, tandis qu'Annibal comptait profiter du désordre que la victoire même aurait occasionné dans les rangs des Romains pour tomber sur eux avec ses dernières troupes fraîches et bien en ordre.

Le général carthaginois fit d'abord donner ses éléphants. Pour éviter leur choc, Scipion avait placé les manipules axe sur axe; les vélites se tenaient dans les intervalles de la première ligne. Ces précautions ne furent pas inutiles au centre, mais aux ailes les éléphants, effrayés du grand bruit des trompettes et des cors, firent volte-face et se jetèrent sur les îles de cavalerie qu'ils rompirent. Massinissa et Lelius, qui commandaient les ailes, profitant aussitôt de cet incident inespéré, chargèrent vivement et n'eurent pas de peine à refouler la cavalerie numide et la cavalerie carthaginoise loin du champ de bataille. Au centre, les vélites avaient dirigé les éléphants par les intervalles, de sorte que ces animaux qui avaient été inutiles à Darius, furent en partie cause de la déroute des ailes d'Annibal, sans lui procurer aucun avantage au milieu de la ligne.

L'action devait désormais se vider par un combat d'infanterie. Scipion au lieu d'enchâsser ses légions, fit serrer les manipules de hastaires sur le centre; il obtenait ainsi une première ligne de même longueur que celle des auxiliaires et appuyée en arrière à 100 mètres par les princes en ordre de bataille.

Le combat fut violent et la résistance des étrangers, vigoureuse. Mais à la fin, ne pouvant arrêter les Romains mieux armés et mieux disciplinés, de plus, n'étant pas soutenus par la deuxième ligne, ils plièrent, et, se croyant trahis, ils chargèrent les Carthaginois restés immobiles. Il y eut là une lutte entre les deux premières lignes sous les yeux des Romains étonnés. Un fait analogue devait se reproduire plus tard, sous les yeux d'Edouard III, à la bataille de Crécy, entre les archers mercenaires de l'armée de Philippe de Valois et les chevaliers bardés de fer du duc d'Alençon.

L'approche des hastaires rappela les auxiliaires au sentiment de leur devoir et du danger. Ils firent volte-face et tentèrent de reprendre le combat; ils luttèrent même jusqu'au moment où les princes marchant au secours de leur première ligne, menacèrent de les déborder par les deux flancs. Alors la retraite se fit avec tant de désordre qu'Annibal, pour n'être pas refoulé, ordonna à sa troisième ligne de baisser les armes.

L'action décisive allait s'engager. Scipion adopta sur le champ un nouvel ordre de bataille pour attaquer la réserve de l'armée d'Annibal. Cette réserve occupait un front double de celui des hastaires et il était important de ne pas la laisser déborder. Certain que sa cavalerie, après avoir repoussé définitivement l'ennemi, reviendrait sur le champ de bataille, le consul romain ne jugea pas nécessaire de conserver une réserve pour sa dernière attaque, et il porta toutes ses troupes sur le front des hastaires. A cet effet, il ordonna aux princes et aux triaires de serrer leurs manipules par moitié de ligne et sur chaque aile, puis de porter par des mouvements rectangulaires : 1° les princes, à la droite et à la gauche des hastaires ; 2° les triaires à la droite et à la gauche des princes. Scipion constitua ainsi une phalange de 9,000 pieds d'étendue sur 10 rangs de profondeur. Annibal, pour s'opposer à ces 30 à 35,000 hommes, n'avait que les 24,000 vétérans, ses anciens compagnons de gloire occupant un front de 7,200 pieds ; leur phalange était appuyée par les psilites.

A cette heure où se jouaient les destinées de Carthage, les vieux soldats d'Italie soutinrent vaillamment leur réputation ; des deux côtés la tactique et les armes étaient les mêmes, la valeur égale ; l'enjeu de la lutte était la destinée du monde connu. Aussi la mêlée fut longue et acharnée ; les légions allaient plier, quand l'apparition de Lelius et de Massinissa sur le champ de bataille leur donna une vigueur nouvelle et changea la face du combat.

Les Carthaginois furent entourés par la cavalerie victorieuse et subirent le sort qu'ils avaient si souvent infligé aux Romains.

On voit ici la confirmation de ce que nous avons énoncé pages 143 et 144. La tactique manipulaire avait fait son temps. L'obligation de manœuvrer sur les champs de bataille exigeait des unités tactiques uniformes, indépendantes et propres à tous les genres de combats. La forme cohortale allait apparaître.

CHAPITRE V.

—

Des guerres de Macédoine.
216-148.

Importance des guerres de Macédoine au point de vue des progrès de la civilisation ancienne ; — la civilisation moderne en a ressenti l'influence ; — nécessité de l'étude de ces guerres sous le rapport tactique.

Bataille des Cynocéphales (197). — Elle s'engage d'une manière fortuite ; — difficultés que rencontre Philippe V pour déployer son armée ; — il divise la phalange en deux parties ; — ordre funeste donné à Nicanor ; — l'aile gauche, attaquée en pleine marche dans un terrain tourmenté, est détruite ; — l'aile droite, qui a résisté, est impuissante à parer à une attaque de revers ; — vive discussion au sujet de cette bataille.

Bataille de Pydna (168). — Son importance au point de vue tactique ; — elle résout définitivement la question de prééminence de l'ordre légionnaire sur l'ordre phalangite ; — description du combat ; — la mobilité et la facilité de fractionnement de la légion lui donnent la victoire; — réflexions de Polybe à ce sujet ; — inconvénients de la phalange au point de vue de la tactique moderne ; — l'ordonnance phalangite se rencontre principalement à l'enfance de l'art et aux époques de décadence ; — elle abaisse le niveau moral des troupes ; mais elle présente l'avantage de n'exiger qu'une instruction incomplète des hommes.

Des batailles des Cynocéphales et de Pydna (196 et 168). (1)

Les considérations stratégiques que nous aurions à émettre au sujet des derniers efforts faits par Philippe V et Persée pour sauver l'indépendance de leur royaume, sont de trop peu de valeur pour que nous nous y arrêtions.

---

(1) *Voir* Bibliographie LXXIV, LXXV, LXXVIII, LXXIXbis, LXXXXIV, CX, CXI. CXVI, CXXIV, CXXV, CXXVII; CLXXXIX, CLXXXX.

Nous n'étudierons les guerres de Macédoine qu'au seul point de vue de la lutte tactique qui, à deux reprises différentes, surgit entre les forces macédoniennes et les armées romaines. C'est sur les collines des Cynocéphales et dans la plaine de Pydna, que la question de la valeur relative de la phalange et de la légion, fort controversée à cette époque, devait définitivement se résoudre.

Au point de vue politique cependant, les guerres de Macédoine revêtent une importance considérable. Elles forment le complément des guerres puniques. Par celles-ci, Rome avait étendu sa puissance sur le continent africain, elle dominait en Espagne; par les guerres de Macédoine, son autorité s'étendit vers l'orient. C'est de cette époque que datent les relations entre Rome et la Grèce, qui eurent tant d'influence sur la société antique, et d'où est sortie en grande partie la civilisation moderne.

En 197, les deux armées de Philippe V et du consul Flaminius venant, la première de Macédoine, et la seconde de la Phocide, longeaient parallèlement les deux versants opposés de la petite ligne de faîte appelée les Cynocéphales. Leur but était de gagner Scotussa, ville richement approvisionnée, et qui devait servir à l'alimentation de leurs armées. Les Cynocéphales partent de la mer, se dirigent de l'est vers l'ouest, puis à quelque distance de Scotussa elles s'infléchissent vers le septentrion. Il résulte de là que Philippe, qui suivait du côté nord le pied des hauteurs, devait traverser celles-ci avant d'atteindre l'objectif de son opération. Ce fut au moment où il se préparait à s'engager dans le défilé qu'il connut la présence de Flaminius, lequel, à son insu, avait marché parallèlement à la direction de sa colonne.

Philippe se trouvait donc dans une situation assez précaire, puisqu'il devait se former en bataille sous les yeux même des Romains, et à la sortie d'un défilé (planche IV).

La phalange marchait en paragogue. Le roi lança immédiatement en dehors des gorges les troupes légères pour protéger sa manœuvre; puis craignant, à cause de la proximité de Flaminius, de ne pouvoir exécuter entièrement son déploiement avant l'attaque des Romains, il divisa son armée en deux parties. L'aile droite, sous sa direction, devait franchir les passes, puis se former en bataille; l'aile gauche, sous Nicanor, opérant un à-gauche par phalangite, et se trouvant aussi formée en ligne, devait profiter des endroits de facile accès et traverser la ligne de faîte d'un versant à l'autre.

Philippe avait voulu gagner du temps, et c'est ce qui le perdit. S'il parvint à résister aux Romains, il n'en fut pas de même à la gauche. Là les phalangites gravirent les collines avec une intrépidité digne d'éloge. Mais le terrain était singulièrement inégal. La phalange fut obligée de se partager, de se séparer ; les diverses fractions, forcées à des circuits assez longs, s'éloignaient considérablement les unes des autres. Ce qui faisait la force de l'ordre phalangite fut ainsi annihilé. Flaminius s'en aperçut ; il dirigea l'aile droite de ses légions contre les troupes de Nicanor, qui, morcelées, divisées et sans appui, furent entourées et battues.

Pendant ce temps, Philippe formé sur 32 rangs, manœuvrant sur un terrain gazonné, en pente douce, non seulement résistait, mais refoulait les légions. Il fallut une diversion faite sur ses derrières pour terminer le combat en faveur des Romains.

La bataille fortuite des Cynocéphales (1) eut un grand retentissement parmi les tacticiens de l'époque et donna lieu à d'ardentes controverses. Elle avait bien démontré une partie des inconvénients et des vices de la phalange ; elle avait fait voir combien il était difficile de l'adapter à tous les terrains, et le danger auquel on s'exposait en fractionnant sa masse, mais les partisans de l'ordre dense se refusaient à considérer l'épreuve comme décisive. Pour bien apprécier les moyens d'attaque et de défense de cette formation vis-à-vis du dispositif légionnaire, il ne fallait pas, disaient-ils, la juger d'après une exception qui l'avait placée sur un terrain désavantageux comme celui sur lequel Nicanor s'était engagé, et sur lequel aussi il lui était impossible de déployer toutes ses qualités. Il fallait la voir agir en plaine.

Ils affirmaient encore, avec une apparence de raison, que la bataille des Cynocéphales devait au contraire être invoquée en faveur de l'ordre grec, puisqu'à la droite, Philippe, s'étant formé dans la véritable ordonnance, avait résisté à tous les efforts de

---

(1) C'est la deuxième bataille de ce nom. La première eut lieu 365 av. J.-C.; Pélopidas y défit Alexandre de Phères.

Flaminius et aurait même gagné la bataille sans la diversion qui fut faite sur ses derrières, diversion qu'il ne put arrêter.

La question était encore indécise lorsque la bataille de Pydna vint la résoudre définitivement en faveur de la légion (178).

Persée et Paul-Emile, le fils du consul tué à Cannes, s'observaient depuis plusieurs jours. Le Leucos séparait les deux armées (planche IV), et chaque général essayait de faire sortir son adversaire de sa position, afin de n'avoir pas à traverser une rivière en présence de l'ennemi en bataille. Un incident futile mit enfin les deux armées aux prises. Les Macédoniens se formèrent sur la rive droite en même temps que les Romains. Le terrain qui les séparait était plan, uni, dépourvu de tout obstacle.

Paul-Emile avoua dans la suite que la vue de cette forêt de piques l'avait rempli d'étonnement et de crainte, et malgré la bonne contenance qu'il sut garder, il ne pouvait s'empêcher de concevoir quelque doute sur l'issue du combat.

On en vint aux mains. Déjà les hastaires avaient été enfoncés, la seconde ligne, qui les avait remplacés, commençait à plier, lorsque le consul remarqua que, par suite du progrès et des succès même de la phalange, celle-ci se désunissait, que l'inégalité d'efforts et de résistance la fractionnait, que des ouvertures se présentaient dans sa ligne et qu'il serait peut-être possible d'en rompre la masse en profitant de ces trouées partielles.

Dans ce but il ordonna aux parties des légions qui se trouvaient placées devant les vides de la phalange, d'opérer d'une manière indépendante, c'est à dire de se partager par centuries ou demi-centuries et de se jeter ainsi sur les flancs des fractions victorieuses. Cette disposition, prise en temps opportun, fut couronnée d'un succès complet. Les légionnaires, grâce au bouclier et à la courte épée, pénétrèrent à travers les pointes des lourdes piques macédoniennes et engagèrent un combat corps à corps dans lequel ils devaient avoir tout l'avantage.

La supériorité de l'armement décida la lutte en faveur des Romains, comme plus tard, lors des guerres d'Italie du XVIe siècle, elle devait, dans des circonstances identiques, donner la victoire aux troupes espagnoles combattant contre les gros carrés allemands armés à l'instar de la phalange.

Cette fois le sort de la phalange paraissait fixé. Elle avait lutté dans un terrain favorable et elle n'avait pu résister à la mobilité de la légion. Les causes de cette infériorité sont parfaitement décrites par Polybe dans son « *Histoire générale de la République romaine,* » livre XVIIIe, fragment Ier. Nous reproduisons ce passage, non-seulement parce qu'il résume ce que nous avons dit précédemment sur ce sujet, mais parce qu'il fait connaître un écrivain militaire qui occupe la première place parmi les auteurs remarquables que nous a légués l'antiquité.

« C'est une chose constante, dit-il, et qui peut se justifier par
» mille endroits, que tant que la phalange se maintient dans son
» état propre et naturel, rien ne peut lui résister de front, ni
» soutenir la violence de son choc. Dans cette ordonnance on
» donne au soldat en armes 3 pieds de terrain. La sarisse était
» longue de 16 coudées. Depuis elle a été raccourcie de 2
» pour la rendre plus commode et après ce retranchement il
» reste, depuis l'endroit où le soldat la tient jusqu'au bout qui
» passe derrière lui et qui sert comme de contre-poids à l'autre
» bout, 4 coudées, et par conséquent, si la sarisse est poussée des
» deux mains contre l'ennemi, elle s'étend à 10 coudées devant
» le soldat qui la tient. Ainsi, quand la phalange est dans
» son état propre et que le soldat qui est à côté ou par derrière,
» joint son voisin autant qu'il le doit, les sarisses du deuxième,
» troisième et quatrième rang s'avancent au delà du premier
» plus que celles du cinquième qui ne le dépassent que de
» 2 coudées..... Il y a donc, avant le premier rang, cinq rangs
» de sarisses plus courtes les unes que les autres de 2 coudées,
» à mesure qu'elles s'éloignent du premier rang au cinquième
» Or, comme la phalange est rangée sur 16 de profondeur, on
» peut aisément se figurer quel est le choc, le poids et la force
» de cette ordonnance. Il est vrai cependant, qu'au delà du cin-
» quième rang, les sarisses ne sont d'aucun usage pour le
» combat. Aussi ne les allonge-t-on pas en avant, mais on les
» appuie sur les épaules du rang précédent la pointe en haut,
» afin que pressées elles rompent l'impétuosité des traits qui
» passent au delà des premiers rangs et pourraient tomber sur
» ceux qui les suivent. Ces rangs postérieurs et reculés ont
» cependant leur utilité car, en marchant à l'ennemi, ils pous-
» sent et pressent ceux qui précèdent et ôtent à ceux qui sont
» devant eux tout moyen de retourner en arrière.

« On a vu les dispositions tant du corps entier que des
» parties de la phalange. Voyons maintenant ce qui est propre
» à l'ordonnance et à l'armure des Romains pour en faire la
» comparaison avec celles des Macédoniens.

» Les soldats romains n'occupent non plus que 5 pieds de terrain,
» mais comme pour se couvrir de leur bouclier et frapper d'estoc
» et de taille, ils sont dans la nécessité de se donner quelque
» mouvement, il faut qu'entre chaque légionnaire, soit à côté ou
» par derrière, il reste au moins 3 pieds, si l'on veut qu'il se
» remue commodément. Chaque soldat romain combattant contre
» une phalange a donc deux hommes et 10 sarisses à forcer.
» Or, quand on en vient aux mains, il ne peut les forcer ni en
» coupant, ni en rompant, et les rangs qui le suivent ne lui sont
» pour cela d'aucun secours. La violence du choc lui serait
» également inutile et son épée ne ferait nul effet. J'ai donc eu
» raison de dire que la phalange, tant qu'elle se conserve dans
» son état propre et naturel, est invincible de front et que nulle
» autre ordonnance n'en peut soutenir l'effort. D'où vient donc
» que les Romains sont victorieux. Pourquoi la phalange est-elle
» vaincue? C'est que dans la guerre le temps et le lieu des
» combats se varient en une infinité de manières et que la pha-
» lange n'est propre que dans un temps et dans une seule façon.
» Quand il s'agit d'une action décisive, si l'ennemi est forcé
» d'avoir affaire à la phalange dans un temps et dans un terrain
» qui lui soient convenables, nous l'avons déjà dit, il y a toute
» apparence que partout l'avantage sera du côté de la phalange.
» Mais si l'on peut éviter l'un et l'autre, comme il est aisé de le
» faire, qu'y a-t-il de si redoutable dans cette ordonnance? Que
» pour tirer parti de la phalange, il soit nécessaire de lui trouver
» un terrain, plat, découvert, uni, sans fossés, sans fondrières,
» sans gorges, sans éminences, sans rivières, c'est une chose
» avouée de tout le monde. D'un autre côté, l'on ne disconvient
» pas qu'il est impossible ou du moins très-rare de rencontrer
» un terrain de 20 stades qui n'offre quelques-uns de ces obs-
» tacles.

» Quel usage ferez-vous de votre phalange si l'ennemi, au lieu
» de venir à vous, se répand dans le pays, ravage les villes et
» fait des dégâts dans les terres de vos alliés ? Ce corps, restant

» dans le poste qui lui est avantageux, non-seulement ne sera
» d'aucun secours à vos amis, mais il ne pourra se conserver
» lui-même. L'ennemi, maître de la campagne, sans trouver
» personne qui lui résiste, lui enlèvera ses convois de quelque
» endroit qu'ils lui viennent. S'il quitte son poste pour entre-
» prendre quelque chose, ses forces lui manquent et il devient le
» jouet des ennemis. Accordons encore qu'on ira l'attaquer sur
» son terrain ; mais si l'ennemi ne présente pas à la phalange
» toute son armée en même temps, et qu'au moment du combat,
» il l'évite en se retirant, qu'arrivera-t-il de votre ordon-
» nance ?

» Il est facile d'en juger par la manœuvre que font aujourd'hui
» les Romains, car nous ne nous fondons pas ici sur de sim-
» ples raisonnements, mais sur des faits qui sont encore tout
» récents (1).

» Les Romains n'emploient pas toutes leurs troupes pour faire
» un front égal à celui de la phalange, mais ils en mettent une
» partie en réserve et n'opposent que l'autre aux ennemis.
» Alors soit que la phalange rompe la ligne qu'elle a en tête, ou
» qu'elle soit elle-même enfoncée, elle sort de la disposition
» qui lui est propre. Qu'elle poursuive des fuyards ou qu'elle
» fuie devant ceux qui la pressent, elle perd toute sa force ; car,
» dans l'un ou l'autre cas, il se fait des intervalles que la réserve
» saisit pour attaquer, non de front, mais en flanc et par der-
» rière. En général, puisqu'il est facile d'éviter le moment et
» toutes les autres circonstances qui donnent l'avantage à la
» phalange, et qu'il ne lui est pas possible d'éviter toutes celles
» qui lui sont contraires, n'en est-ce pas assez pour nous faire
» concevoir combien cette ordonnance est au-dessous de celle des
» Romains.

» Ajoutons que ceux qui rangent une armée en phalange se
» trouvent dans la nécessité de marcher par toutes sortes d'en-
» droits, de camper, de s'emparer des postes avantageux, d'as-

---

(1) Ces faits sont la bataille des Cynocéphales et la bataille de Pydna, après
laquelle Polybe fut déporté à Rome. — Polybe était de Mégalopolis (Arcadie); il
était élève de Philopœmen, habile tacticien, surnommé le *dernier Grec.*

» siéger, d'être assiégés, de tomber sur la marche des ennemis,
» lorsqu'ils ne s'y attendent pas, car tous ces accidents font
» partie de la guerre ; souvent la victoire en dépend, quelquefois
» du moins ils y contribuent beaucoup. Or, dans toutes ces occa-
» sions, il est difficile d'employer la phalange, ou on l'emploierait
» inutilement, parce qu'elle ne peut alors combattre ni par
» manipules, ni d'homme à homme ; au lieu que l'ordonnance
» romaine, dans ces rencontres mêmes, ne souffre aucun em-
» barras. Tout lieu, tout temps lui conviennent ; l'ennemi ne la
» surprend jamais de quelque côté qu'il se présente. Le soldat
» romain est toujours prêt à combattre, soit avec l'armée entière,
» soit par manipule, soit isolément. Avec un ordre de bataille
» dont toutes les parties agissent avec tant de facilité, doit-on
» être surpris que les Romains, pour l'ordinaire, viennent plus
» aisément à bout de leurs entreprises que ceux qui combattent
» dans un autre ordre ? Au reste, je me suis cru obligé de
» traiter au long de cette matière, parce qu'aujourd'hui la plupart
» des Grecs s'imaginent que c'est une espèce de prodige que les
» Macédoniens aient été défaits, et que d'autres sont encore à
» savoir comment et pourquoi l'ordonnance romaine est supé-
» rieure à la phalange. »

Nous compléterons ces considérations de Polybe, en faisant remarquer qu'un des grands avantages de la deuxième forme manipulaire résidait dans le mécanisme des lignes et l'emploi d'une réserve, bien que celle-ci ne fut pas indépendante comme celle de César. Les Macédoniens ignoraient l'un et l'autre, et cette ignorance fut cause de la défaite de Philippe V. S'il avait eu des troupes derrière sa ligne, la diversion qui a déterminé sa perte aurait été repoussée. Ce serait cependant une erreur de croire que le système phalangite soit incompatible avec le jeu des réserves ; nos pères l'ont bien prouvé dans les champs de Groeninghe ; le corps indépendant de Jean de Renesse, par ses manœuvres habiles et ses coopérations opportunes et successives sur divers points de la ligne, a rendu inutiles tous les efforts tentés par les chevaliers du comte d'Artois, pour rompre la phalange communale.

On conçoit qu'un ordre dense et compacte soit efficace contre les attaques de hordes indisciplinées ; ces citadelles mouvantes eurent en effet raison des masses de Xerxès et de Darius; mais une forme tactique n'est pas immuable, elle doit varier avec l'ennemi que l'on a devant soi. Si Bonaparte et Kléber avaient fait usage, en Europe, du dispositif qu'ils adoptèrent contre les troupes du grand vizir, ils auraient subi un échec mérité. Il en fut ainsi de la phalange; elle conserva son immutabilité devant des troupes manœuvrières et elle devait succomber. Il semble que nous retrouvons ici en présence les lourdes masses impériales de la guerre de trente ans, et les bataillons prussiens de 1870, fractionnés en colonnes de compagnie, réservoirs de groupes de tirailleurs qui se succèdent ou se renforcent dans le combat en ordre dispersé.

Nous verrons souvent reparaître dans la suite de l'histoire la forme phalangite et la forme légionnaire, soit manipulaire, soit cohortale. Et, en effet, il n'y a que deux sortes de tactique dont tous les systèmes préconisés ou employés ne forment que les dérivés. L'une a pour point de départ le combattant pris isolément, l'autre repose sur la masse. Dans la première, on ne tient aucun compte de la force inerte des masses, dans la seconde, au contraire, l'individualité disparaît.

C'est par l'emploi des masses que la tactique débuta. Les Grecs s'y maintinrent, mais les Romains modifièrent cette ordonnance et s'emparèrent de l'idée dont on trouve les premiers germes dans la création des peltastes d'Iphicrate. Ils s'inspirèrent de l'ordonnance éventuelle de Xénophon, ils la perfectionnèrent, tandis que les Grecs paraissaient ne pas comprendre le fruit qu'on pouvait en tirer. Les deux tactiques s'accentuèrent dans des directions opposées et menèrent d'une part à la profondeur de 16 rangs sur une seule ligne, de l'autre, au morcellement de cette ligne et à sa séparation en trois échelons.

En terminant cette étude, nous ferons enfin remarquer combien la légion est propre à développer les qualités morales de l'homme. Dans la forme manipulaire ou cohortale tout doit être mis en œuvre pour exalter le courage individuel, l'action personnelle, le caractère propre. Dans la forme phalangite, l'homme devient une chose, l'initiative disparaît, et la valeur même peut, jusqu'à un certain point, faire défaut puisque les premiers rangs abritent les derniers. C'est pourquoi les nations abâtardies, énervées, amollies, auront recours au second dispositif. Tels furent les Romains de la décadence.

Cependant ces graves inconvénients sont compensés par un avantage qui, à cette époque surtout, était considérable ; c'est la facilité et la rapidité d'instruction du phalangite par rapport au légionnaire. Une armée, constituée en ordonnance serrée, peut donc être préparée à tenir la campagne en un temps beaucoup plus court que celle qui doit combattre suivant les principes de la légion.

CHAPITRE VI.

—

Guerre des Gaules (1). 58-51.

—

RÉSUMÉ.

Considérations générales. — Description de la Gaule transalpine ; — constitution des forces gauloises ; armée nationale et bande guerrière ; — l'armée est formée par le groupement des familles ; — avantages de cette méthode ; — altération des mœurs chez les peuplades du midi ; conséquences ; — procédés tactiques en usage chez les Gaulois ; — des armes ; — de la cavalerie ; — la trimarkisia et les lances fieffée et fournie;—des alliances guerrières;—du conseil de guerre des nations ; son omnipotence au point de vue politique ; il tient en tutelle le chef d'armée ; — César a su tirer habilement profit de cette situation.

Campagne de 58.— État de la Gaule après le passage des Cimbres et des Teutons ; — Arioviste, appelé en Gaule par les Arvernes, domine le midi ; — les Gaulois cherchent vainement à le refouler au delà du Rhin ; — émigration des Helvètes ; —César les repousse dans leur pays et se retourne ensuite contre Arioviste ; — les légions hivernent dans la Séquanie ; — inquiétude des Belges qui arment.

Campagne de 57.—Marche de César vers le Nord ; — passage de l'Aisne à Berry-au-bac ; — disposition de César vis-à-vis de Galba ; — défaite de ce dernier ;

---

(1) *Voir* bibliographie IX, XXIII, LXXIX, LXXXIV, LXXXV, LXXXXII, CXXI, CXX, CXXIII, CXXIV, CXXV, CXXVI, CXXVII, CXXVIII, CXXX, CLVII, CLX, CLXI CLXII, CLXIV, CLXVI, CLXVII, CLXVIII, CLXXIV, CLXXV, CLXXVII, CLXXVIII, CLXXIX, CLXXX, CLXXXI, CLXXXII, CLXXXIX, CLXXXX, CLXXXXI, CLXXXXII, CLXXXXIII, CLXXXXIV, CC, CCI, CCVIII, CCXII, CCXIII, CCXIV, CCXVI, CCXVII, CCXVIII, CCXIX, CCXX, CCXXI, CCXXXIII, CCXXXVIII, CCXXXXI, CCXXXXIV, CCXXXXVII, CCL, CCLI, CCLII, CCLIII, CCLVII, CCLVIII, CCLIX, CCLX, CCLXI, CCLXII, CCLXIII, CCXIV.

Consulter, pour les développements de la guerre des Gaules, les ouvrages de Napoléon III et du général Renard.

— les Romains soumettent les pays de l'Ouest et marchent vers la Sambre ; — bataille de la Sambre ; — discussion ; — défaite des Aduatiques ; — les légions hivernent sur la Loire.

Campagne de 56. — Soumission des Vénètes ; — attaque du pays des Morins et des Ménapiens ; — difficultés rencontrées par César ; — il hiverne entre la Seine et la Loire.

Campagne de 55. — César défait les Tenktres et les Usipètes par trahison ; — il passe le Rhin et bat les Sicambres ; — il revient dans la Gaule et traverse la mer pour soumettre l'île de Bretagne ; — expédition heureuse contre les Morins ; — César échoue une seconde fois contre les Ménapiens ; — les légions hivernent en Begique.

Campagne de 54. — César effectue sa deuxième expédition contre les Bretons ; — revenu en Gaule, il disperse ses quartiers d'hiver ; — danger de ce disposi- tif ; — motifs allégués pour justifier cette faute ; — soulèvement des Trévires et des Éburons ; — attaque du camp de Sabinus et Cotta ; — attaque du camp de Cicéron ; — les Belges se portent au devant de l'armée de secours conduite par César ; — ils sont battus au Piéton ; — défaite des Trévires ; — les légions hivernent sur la Somme ; — Labiénus reste sur la Meuse.

Campagne de 53. — Elle est dirigée principalement contre les Éburons, que César veut d'abord isoler ; — expédition de Ménapie ; — Labiénus renforcé bat les Trévires ; — les Suèves, qui se sont avancés à leur secours, rétrogradent ; — passage du Rhin par César ; — marche des légions contre l'Éburonie ; — tac- tique d'Ambiorix ; — César se consume en efforts stériles ; — il appelle les populations voisines au pillage ; — le pays est dévasté, mais la nation, par son énergique volonté, reste debout ; — les légions hivernent entre la Seine et la Meuse.

Campagne de 52. — Soulèvement presque général de la Gaule centrale ; — prise d'Orléans ; — massacre des Romains ; — Vercingétorix est nommé chef de la confédération ; — il veut empêcher César de rejoindre ses légions ; — manœu- vre habile de ce dernier ; — il reprend possession de la Loire ; s'empare de Bourges et attend la bonne saison ; — double base d'opérations des Romains ; — Échec de César devant Gergovie ; — sa situation critique ; — il appelle les Suèves pour se procurer la cavalerie qui lui manque ; — plan de Vercingé- torix ; il est déjoué par l'alliance suève ; — échec subi par l'armée gauloise ; — elle se réfugie dans Alésia, livrant le sort de la Gaule aux efforts d'une armée de secours ; — Vercingétorix agit-il en cette circonstance d'après les lois de la guerre ? — discussion ; — siége et prise d'Alésia ; — la chute de la place termine la campagne ; — les légions hivernent entre la Saône et la Loire.

Campagne de 51. — Elle se borne à des opérations partielles dans la Gaule centrale et à une dernière expédition contre les Éburons.

Étude du système de guerre de César. — Il représente le système de guerre de la nation ; — élaboration du plan de campagne ; — renseignements sur l'enne- mi et les localités ; — emploi des forces ; — César les tient concentrées, sauf dans certains cas particuliers ; — choix du point d'attaque ; — établissement des bases ; bases principales, bases secondaires, bases doubles ; — des camps ; — poursuites tactiques et poursuites stratégiques ; — usage de la cavalerie ; elle est devenue tout à fait indépendante et sert à des opérations spéciales ; — ravitaillement des armées ; — des marches effectuées par les Romains ; — conclusion.

Au moment où s'ouvre la dernière période historique que nous nous proposons d'exposer, la *Gaule* proprement dite, appelée également *Gaule transalpine*, avait pour limites les Pyrénées, la Méditerranée, les Alpes, le Rhin et l'Océan. César la divisait en trois parties : la Gaule Belgique, comprise entre la mer, le Rhin, la Seine et la Marne; la Gaule celtique, entre la Seine, le Rhône, la Garonne et l'Océan ; tout le restant était occupé par des Ibères et des Aquitains.

Une partie de ce vaste pays était déjà soumis aux Romains. Nous la connaissons sous le nom de Provence. Alors elle se nommait *Gallia braccata*, appellation qu'elle échangea après la conquête de la Gaule en celle de Province narbonnaise.

Le Sud avait été peuplé, en des temps inconnus, par des tribus d'Ibères et de Ligures sortis probablement de l'Asie et de l'Afrique. Au centre, les premiers habitants étaient mêlés à des hommes de race blonde, venus de la rive droite du Rhin; au nord, la plupart des nations qui l'occupaient, revendiquaient comme un honneur leur origine germanique. Toute la population était partagée en tribus indépendantes, qui formaient entre elles des associations et des ligues souvent aussi promptement rompues que formées, ou bien acceptaient momentanément le patronage d'une tribu plus puissante.

Tous les Gaulois devaient le service militaire à l'exception des druides. Ils l'accomplissaient soit dans l'armée nationale, soit dans la bande guerrière.

L'armée nationale était composée de tous les hommes libres. Les Gaulois s'adonnaient avec passion à la guerre et à la chasse. C'était là leur seule occupation. Ils dédaignaient les travaux de l'agriculture et abandonnaient le sol aux colons et aux esclaves.

Les armées gauloises présentaient, surtout vers le nord, une très-grande cohésion. On retrouvait dans les diverses unités tactiques, qui composaient la masse, les liens de consanguinité et de parenté. On combattait par groupes de familles (1); le fils luttait sous les yeux du père, le frère à côté du frère, les femmes elles-mêmes suivaient les troupes excitant leur courage, applaudissant aux traits d'audace et répudiant sans pitié le lâche qui abandonnait ses compagnons. Les druides et les bardes animaient les combattants par leurs chants.

Ces coutumes, essentiellement germaniques, donnaient aux phalanges nationales une très-grande vigueur. Mais le contact des tribus gauloises avec la civilisation romaine avait peu à peu altéré, dans le midi, la rigidité des mœurs anciennes. Ces altérations étaient d'autant plus sensibles que les tribus étaient plus riches, qu'elles étaient restées plus longtemps maîtresses du sol, et que leur contact avec les colonies grecques et romaines avait été plus persistant.

Tandis que les Nerviens, les Ménapiens, les Aduatiques avaient conservé intactes les vertus de leurs pères, les Séquanais et les Édues, par exemple, avaient oublié peu à peu les coutumes antiques de leur race et s'amollissaient dans une vie trop efféminée.

César fait ressortir ce contraste. Lorsque dans ses « *Commentaires* » il signale les Belges comme le peuple le plus brave de toute la Gaule, il a soin d'indiquer immédiatement la raison de cette prééminence. Selon lui elle n'est due ni à une nature supérieure, ni à une différence de race. « Les Belges, dit-il, sont les » plus braves des peuples gaulois; étrangers aux mœurs élégantes » et à la civilisation de la Province romaine, ils ne reçoivent » point du commerce extérieur ces produits du luxe qui contri-» buent à énerver le courage. »

Il est assez difficile d'exposer en détail le système tactique que suivaient les Gaulois. Nous savons seulement qu'en plaine, et pour résister, ils se déployaient en ligne épaisse; quand il fallait attaquer, ils formaient au contraire une colonne profonde, unie, serrée, s'avançant vers le centre de l'adversaire, comme les Cimbres l'exécutèrent à la bataille de Verceil.

Si les Gaulois possédaient une grande impétuosité, un courage à toute épreuve, ils appréciaient également la valeur de l'ordre.

---

(1) On retrouvera ce groupement dans l'organisation de nos milices communales.

Leurs attaques sont combinées, et bien supérieures par exemple à celles que nous avons vu exécuter par les armées de Darius. On a, il est vrai, reproché aux Gaulois de mollir au deuxième choc ; mais il faut remarquer qu'une attaque renouvelée après un échec, exige des troupes parfaitement instruites et tout à fait disciplinées ; cette manœuvre est une des plus difficiles que l'on soit appelé à opérer sur un champ de bataille.

Les armées étaient formées par la réunion d'un nombre plus ou moins considérable de tribus. Elles comprenaient de l'infanterie et de la cavalerie.

D'après ce que l'on peut conclure des écrits des historiens anciens, les troupes d'infanterie se formaient en masses condensées de 5,000 à 6,000 hommes, rangés quelquefois sur 24 hommes de profondeur. Ces corps étaient subdivisés à leur tour en unités plus petites. Ils comprenaient plusieurs nations, ou une seule, si celle-ci était assez puissante pour fournir le contingent entier.

Les Gaulois, à l'époque de César, combattaient presque nus ; les chefs seuls portaient parfois des armes défensives. Les armes offensives étaient la fronde, l'arc, le javelot, la pique, le sabre, quelquefois la hache, mais ces dernières armes étaient mal trempées et plaçaient le guerrier gaulois dans un état d'infériorité marquée vis-à-vis du légionnaire.

La cavalerie gauloise était fort estimée. Le nombre des cavaliers dépendait du nombre de chevaux que possédait la tribu. Les tribus pauvres avaient donc peu de cavalerie, témoin les Nerviens, dont le pays coupé ne convenait du reste nullement à cette arme.

Le cavalier gaulois, même en temps de paix, ne marchait jamais seul. Il était accompagné de deux serviteurs qui combattaient derrière lui, formant ainsi une file que l'on appelait *trimarkisia*. L'on retrouvera cette coutume au moyen âge dans la *lance fieffée* et dans la *lance fournie*, composées du chevalier ou de l'homme d'armes et de leurs satellites.

Quand une nation craignait une attaque ou voulait l'entreprendre, elle cherchait immédiatement à former une ligue guerrière.

Elle appelait d'abord au conseil les députés des tribus clientes ou alliées. Si l'expédition était résolue, on cimentait l'union par l'échange d'otages, puis on négociait avec les nations voisines pour les engager à poursuivre le même but. Une assemblée générale des confédérés était indiquée et chaque nation s'y présentait avec les forces qu'elle pouvait mettre sur pied. On constituait alors l'armée et on procédait à l'élection du chef. Un conseil de guerre, composé de membres choisis par les tribus, lui était adjoint et représentait, près de l'armée, l'assemblée générale de la fédération.

Si le pouvoir du chef sur les soldats était absolu, il se trouvait malheureusement dans une dépendance complète vis-à-vis de ce conseil, lequel avait le droit de réduire ou de prolonger la durée des opérations, de changer leur but, de décider s'il y avait lieu de continuer ou de rompre la ligue, en un mot, de prendre des mesures d'une gravité telle que le sort même de la guerre en dépendait. De là ces revirements subits dans les résolutions prises au début des hostilités ; de là ces levées de boucliers éphémères ; de là aussi la possibilité, pour un adversaire habile, de faire entrer en jeu des considérations personnelles et de dénouer par l'influence politique ce que le fer aurait été impuissant à trancher.

Ces considérations permettront de saisir avec plus de facilité le mobile de la conduite de César et comment il parvint pendant huit ans à se maintenir dans la Gaule, alors qu'une seule campagne bien dirigée aurait pu anéantir ses forces.

Campagne de l'an 58 avant Jésus-Christ. — 1re *campagne des Gaules.*

Après la disparition des Cimbres et des Teutons (*voir* page 172), la partie de la Gaule, voisine de la Province romaine, était tombée en pleine anarchie. Deux nations, les Édues et les Arvernes, appuyées par leurs alliés, se disputaient la suprématie du pays. Les Arvernes vaincus, appelèrent à leur aide Arioviste et ses Suèves (72). Leur parti se releva, mais Arioviste, amenant sans cesse de nouveaux contingents en deçà du Rhin, s'établit en maître dans la Gaule. En vain les Gaulois, sentant la faute qu'ils avaient commise, se liguèrent-ils pour le chasser, ils furent battus. Ils s'adressèrent à Rome, mais celle-ci aux prises avec Spartacus (*voir* page 174), éluda les propositions qui lui furent faites; elle alla plus loin, elle accepta l'alliance d'Arioviste. La situation de la Gaule n'en devint que plus intolérable; l'insolence et les exactions du vainqueur n'eurent plus de bornes. Pour y échapper, les Helvètes résolurent d'émigrer vers l'Ouest. Ils brulèrent leurs *oppida* et se répandirent au delà du Jura.

A cette époque, César était gouverneur de la Gaule cisalpine et de l'Illyrie. Se basant sur un décret du sénat qui prescrivait de défendre la frontière des Édues, que les Helvètes devaient franchir dans leur migration, il prend l'offensive, joint à une légion de la Gaule trois légions d'Illyrie, lève deux nouvelles légions, traverse le Rhône, refoule les Helvètes, puis il oblige Arioviste à se retirer en Germanie. La Gaule croyait pouvoir respirer, elle n'avait fait que changer de maître. Les Romains remplacèrent les Suèves et prirent leurs cantonnements dans la Séquanie. Cette décision jeta partout l'épouvante. Les Belges surtout se montrèrent indignés de voir les légions hiverner au milieu du pays ; ils poussèrent le cri d'alarme, nouèrent une coalition et résolurent de s'opposer aux projets ambitieux de Rome. César suivait attentivement leurs actes ; il leva encore deux nouvelles légions, ce qui portait le chiffre de ces corps à huit ; il profita de l'hiver pour s'allier quelques tribus, jeter la désunion dans d'autres, et préparer les moyens d'ouvrir la campagne suivante avec succès.

Campagne de l'an 57. — Deuxième campagne des Gaules et première campagne de Belgique.

Le proconsul, ayant comme base d'opérations la Province romaine et comme alliés les Édues et les Rhèmes, marcha en avant pour rompre la coalition belge qui avait réuni au delà de l'Aisne 300,000 hommes sous les ordres de Galba. César se dirigea par Langres sur Berry-au-bac. Les deux armées se trouvèrent bientôt en présence. Les Romains s'arrêtèrent et établirent leur camp entre l'Aisne et la Miette (*voir* la planche 8 de l'atlas qui accompagne l'ouvrage de Napoléon III, n° CLXI ; cette carte a été tracée d'après les fouilles faites par ordre de l'Empereur, en 1862).

Le terrain formait une petite colline marécageuse dominant légèrement la vallée de la Miette et présentant, depuis le camp jusqu'au confluent des deux cours d'eau, un espace suffisant pour déployer l'armée.

La position n'était donc attaquable que par la droite, en tournant le camp. Afin de parer à ce danger, César fit creuser deux lignes, l'une descendant vers la Miette, l'autre vers l'Aisne. Il assura ses derrières en fortifiant le pont de Berry-au-bac sur lequel son armée avait traversé l'Aisne.

Ces précautions de César attestent son génie militaire et peuvent encore servir de modèle aujourd'hui. En effet, maître du cours de l'Aisne, il peut déboucher avec sécurité sur les deux rives, tout en sauvegardant sa ligne de communication ; il occupe la rive droite afin de pouvoir se former rapidement en bataille ; mais il a soin de se couvrir, car la différence des effectifs exige de la prudence. De cette position retranchée il surveille le pays en avant, prêt à profiter de la moindre faute des Belges.

Galba, qui assiégeait Bibrax, se porta au devant de César et rangea ses troupes en bataille sur la rive droite de la Miette, vis-à-vis des légions qui opérèrent le même mouvement. Les deux armées s'observaient, laissant à la cavalerie le loisir d'escarmoucher entre les lignes. Enfin Galba, voyant l'inutilité de ses démonstrations, renonçant à l'espoir d'amener César hors de la forte position qu'il occupait, d'autre part, craignant de se heurter, en manœuvrant sur la droite des Romains, aux retranchements qu'appuyaient les cours des rivières et que défendaient deux légions abritées dans le camp, Galba, disons-nous, résolut de menacer les communications de César, de l'isoler de sa base. En conséquence, il se porta vers Pontavert, où il comptait passer l'Aisne sans obstacles. Peut-être aurait-il réussi sans la précaution qu'avait prise César de garantir ses communications par une double tête de pont. Sabinus qui l'occupait et qui surveillait la rive gauche, fut instruit de la tentative de Galba assez à temps pour arrêter la tête des colonnes ennemies et pour donner à son chef le moyen d'arriver avec ses légions. Galba fut rejeté au delà du cours d'eau et la cavalerie romaine, lancée à sa poursuite, lui fit subir de grandes pertes.

Le lendemain César se remit en marche ; il longea l'Aisne, traversa l'Oise vers Compiègne, se dirigea sur Amiens, soumit successivement les Suessions, les Bellovaques, les Ambianes, puis, suivant la ligne de faîte qui sépare les deux principaux bassins de la Belgique, il arriva sur les bords de la Sambre, aux environs d'Hautmont, c'est-à-dire à la limite du pays des Nerviens.

Il faillit ne pas aller plus loin. En effet, à l'instigation des Nerviens, les Atrébates, les Véromandues et les Aduatiques avaient promis de prendre les armes. Les Morins et les Ménapiens, protégés par leurs forêts et leurs marécages, pensaient n'avoir rien à redouter du voisinage des légions, et n'entrèrent point dans la coalition. Les conjurés s'étaient réunis et cachés dans les bois de la rive droite de la Sambre; ils attendaient la venue des Aduatiques et avaient décidé d'attaquer l'armée romaine en marche. On sait que les bagages marchaient d'ordinaire entre les légions, mais César qui connaissait, par ses affidés, les projets de l'ennemi, changea ce dispositif. Il se fit précéder par une avant-garde de cavalerie, forma le corps de sa colonne des six anciennes légions, puis plus loin, en arrière, il réunit le train complet des bagages protégé par les deux légions de nouvelle formation. C'est ainsi qu'il arriva jusqu'aux bords de la Sambre, où il prit ses dispositions de campement. Il devait croire les ennemis bien éloignés encore, car il ne s'entoura pas de précautions suffisantes. Il mit toutes ses légions aux travaux malgré la présence de la cavalerie belge qui bordait la rive droite, sans faire reconnaître ce qui pouvait se cacher derrière elle. Les 8e et 11e légions furent chargées d'élever la face parallèle au cours d'eau; les 7e et 12e la face de droite; les 9e et 10e la face de gauche; la dernière face était réservée aux 13e et 14e, qui accompagnaient les impedimenta qu'on ne voyait pas encore apparaître.

Rien ne troubla les Romains jusqu'au moment où l'on aperçut les premières voitures. C'était là, en effet, le signal convenu entre les Belges. Ils s'élancèrent impétueusement des bois qui les couvraient, passèrent la Sambre guéable en cet endroit, et gravirent la berge opposée, formés en trois masses, les Nerviens à gauche, les Véromandues au centre, les Atrébates à droite.

César porta le poids de la faute grave qu'il avait commise de ne s'être fait ni éclairer, ni garder. Les légionnaires se trouvaient dispersés et livrés, sans protection, aux coups de l'assaillant. César était surpris et exposé à une ruine certaine.

L'énergie, la discipline des légionnaires le sauvèrent. Dès

qu'ils virent le danger et sans chercher leur place dans la ligne de bataille qu'ils n'avaient plus le temps de reprendre, ils se groupèrent autour des enseignes, formant ainsi, par légions, des centres de résistance qui servirent d'autant de points de ralliement.

La 10ᵉ légion, que les éloges de César ont illustrée, se trouva prête la première ; elle maintint les Atrébates, tandis que les 8ᵉ et 9ᵉ légions étaient obligées de reculer ; mais bientôt un mouvement offensif général se prononça à la gauche et au centre ; les Atrébates furent rejetés sur la rive droite et jusque contre les bois, les Véromandues purent se maintenir sur les rives, tandis qu'à la gauche au contraire les Belges étaient victorieux. Là combattaient les Nerviens, nation puissante par les armes dont le contingent était nombreux. Les 7ᵉ et 12ᵉ légions furent complétement refoulées, il fallut les efforts désespérés de César, des tribuns et de presque tous les centurions pour former les deux légions à double front, afin de résister aux entreprises des Nerviens qui les entouraient de toutes parts.

Le moment critique approchait. Si les Nerviens avaient tenu leurs rangs, au lieu de se disperser du côté du camp, il est probable que l'action des 13ᵉ et 14ᵉ légions, qui arrivaient sur le champ de bataille, aurait pu être paralysée ; le besoin d'ordre leur était d'autant plus imposé qu'au même instant Labiénus, vainqueur à la gauche, détachait la 10ᵉ légion et l'envoyait au secours de César. Alors les Nerviens, d'enveloppants qu'ils étaient, devinrent enveloppés. Quoique pressés par cinq légions à la fois, ils ne songèrent pas à fuir et ils moururent presque tous sur le plateau qu'ils avaient conquis.

Telle fut la bataille de la Sambre, livrée près de Maubeuge et à laquelle des historiens modernes ont donné le nom de bataille de Presles, près de Charleroi, tandis que d'autres encore placent le lieu de l'action sur l'Escaut, près de Valenciennes.

César avait été surpris ; il méritait de l'être. Il n'avait pris aucune précaution pour se garder d'une armée de 80,000 hommes qu'il savait être proche de lui et dans des localités couvertes. Il dut la victoire d'abord à l'intrépidité de ses légionnaires, ensuite à l'énergie que lui et ses lieutenants montrèrent au plus fort du combat, enfin, à la précaution qu'il avait adoptée de tenir deux légions en réserve. Ce furent les 13ᶜ et 14ᵉ légions qui, par leur présence, changèrent la face de la lutte et décidèrent la victoire.

Du côté des Belges, l'action semble avoir été menée avec réflexion. Il était de leur intérêt d'accabler la droite romaine ; ils rencontraient là le double avantage de concentrer leurs efforts sur un point à la fois tactique et stratégique ; tactique, parce que César se trouvait, en cas d'échec séparé de ses réserves ; stratégique, parce qu'il était coupé de sa ligne principale de communication, dirigée vers le pays des Rhèmes, et refoulé sur le territoire ennemi. Boduognat, qui commandait les Belges, avait, dans ce but, disposé les contingents d'après la force des effectifs de la droite à la gauche, mettant de ce côté la tribu la plus nombreuse et la plus vaillante. Son projet faillit réussir, lorsque Labiénus s'engagea imprudemment au-delà de la Sambre à la poursuite des Véromandues. Ce mouvement de Labiénus était donc contaire aux règles, car il exposait son chef. Si au lieu de se désunir, les Nerviens avaient continué à agir en ordre, la réserve romaine arrivait trop tard et César coupé de sa base aurait été exterminé entre Boduognat vainqueur et les Aduatiques qui hâtaient leur marche.

Victorieux à Hautmont, César se retourna contre les Aduatiques désormais isolés ; ceux-ci rétrogadèrent vers leur oppidum que le proconsul assiégea et prit. Les historiens placent cet oppidum soit à Fallais, soit à Namur, soit à Huy. C'est une question qui probablement ne sera jamais résolue. Puis César après avoir fait observer les Morins et les Ménapiens par Crassus, ramena ses légions sur la Loire où elles hivernèrent.

Campagne de l'an 56. — Troisième campagne des Gaules ; — deuxième de Belgique.

Après avoir soumis les Vénètes, César se dirigea contre les Morins et les Ménapiens qu'il s'était contenté de faire observer en 57. Ces tribus étaient faibles et le proconsul comptait en venir facilement à bout. Il se trompait. Les Morins et les Ménapiens ne voulurent pas combattre en plaine ; ils se servirent habilement des marécages et des bois qui couvraient leur pays. Ils

manœuvrèrent devant les Romains, évitant les rencontres générales, épiant toutes les fautes commises afin d'en tirer parti.
César subit de nombreux échecs, et il se préparait aux plus
gigantesques travaux pour pénétrer dans ces clairières si bien
défendues, lorsque des pluies le forcèrent à rétrograder. Il fit
hiverner ses troupes entre la Seine et la Loire, c'est-à-dire dans
les riches contrées de la Normandie et du Maine.

*Campagne de l'an 55. — Quatrième campagne des Gaules;
— Troisième de Belgique; — Première de Bretagne;
— Première expédition au delà du Rhin.*

La campagne de 55 eut d'abord pour théâtre la rive droite
de la Meuse. Les Tenktres et les Usipètes fuyant devant la
marche progressive des Suèves, cherchaient à s'établir sur la
rive gauche du Rhin. César craignant que ces nouvelles populations, toutes guerrières, ne donnassent un point d'appui plus
solide à la confédération des Belges, marcha contre elles et les
détruisit par un acte de félonie. Une partie de l'armée vaincue
s'étant réfugiée chez les Sicambres, il l'y poursuivit après avoir
passé le Rhin.

Puis il s'embarqua pour l'île de Bretagne, d'où les Belges
tiraient des secours. Son expédition ne fut pas heureuse. De
retour sur le continent et débarqué à Boulogne, il profita du rassemblement de ses troupes dans le voisinage des Morins pour
agir contre eux. La sécheresse favorisa César ; les Morins furent
vaincus.

Après les Morins, César voulut soumettre les Ménapiens, mais
ceux-ci, reprenant la tactique de 56, échappèrent encore aux
coups de leur adversaire.

Les légions hivernèrent en Belgique.

*Campagne de 54. — Cinquième des Gaules; — Deuxième
expédition de Bretagne; — Quatrième campagne de
Belgique.*

César, avant de partir pour l'Italie où il se rendait tous les
ans pendant que l'hiver suspendait les hostilités, avait ordonné

de préparer le matériel nécessaire à une seconde expédition de Bretagne.

Elle eut lieu au début de la campagne de 54, sans grand profit pour les Romains. Cinq légions suivirent César, tandis que Labiénus observait la Gaule avec les trois autres qu'une neuvième légion, levée au delà du Pô, vint bientôt renforcer.

A son retour César fit hiverner ses troupes. Jusque-là les camps rapprochés les uns des autres se soutenaient et pouvaient, en cas d'attaque, se donner un appui mutuel ; en 54, le proconsul suivit un autre système qui faillit le conduire à sa perte. Il est vrai qu'il cherche à l'excuser dans ses *commentaires*, en alléguant la sécheresse exceptionnelle de cette année qui, en détruisant les fourrages, avait impérieusement exigé la séparation des campements.

Quoi qu'il en soit, il plaça : une légion sous les ordres de Fabius, chez les Morins, près de Saint-Pol ; une légion, sous Cicéron, chez les Nerviens, près de Gembloux ; une légion, sous Roscius, chez les Essuens, près d'Argenton, pour observer l'Armorique ; une légion, sous Labiénus, chez les Rèmes, près de Mouzon, contenant les Trévires ; une légion et demie (15 cohortes) sous Sabinus et Cotta, à l'extrémité du pays des Éburons, probablement près de Heerlen, sur la Gœlen. Le reste, soit trois légions et demie ou 35 cohortes, furent disposées, comme réserve, dans une situation centrale, entre l'Oise et la Canche, à savoir : Plancus au nord, avec une légion, chez les Atrébates ; Crassus au sud, avec une légion, chez les Bellovaques ; enfin César, avec une légion et demie à Amiens.

On saisit immédiatement le vice de cette dislocation. Il y a respectivement d'Amiens à Juliers, à Gembloux, à Mouzon et à Argenton, 60, 35, 40 et 40 lieues ; il fallait donc 12, 7 ou 8 jours pour porter la réserve vers une des extrémités menacées ; si une attaque avait lieu sur un de ces points éloignés, les troupes qui le gardaient se trouvaient donc exposées aux plus grands dangers. Cette violation des principes de l'art de la guerre, se justifie encore moins lorsque l'on se reporte à la situation morale du pays. Jusque-là César était parvenu à isoler les nations contre lesquelles il dirigeait ses armes ; il restait en cela fidèle à la loi politique que les Romains se sont toujours imposée, et dont ils ne se sont jamais départis, à savoir de jeter la désunion chez leurs adversaires pour arriver à les battre séparément. Or, en 54, la situation de la Belgique paraissait modifiée. Déjà avant son départ pour l'île de Bretagne, César avait constaté chez les diverses populations du nord de la Gaule une sourde irritation. Indutiomar, chef des Trévires, était l'âme d'une conjuration qui devait éclater sur une vaste échelle en 53. La disposition vicieuse des cantonnements légionnaires l'engagea à hâter l'exécution de ses plans et lui donna l'espoir de délivrer immédiatement la Gaule du joug de Rome.

Il trouva dans les Éburons d'énergiques alliés. D'accord avec Ambiorix, leur chef, il fut résolu de diriger une attaque sur les camps extrêmes, de les détruire, puis de marcher réunis contre César privé d'une partie de ses forces. Un premier succès des Trévires et des Éburons aurait entraîné le reste de la Gaule; les Romains, isolés au milieu du pays en feu, coupés de leur base d'opérations, étaient définitivement perdus.

En conséquence, au jour fixé pour l'agression des cantonnements, Ambiorix dirige une attaque de vive force contre le camp de Sabinus et de Cotta ; cette attaque est repoussée. Ambiorix cherche alors à obtenir par la ruse ce qu'il reconnaissait impossible d'obtenir par les armes. Il sollicite une entrevue des tribuns et, l'ayant obtenue, il leur représente la Gaule soulevée, les légions détruites et dispersées, et il parvient à tromper Sabinus et à le déterminer à quitter sa position malgré l'avis de Cotta.

Le lendemain les Romains se mettent en marche, comme en pleine paix, sans prendre aucune mesure de prudence et de sécurité. Ambiorix qui les attend à la sortie d'un défilé, les entoure et les décime après un long combat. Quelques soldats échappés au carnage purent heureusement gagner le camp de Labiénus, et l'avertir du sort qu'avaient subi les légions de Sabinus et de Cotta.

Pendant que ces événements se passaient, la conspiration tramée contre César se manifestait contre le camp de Mouzon et celui d'Argenton. Ici les événements parurent si graves que César y envoya Crassus. Il ne lui restait donc plus en réserve que deux légions et demie pour parer à des événements qui pouvaient devenir désastreux.

En effet, Ambiorix, sans perdre de temps, s'était avancé dans le pays des Nerviens, qu'il entraîna contre le camp de Cicéron ; là, ils furent arrêtés. Au lieu d'imiter la conduite de Sabinus, Cicéron avait pris toutes les mesures pour se défendre à outrance, et les Belges furent obligés de faire un siége en règle. On vit alors combien l'esprit militaire s'était, en peu de temps, développé chez eux. En trois années, ils s'étaient assimilé les méthodes d'attaque des Romains et ils les mirent en œuvre, malgré le manque presqu'absolu d'outils et d'engins.

Pendant quinze jours Cicéron est bloqué et réduit à la plus affreuse misère ; ses baraques sont incendiées par des boules d'argile rougies au feu et lancées par la fronde ; le soldat est soumis aux plus grandes privations. Heureusement il avait pu faire parvenir, par un esclave gaulois, un avis secret à César.

César reçoit l'avis de Cicéron le soir ; la nuit, les ordres sont expédiés, et le lendemain matin, les légions de Fabius et de Plancus se dirigent vers Gembloux sous la conduite du proconsul.

A cette nouvelle, les confédérés prirent un parti basé sur les bonnes règles de la guerre. Dès qu'ils apprirent l'arrivée de l'armée de secours, ils levèrent le siége pour se porter au-devant d'elle. S'ils battaient César, Cicéron épuisé devait se rendre. Mais ce dernier n'eut pas plus tôt deviné les projets de l'ennemi, qu'il fit encore avertir César ; celui-ci, en se mettant en marche le dernier jour, savait donc qu'il allait rencontrer l'adversaire. Il résolut de rendre sa victoire certaine par la ruse et l'audace. Arrivé à proximité des Belges, il arrête sa colonne et, pour dissimuler ses forces, la fait camper en masse sur un espace très-serré ; il feint ensuite d'éprouver la plus grande crainte vis-à-vis de l'ennemi qui s'avance. Son projet est de l'attirer sous les coups des légionnaires en lui inspirant une telle confiance en lui-même et un tel dédain des Romains, qu'il serait amené à négliger les règles de la plus vulgaire prudence. César ne réussit que trop. Les confédérés avaient d'abord l'intention de ne rien brusquer, mais en approchant, ils ne virent devant eux qu'un camp fort rétréci, du sein duquel semblaient sortir les cris d'une soldatesque mutinée. Ils crurent n'avoir affaire qu'à quelques cohortes que leur arrivée effrayait. Ils attaquèrent donc de toutes parts, sans ordre et sans se précautionner contre un revers. En ce moment, César qui avait préparé ses colonnes en arrière de chaque porte, donne le signal de l'attaque. Les Belges surpris en désordre sont vaincus.

Cette action se passa, selon toutes probabilités, sur les bords du Piéton.

César, heureux d'être sorti d'une situation si dangereuse, se garda bien de poursuivre l'ennemi ; il rallia Cicéron et rejoignit Amiens (Samarobriva).

Au commencement de l'hiver, ayant reçu un renfort de trois légions, dont deux de nouvelle formation, il les poussa vers la frontière des Nerviens et des Aduatiques, qui avaient reformé leurs armées. Cette démonstration les tint en respect, et les Romains prirent leurs quartiers d'hiver sur la Somme.

Les Trévires seuls ne cessèrent pas de harceler Labiénus. Indutiomar, malheureusement, se laissa un jour prendre dans un piége habilement tendu par son adversaire ; ses troupes furent battues et lui-même périt dans la retraite.

Campagne de 53. — Sixième campagne des Gaules; — Cinquième de Belgique; — Deuxième expédition au-delà du Rhin.

Quoi qu'il en soit, la campagne de 54 s'était terminée par un sanglant échec pour les armes romaines. César n'avait pu se maintenir au milieu d'un pays qui, depuis quatre ans, faisait l'objet de ses convoitises; malgré sa dernière victoire, il avait dû rétrograder jusqu'à la Somme.

Les Éburons avaient été la principale cause de ce revers, et c'est sur eux que désormais il veut faire tomber le poids de sa vengeance.

Pour y réussir, il manœuvrera de manière à les isoler. Il emploiera soit la force des armes, soit les négociations pour détacher d'eux les tribus sur le secours desquelles ils auraient pu compter. Cela fait, il écrasera l'Éburonie livrée à ses propres forces.

Deux foyers d'insurrection existaient encore au printemps de 53 : au sud, chez les Senons et les Karnutes, au nord, chez les Ménapiens, les Éburons et les Trévires.

Le mouvement, au sud, fut facilement étouffé.

Pour isoler les Éburons, César envoie d'abord deux légions à

Labiénus qui avait conservé son campement de 54. Lui-même avec cinq légions et sa cavalerie, marchant sans bagages et pressant les étapes, tombe sur les Ménapiens. Il les surprend et pénètre par trois directions différentes jusqu'au cœur du pays qu'il ravage. Les Ménapiens sont forcés de demander la paix avant d'avoir pu combattre.

César les ayant ainsi détachés du parti d'Ambiorix, laisse chez eux une fraction de sa cavalerie et rejoint Labiénus. Durant ce temps, celui-ci avait dû faire face à un grave danger.

Les Trévires avaient repris les armes et n'attendaient, pour ouvrir la campagne, que l'arrivée des Suèves qu'ils avaient appelés d'outre-Rhin. Mais si le parti d'Indutiomar avait un puissant intérêt à rester sur l'expectative, Labiénus n'en avait pas un moindre à agir immédiatement et à combattre avant l'arrivée des renforts ennemis. S'inspirant de la conduite de César, dans la campagne précédente, il attire les Trévires dans un piége et les bat; les Suèves, qui avaient déjà passé le fleuve, retournèrent en Germanie.

César trouva donc à son arrivée le pays pacifié. La défaite des Ménapiens avait découvert l'Éburonie du côté de l'ouest, la victoire de Labiénus ouvrait ses frontières du midi. César voulut plus encore : il résolut de les cerner par l'est, d'opérer même au delà du Rhin pour leur enlever l'appui des Sicambres. Il passa le fleuve près de Bonn sur un pont de pilotis, fouilla la rive droite, puis revint sur la rive gauche, après avoir fait construire une solide tête de pont dont il confia la défense à 12 cohortes, chargées également d'observer le cours d'eau et de s'opposer à l'arrivée des secours.

César enfin tenait sa vengeance. Il franchit les frontières de l'Éburonie. Contre son attente, il ne découvre aucun ennemi : c'est qu'Ambiorix a renoncé à la lutte en rase campagne. Chef d'une population de 100,000 âmes, il sait qu'il lui sera impossible de résister aux 60,000 hommes de César. Il ordonne d'abandonner les demeures; il fait cacher les femmes, les enfants et les vieillards ; il prescrit aux hommes valides de se former par petits corps et de profiter des bois, des broussailles, des accidents de terrain pour cerner les légions, enlever les détachements, surprendre les hommes isolés et ne laisser aux Romains que le terrain sur lequel ils campent.

C'était une guerre de partisans, et Ambiorix la conduit avec une rare habileté.

César acquiert bientôt la conviction qu'une guerre régulière ne peut-être suivie dans de pareilles circonstances. Il partage lui-même son armée en colonnes mobiles, leur indique un centre de mouvement, leur donne pour sept jours de vivres et leur enjoint de tout ravager, de tout détruire sur leur passage.

Les efforts des colonnes isolées n'ont pas plus de succès que ceux de l'armée réunie contre des ennemis insaississables, et qui s'évanouissent dès que le coup de main qu'ils avaient médité se trouve accompli. César se reconnut donc encore impuissant devant cette tactique que les Ménapiens, du reste, avaient déjà mise en œuvre contre lui. Dans sa colère il convia les peuplades voisines à piller l'Éburonie. Le pays en effet, fut dévasté, ruiné de fond en comble, mais la nation, que le nombre et le prestige du nom romain n'avaient pas ébranlée, résista à cette cruelle et dernière épreuve ; elle resta debout et brisa les efforts de César.

Les légions hivernèrent entre la Seine et la Meuse.

Campagne de 52. — Septième campagne des Gaules.

Le résultat des cruautés commises par César envers les Éburons fut le soulèvement de la Gaule centrale. La nouvelle coalition présentait une force et une cohésion qu'on n'avait pas obtenues jusqu'alors. Il fallut tout le génie de César pour sortir triomphant des mailles dans lesquelles on voulait l'enserrer.

Le proconsul était encore à Rome, lorsque la tempête éclate. Les Carnutes ouvrent les hostilités en s'emparant d'Orléans (Genabum) (1), centre du commerce de Rome avec les Gaules et cheflieu principal de l'administration de l'armée. Les Romains sont massacrés. Le même jour les Arvernes se soulèvent également ; les tribus limitrophes entrent dans la conjuration, et Vercingétorix est nommé chef de la coalition. Si les Édues et les Boïens s'étaient

---

WALCKENAER. *Géographie des Gaules.* — Néanmoins Napoléon III, dans son *Histoire de César*, place Genabum à Gien.

rangés dans le parti opposé à César, celui-ci était coupé de ses légions dont la destruction était certaine.

Vercingétorix le comprenait si bien que tous ses efforts n'eurent pour but que de fermer à César le chemin de la vallée de la Seine.

A cet effet, à peine a-t-il réuni ses forces qu'il marche contre les Boïens. Il met le siége devant leur oppidum (Saint-Parize-le-Chatel), tandis que, pour détourner l'attention de César, il fait opérer une diversion contre la Narbonnaise.

Le proconsul accourt sur le Rhône. Sa tâche est lourde et épineuse. A tout prix il lui faut rejoindre les légions dispersées, afin de les réunir, de briser le cercle de fer qui déjà les étreint et de délivrer les Boïens. Mais comment dégager la route qui conduit vers elles? Ici le génie de César brille du plus vif éclat. Il a recours à une diversion hardie; avec quelques troupes amenées de la Cisalpine, il ne craint pas d'assaillir le pays même des Arvernes et de marcher contre leur capitale.

Cette attaque inopinée, accomplie dans la plus mauvaise saison et dans un pays aussi tourmenté que l'Auvergne, sème l'alarme dans la contrée. Les Arvernes réclament à grands cris la protection de Vercingétorix, et celui-ci a le tort de leur céder. Il abandonne le siége de Saint-Parize pour marcher au secours de son pays, qu'il croit sérieusement menacé. C'était ce que voulait César. Dès qu'il apprend le départ de son adversaire, il laisse le commandement au jeune Brutus, ne prend avec lui que sa cavalerie, remonte les vallées du Rhône et de la Saône qui n'étaient plus surveillées, marche jour et nuit et gagne enfin le plateau de Langres où campaient deux légions.

Ainsi, par ce trait d'audace, il se retrouve de nouveau à la tête de ses troupes.

Aussitôt il concentre toutes ses forces; il reprend Orléans, déblaie les rives de la Loire et met le siége devant Bourges dont il force les portes et massacre la population. Là il s'arrête, refait son armée et prend de nouvelles dispositions en attendant le printemps. Il avait du reste besoin de se recueillir, car, sauf les Édues, toutes les populations montraient une résolution suprême et, comme les Éburons, ravageaient eux-mêmes le pays que les Romains devaient traverser.

L'insurrection entourait César de toutes parts ; il fait face à la fois au nord et au sud. Il charge Labiénus d'arrêter, avec quatre légions, les progrès de l'adversaire qui se rassemble dans le pays des Senons et des Parisiens ; il lui indique comme pivot de manœuvres la ville de Sens (Yonne) ; lui-même avec le reste des troupes agira contre le midi en s'appuyant sur Sancerre (Loire) ; Sens et Sancerre sont éloignées de 10 lieues. César prenait donc une double base d'opérations ; il dispersait ses forces, alors qu'il était déjà inférieur en nombre ; il manœuvrait sur des lignes divergentes et compromettait sans raison la position stratégique centrale que son audace lui avait permis de récupérer.

La première opération de César est dirigée contre la Gergovie des Arvernes qu'il voulait assiéger et dont Vercingétorix couvrait les approches. Les deux chefs luttèrent longtemps d'habileté au passage de l'Allier, mais César ayant surpris un pont de pilotis imparfaitement détruit, le fait réparer, traverse la rivière et paraît devant la ville.

Il commençait les travaux d'attaque, lorsque survient Vercingétorix. Tous les jours l'ennemi le harcèle et dirige des attaques incessantes contre les tranchées qui protégent les légions. Fatigué de ces combats renaissants, dans l'impossibilité de conduire un siége régulier vis-à-vis de l'armée de secours en position, César veut brusquer l'attaque : il est vaincu et forcé de battre en retraite.

Cet échec était grave, surtout au point de vue moral. La coalition se noua plus étroitement, et les Édues eux-mêmes se déclarèrent contre les Romains. Ce sont eux qui surprennent Sancerre, la place de dépôt de César. La position du proconsul était désespérée s'il ne parvenait pas à rejoindre Labiénus ; il y réussit en dérobant ses marches avec habileté et parce que Vercingétorix, obligé de présider l'assemblée générale des confédérés, ne le poursuit que mollement.

Pendant que les Romains, grâce aux plus grands efforts, opèrent leur jonction, on discutait chez les alliés le plan des opérations futures. On se rallia à l'avis de Vercingétorix qui voulait non-seulement forcer César à abandonner la Gaule, mais qui prétendait le suivre dans la Province romaine. Malheureusement tous les contingents n'étaient pas prêts et ils ne pouvaient entrer en ligne que dans les trente jours. Malgré ce contretemps, le chef gaulois n'hésita pas à tenir la campagne. Il ne voulait pas livrer bataille; son but était d'accompagner, de harceler son adversaire, de l'affamer, de gêner tous ses mouvements, d'imiter enfin la conduite de Fabius, et, par des dispositions sages et prudentes, le forcer à la retraite.

Jusqu'alors César s'était toujours couvert de l'excellente cavalerie gauloise; cet appui lui manquait, aujourd'hui que toutes les nations de la Gaule s'étaient unies contre lui. Sous ce rapport l'avantage était tout entier du côté de Vercingétorix. César le savait; et il se hâta de trancher la difficulté en appelant à son aide les Suèves d'Arioviste, excellents cavaliers, que six ans plus tôt il avait refoulé au-delà du Rhin. Le prix de cet immense service devait être la cession de la Séquanie, objet des convoitises des Suèves.

Ils y sont restés jusqu'aujourd'hui. Ce sont les ancêtres des Alsaciens.

En marchant au-devant des Romains, Vercingétorix ignorait cette alliance. Aussi un jour que les deux armées se trouvaient en vue, il ordonna à sa cavalerie d'attaquer; mais les Gaulois, pris subitement en flanc et à revers par les Suèves, furent enveloppés, culbutés et obligés à la retraite. On sait qu'une partie des forces confédérées avaient été dirigées vers Narbonne; il n'y avait donc devant César qu'une fraction de l'armée qui ne pouvait songer à tenir la campagne avec une cavalerie inférieure. La situation sur laquelle comptait Vercingétorix était renversée, et elle ne pouvait être rétablie que trois semaines plus tard.

Dans cet état de choses, le chef gaulois résolut de se renfermer dans Alésia (Alise Ste Reine de Bourgogne), fort oppidum du pays des Mandubiens, situé en conséquence à la frontière de la confédération. Il craignait en se retirant dans le cœur du pays d'être suivi par les Romains, de décourager la coalition, d'arrêter la levée des contingents et d'exposer la contrée au pillage. Il espérait, au contraire, en se réfugiant dans Alésia, immobiliser César, donner à l'armée de secours le temps de s'organiser, de paraître sous les murs et d'attaquer les légions conjointement avec l'armée assiégée. Il est probable que le souvenir de l'échec subi par César devant la Gergovie des Arvennes fut d'un grand poids dans la décision de Vercingétorix, mais il oubliait que dans le cas présent la situation était tout autre. C'étaient ici les meilleures troupes que l'on paralysait et le sort de la guerre était, par le fait, remis entre les mains de l'armée de secours. Or, cette armée ne pouvait avoir la solidité des soldats de l'armée d'opérations qui avaient déjà tenu la campagne et que l'on condamnait à l'inaction; de plus, il livrait le pays à lui-même et la coalition était privée de son chef, de celui dans lequel toutes les tribus avaient placé leur confiance et qui exerçait sur elles un pouvoir absolu. Enfin, le terme de la lutte dépendait de l'approvisionnement de la place; celui-ci épuisé, sans qu'Alésia fut débloquée, amenait inévitablement la reddition. Vercingétorix le comprit, puisqu'il licencia ses cavaliers en leur recommandant de se rendre chacun dans sa tribu pour enrôler tous ceux qui étaient en âge de porter les armes. « Revenez au plus vite me délivrer, » leur dit-il; rappelez-vous que toute négligence entraînerait ma » perte et celle de 80,000 soldats d'élite, car je n'ai que pour » trente jours de vivres. »

Si au lieu de s'arrêter à la frontière, Vercingétorix avait jeté 20,000 hommes dans Alésia, et avait conservé 60,000 hommes et sa cavalerie, il pouvait se présenter deux hypothèses : ou bien César faisait le siége de la place, ou bien il la négligeait pour suivre l'armée gauloise. Dans le premier cas, la garnison avait pour quatre mois de vivres et César se trouvait dans la situation de Gergovie, c'est-à-dire obligé de faire un siége long et pénible en présence d'une armée aguerrie que de nombreux secours allaient renforcer. Si, au contraire, César pénétrait dans le pays, la garnison d'Alésia, déjà considérable par elle-même, ralliait les populations environnantes, menaçait la ligne de communication des Romains, arrêtait leurs convois, compromettait leur sûreté. Quant à Vercingétorix, maître encore d'une force imposante, il pouvait se retirer pied à pied dans ce pays difficile du centre de la France; commander par une attitude énergique aux défections qui auraient pu naître; se renforcer chaque jour par l'arrivée de nouveaux détachements, alors que César, au contraire, s'affaiblissait par la longueur même de sa ligne d'opérations; et enfin, dès que l'équilibre aurait été rétabli, il pouvait reprendre vigoureusement l'offensive.

Vercingétorix se renferma donc dans Alésia. César l'enserra immédiatement et construisit autour de la place des travaux magnifiques qui sont décrits avec de grands détails dans l'ouvrage de Napoléon III.

Les efforts de la garnison furent impuissants contre l'industrie des Romains; les jours succédaient aux jours, la famine commençait à se faire sentir, lorsqu'après un mois d'attente l'armée de secours parut. Elle essaya vainement de déloger César de la ceinture de lignes dont il s'était entouré; elle fut battue et son échec amena la reddition de l'oppidum.

César resta dans ses retranchements, parce que son infériorité numérique était trop considérable et qu'il craignait de ne pouvoir résister en rase campagne aux 180,000 hommes amenés par Commius et aux 80,000 hommes de Vercingétorix. La question de savoir s'il faut attendre une armée de secours dans ses lignes est sujette à plusieurs solutions qui dépendent des forces en présence.

La prise d'Alésia mit fin à la campagne de 52 et les légions hivernèrent autour d'Autun (Bibracte).

Campagne de 51; huitième campagne des Gaules;
sixième de Belgique.

Cette campagne, la dernière de la guerre des Gaules, se fit sans grandes difficultés; le coup frappé par César, en 52, avait anéanti la confédération, et il n'y eut plus que des résistances isolées. Toutefois le proconsul ne voulut pas quitter le théâtre de ces huit années de guerre sans anéantir les Éburons, ou plutôt sans se rendre maître d'Ambiorix. Il n'y put parvenir, et le chef énergique qui avait si habilement conduit la campagne de 53, échappa aux étreintes des Romains.

Étude du système de guerre de César.

Nous avons déjà dit que la politique de Rome faisait reposer sur la guerre le développement de la puissance de l'État. Le peuple était pénétré de l'idée que rien ne pouvait résister à ses armes; ce sentiment était arrivé à son apogée à l'époque de César qui, sous ce rapport, personnifie la politique de la nation.

L'étude du système de guerre du vainqueur des Gaules mérite donc, à ce double point de vue, une attention particulière. ·

Tout plan de campagne doit être basé sur trois éléments qui sont constamment en jeu, à savoir : le temps, le lieu et le nombre. La préparation de la guerre exige donc la connaissance parfaite des forces que l'on possède et de celles dont l'ennemi dispose, la connaissance du théâtre présumé de la guerre, enfin, la connaissance du temps nécessaire à la mise en œuvre des forces respectives d'après le théâtre de la guerre, c'est-à-dire d'après les espaces à parcourir.

On doit d'abord se renseigner sur les deux premiers éléments, et César y mettait tous ses soins. A une époque où les cartes géographiques n'existaient pas, il y suppléait en s'alliant à des peuplades voisines du lieu du combat, ou bien en semant la discorde chez les tribus qu'il voulait envahir, en se faisant donner des ôtages, en prenant des guides. On entend toujours César se plaindre amèrement lorsque ces données lui font défaut.

Quant à la question des forces, César, numériquement plus faible, compense toujours cette infériorité par des fortifications de campagne, comme à Berry-au-bac et au Piéton, ou bien en tenant ses troupes réunies, tandis que, par sa politique, il jette la division chez ses adversaires ; enfin, en portant ses légions sur plusieurs points et successivement dans la même campagne.

En attaquant les ennemis les uns après les autres, il diminuait la violence de chaque contact, et il arrivait à des résultats identiques à ceux qu'il aurait obtenus s'il avait employé en une seule fois des masses doubles ou triples. C'est ainsi qu'il procède en 53, alors qu'il veut châtier les Éburons. Pour éviter une coalition possible, il atteint successivement les Ménapiens au nord, les Trévires au sud, les Sicambres à l'est, puis il tombe sur les Éburons isolés. Il oublia ce principe en 52 devant des forces redoutables, et il faillit payer cher sa témérité.

Lorsque César est infidèle au principe de concentration, c'est quand il a affaire à des peuplades dont le lien fédéral est relâché, ou bien quand il doit assurer soit la communication avec sa base, soit la sécurité des pays qu'il laisse derrière lui.

Dans ses expéditions de Bretagne, par exemple, Labiénus reste en Gaule avec trois légions.

Parfois encore, il divisait ses forces pour empêcher la concentration de celles des ennemis, ou pour l'attirer, à l'aide de démonstrations, sur un point éloigné de celui où il devait frapper le coup décisif, comme au début de la campagne de 52.

Son point d'attaque est parfois le plus proche, parfois le plus important.

Dans sa première campagne de Belgique, il se jette d'abord sur les Rhèmes qu'il sait hésitants. Son apparition les fait entrer dans l'alliance romaine, et la possession de leur territoire assure ses communications entre le théâtre de la guerre au nord de l'Aisne et sa base principale, qui est la Provence. Cette attaque rapide surprend les Belges; ils agissent isolément et sont battus.

En 52, au contraire, les forces gauloises occupent le centre de la France, les légions se trouvent entre la Seine et la Marne; César les conduit directement sur Orléans au milieu de l'insurrection afin de la terrifier.

Pour atteindre le point d'attaque projeté, César partait d'une base qu'il établissait dans les meilleures conditions possibles, et qu'il remplaçait, à mesure qu'il avançait, par des bases secondaires. Dans les expéditions de Bretagne, sa base principale est la Provence, la base secondaire, les côtes de l'Océan gardées par Labiénus; dans la campagne de 57, le pays des Rhèmes lui sert de base éventuelle; dans cinq de ses campagnes, la Somme et Amiens forment une véritable base d'opérations contre la Belgique.

En 52, il établit une double base, et dans la deuxième partie de la campagne, il utilise la Séquanie comme il faisait de la Provence. Cette base secondaire avait le grand avantage de lui permettre d'opérer, en cas d'échec, des retraites parallèles et d'empêcher ainsi l'insurrection de pénétrer sur le territoire romain. De plus, il évitait le terrain très-difficile du centre de la France et manœuvrait sur les plaines ondulées qui séparent la Loire de la Seine.

Du moment où le plan de campagne était définitivement arrêté, César l'exécutait avec une très-grande vigueur, préférant toujours le choc en campagne aux lenteurs des siéges. C'est la manière de procéder du xviiie et du xixe siècle, bien opposée à celle en usage au xvie et au xviie siècle.

Nous avons déjà dit qu'un camp retranché servait de point d'appui dans le combat. Le proconsul s'approchait à marches dérobées de façon à arriver, le dernier jour, le plus près possible de l'adversaire, mais en dehors de son rayon d'activité. Le camp était alors établi, puis le lendemain, après une courte marche, on en venait aux mains.

Si l'adversaire avait également l'habitude de se couvrir par des retranchements, la distance entre les camps devait être plus considérable, sinon César perdait tout le bénéfice de la poursuite. Il exécutait cette poursuite d'abord vigoureusement avec sa cavalerie, puis il lançait ses colonnes et commençait la poursuite stratégique. On comprend facilement l'importance de cette dernière. Agissant contre des peuples fédérés, il devait garder l'offensive jusqu'à la dernière limite et déployer une très-grande activité après le combat, afin de profiter de l'ébranlement moral qui accompagne toujours la défaite, de hâter la dissolution des coalitions et d'imposer aux partis hésitants par la rapidité de ses marches.

Mais si les Romains étaient battus, leur chef montrait une grande énergie, relevait par tous les moyens le courage des troupes, déployait toute son éloquence pour les convaincre que l'insuccès était l'œuvre du hasard, puis il changeait de théâtre comme en 52, après Gergovie.

César a fait dans toutes les guerres des Gaules un grand usage de la cavalerie. Grâce à l'appui des Gaulois dissidents, cette arme était fort nombreuse, et on sait, par son alliance avec les Suèves, l'importance qu'il y attachait.

Lorsque la campagne était terminée, les légions prenaient leurs quartiers dans des contrées fertiles et ordinairement à portée de se secourir. Les localités occupées étaient choisies dans la Gaule même pour soulager la Province romaine et pour exercer une surveillance plus active sur les pays conquis. Pendant ce temps, César, par sa politique astucieuse, agissait sur les membres de la confédération pour la désunir, ou préparait de nouveaux prétextes de guerre, d'autant plus faciles à trouver que les populations subissaient plus impatiemment le joug des Romains.

Pendant la guerre des Gaules, César a vécu principalement sur le pays. Il frappait des contributions et se faisait accompagner par des convois, qui utilisaient les voies de communication déjà établies par les Gaulois. Ce n'est que plus tard, dans ses guerres contre Pompée, qu'il a fait usage de magasins permanents rapprochés de l'ennemi.

A cette dernière époque encore, il paraît préférer les mouvements tournants, alors que dans la guerre des Gaules, il agissait par des opérations directes. Les manœuvres étaient facilitées par la rapidité remarquable des marches de l'armée romaine.

Nous avons déjà indiqué ce point. Voici quelques exemples à l'appui :

Dans la deuxième guerre punique, le consul Cl. Nero, qui s'était porté en poste de Canosa sur le Métaure, repartit la nuit même de la victoire et reprit sa position sur l'Aufidus le sixième jour ; il fit 390 kil. soit 65 kil. par jour ; les troupes étaient sans bagages.

En Espagne, avant le siége de Carthagène, Scipion, le futur Africain, partant de Tarragone avec son armée pourvue de tout ce qu'il lui fallait en campagne, arriva le huitième jour sous les murs de la place; elle fit donc 50 kil. par jour et cela en pays hostile.

Dans la campagne de 58, César, marchant et combattant, parcourt 30 kil. par jour.

En 54, lorsqu'il se précipite au secours de Cicéron, il s'avance de 30 kil. par jour. On était en hiver.

Dans la campagne de 52, quand il veut empêcher les habitants d'Autun de se joindre à l'insurrection, il part la nuit et d'une seule traite, il parcourt 74 kil. en trente heures.

Enfin, dans les guerres civiles, la marche la plus remarquable est celle décrite par Appien qui rapporte que, lors de la seconde guerre d'Espagne, César se rendit de Rome en Ibérie, en vingt-sept jours. Or, il y a de Rome à Munda 1,800 kil., ce qui donnerait la moyenne énorme de 66 kil. par jour. Evidemment les légions devaient être échelonnées et César a dû se servir de tous les moyens de transport qu'il a rencontrés sur sa route.

Il ne nous reste plus, pour clore ces « NOTES SUR L'HISTOIRE MILITAIRE DE L'ANTIQUITÉ » qu'à présenter une dernière remarque.

Pendant les huit années de la guerre des Gaules, César a combattu pendant six ans en Belgique; c'était là que se trouvaient les populations les plus belliqueuses, celles dont l'organisation militaire était la plus forte, les chefs les plus expérimentés. Si elles ont résisté plus longtemps que les populations de la Gaule centrale, elles n'en ont pas moins été vaincues. Ce fait tient d'abord à la faiblesse du lien fédératif, puis ensuite, et surtout, à l'organisation militaire défectueuse des peuplades germaniques.

Tous les citoyens, il est vrai, étaient soldats, mais ils entraient dans les rangs sans préparation ; leurs milices ne pouvaient offrir que la faible consistance des levées temporaires. A Rome, au contraire, par suite de la permanence des guerres, les légions avaient acquis la fermeté des troupes permanentes, et cependant l'on sait combien le recrutement avait dégénéré depuis Marius.

Ainsi d'un côté, des citoyens animés de l'amour de la patrie, excités par le plus pur enthousiasme, mais mal instruits; de l'autre, des hommes recrutés dans la partie la plus basse de la population, faisant une guerre étrangère, mais rompus aux manœuvres et conduits par des cadres excellents. Dans cette lutte entre l'armée permanente et l'armée temporaire, la première devait triompher, parce qu'elle avait pour elle la science et la discipline. C'est là un fait que l'histoire enseigne à chaque pas, et les guerres puniques avaient déjà prouvé la nécessité de perfectionner à tout instant les méthodes de guerre d'une nation. Cette perfection ne peut être atteinte qu'avec des forces nationales permanentes, dont l'effet sera porté au maximum, si elles trouvent derrière elles l'appui de la nation préparée et organisée militairement.

FIN.

TABLE DES MATIÈRES.

FIN DE LA TABLE.

Batailles d'Alexandre.   Pl..I

Macédoniens

M   Cavalerie macédonienne ⎫
C   id   confédérée   ⎬ Grosse
T   id   thessalienne. ⎭ cavalerie.

s   sarissophores   ⎫
p   péoniens.   ⎬ cavalerie
t   thraces   ⎬ légère.
m   mercenaires grecs.   ⎭

H   hypaspistes   ⎫
P   peltastes.   ⎬ Infanterie de ligne
▭   hoplites   ⎭
ι   infanterie légère.

          Perses.

a   cavaliers bactriens
b   id   scythes.
c   id   arachosiens.
d   id   perses et indiens
e   id   cappadociens.

Bataille du Granique.

     Macédoniens.   Inf.   cav.
hoplites (8 taxeis)   9.000   ..
hypaspistes   3000   "
alliés   7000   "
infanterie légère   11000   ..
cav. macédonienne   ..   1.500
grosse cavalerie (C.T) ..   2.100
cavalerie légère   "   900
                     ――――――― ―――――――
                      30000   4500
     Total   34500 hommes
          Pertes.
     60 fantassins
     85 cavaliers.
               Perses.
hoplites grecs   10000   ..
fantassins indigènes 8000   ..
cavaliers   ..   20000
                     ――――――― ―――――――
     total   38000 hommes
          Pertes
     10000 fantassins.
     2000 cavaliers.   SL.

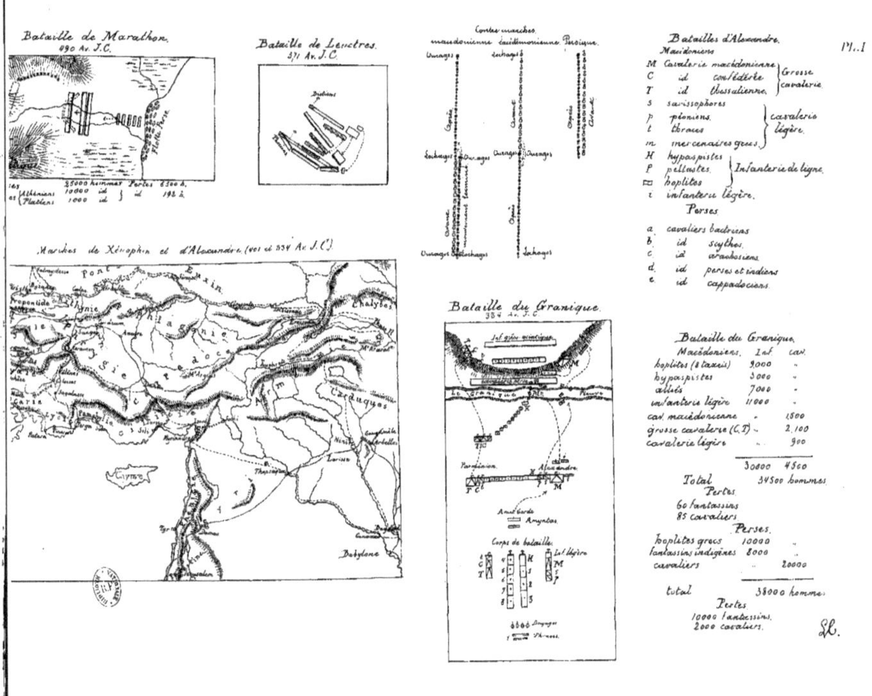

Batailles d'Alexandre.   Pl. I
Macédoniens
M   Cavalerie macédonienne) Grosse
C   id   confédérée   ) cavalerie
T   id   thessalienne)
s   sarissophores
p   péoniens   ) cavalerie
t   thraces   ) légère
m   mercenaires grecs   )
H   hypaspistes   ) Infanterie de ligne
P   peltastes   )
▭   hoplites   )
i   infanterie légère
            Perses
a   cavaliers bactriens
b   id   scythes
c   id   arachosiens
d   id   perses et indiens
e   id   cappadociens

Bataille du Granique.

Macédoniens	Inf.	cav.
hoplites (8 taxeis)	9.000	"
hypaspistes	3000	"
alliés	7000	"
infanterie légère	11000	"
cav. macédonienne	"	1800
grosse cavalerie (C. T)	"	2.100
cavalerie légère	"	900
	30000	4500

Total   34500 hommes
      Pertes
60 fantassins
85 cavaliers

            Perses.

hoplites grecs	10000	"
fantassins indigènes	8000	"
cavaliers	"	20000

total   38000 hommes
      Pertes
10000 fantassins
2000 cavaliers

LL.

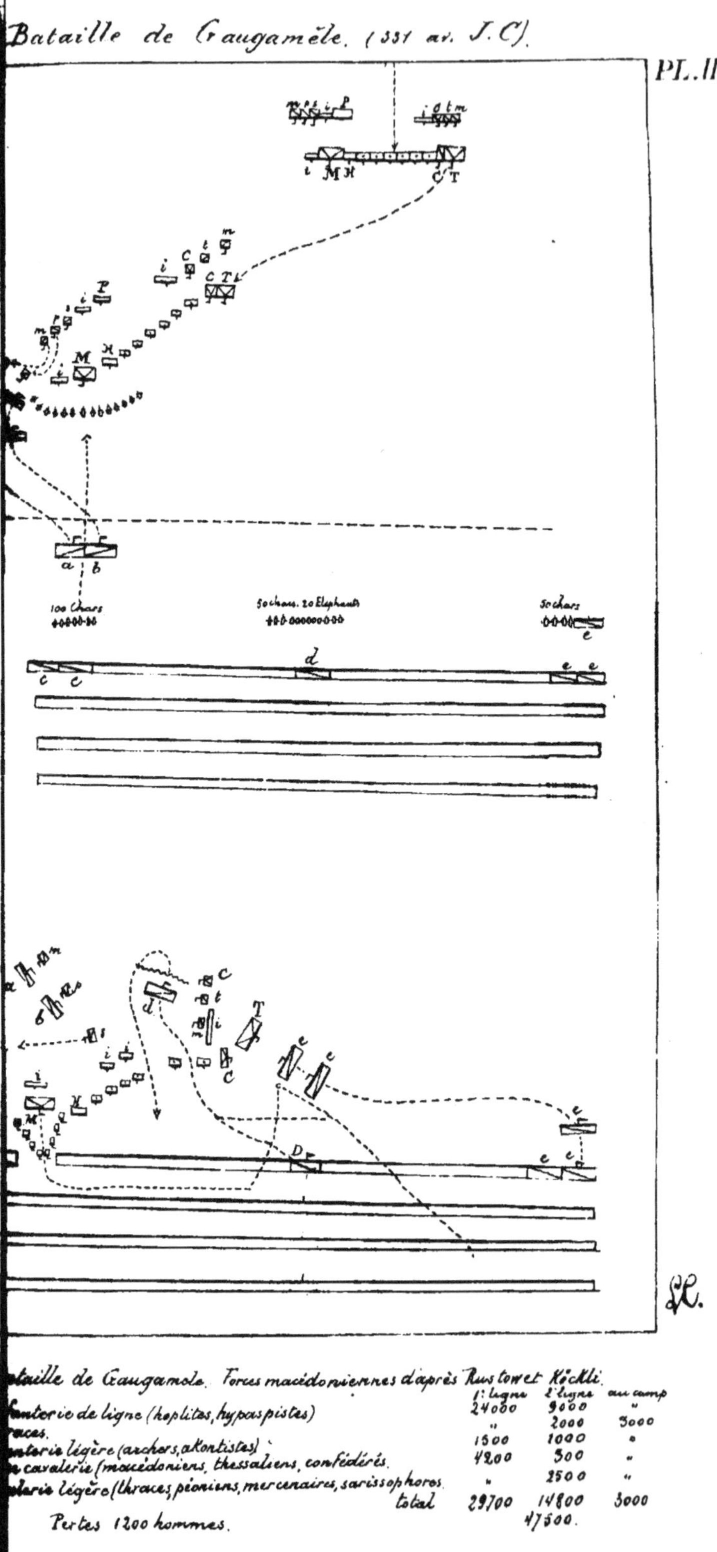

Bataille de Gaugamèle. Forces macédoniennes d'après Rustow et Köchli.

	1re ligne	2e ligne	au camp
Infanterie de ligne (hoplites, hypaspistes)	24000	9000	"
Thraces.	"	2000	3000
Infanterie légère (archers, akontistes)	1500	1000	"
Cavalerie (macédoniens, thessaliens, confédérés.	4200	300	"
Cavalerie légère (thraces, péoniens, mercenaires, sarissophoros.	"	2500	"
total	29700	14800	3000
		47500.	

Pertes 1200 hommes.

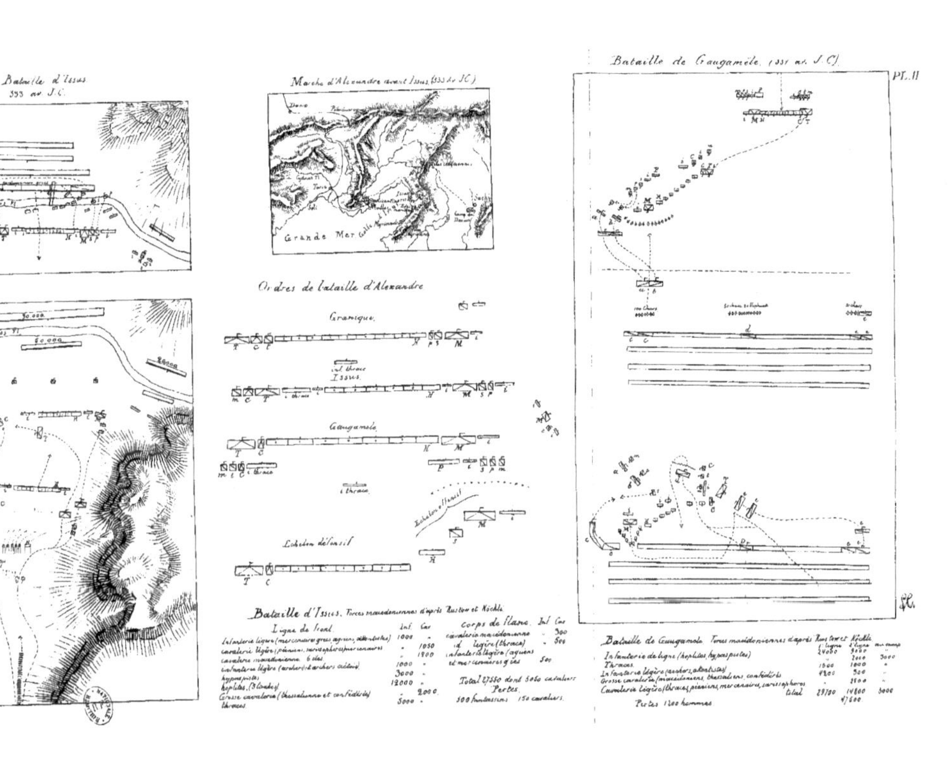

Bataille d'Issus 333 av. J.C.
Marche d'Alexandre avant Issus (333 av. J.C.)
Grande Mer
Ordres de bataille d'Alexandre
Granique
Issus
Gaugamèle
Échelon de l'aile
Bataille de Gaugamèle (331 av. J.C.)
Pl. II
Bataille d'Issus. Forces macédoniennes d'après Rüstow et Köchly
Bataille de Gaugamèle. Forces macédoniennes d'après Rüstow et Köchly

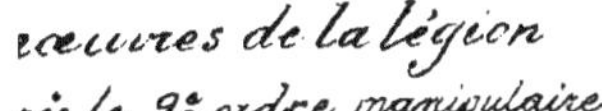

...œuvres de la légion
...ès le 2.e ordre manipulaire.

Fig 10

Prince
Trimis
Hastoni

T
P
H
Ennemi.

T P H

Fig 11.

H P T   T P H

Ennemi

Fig 14.
Bataille des grandes plaines.

Syphax

T   P   H   P   T

H
P
T

Fig 13
Bataille de Zama
Annibal.

P   H   P   T

H
P
T

Fig. 21.
2me forme cohortale.

1ere

VI   V   IV   III   II   I

2e

3e

VIII   VII

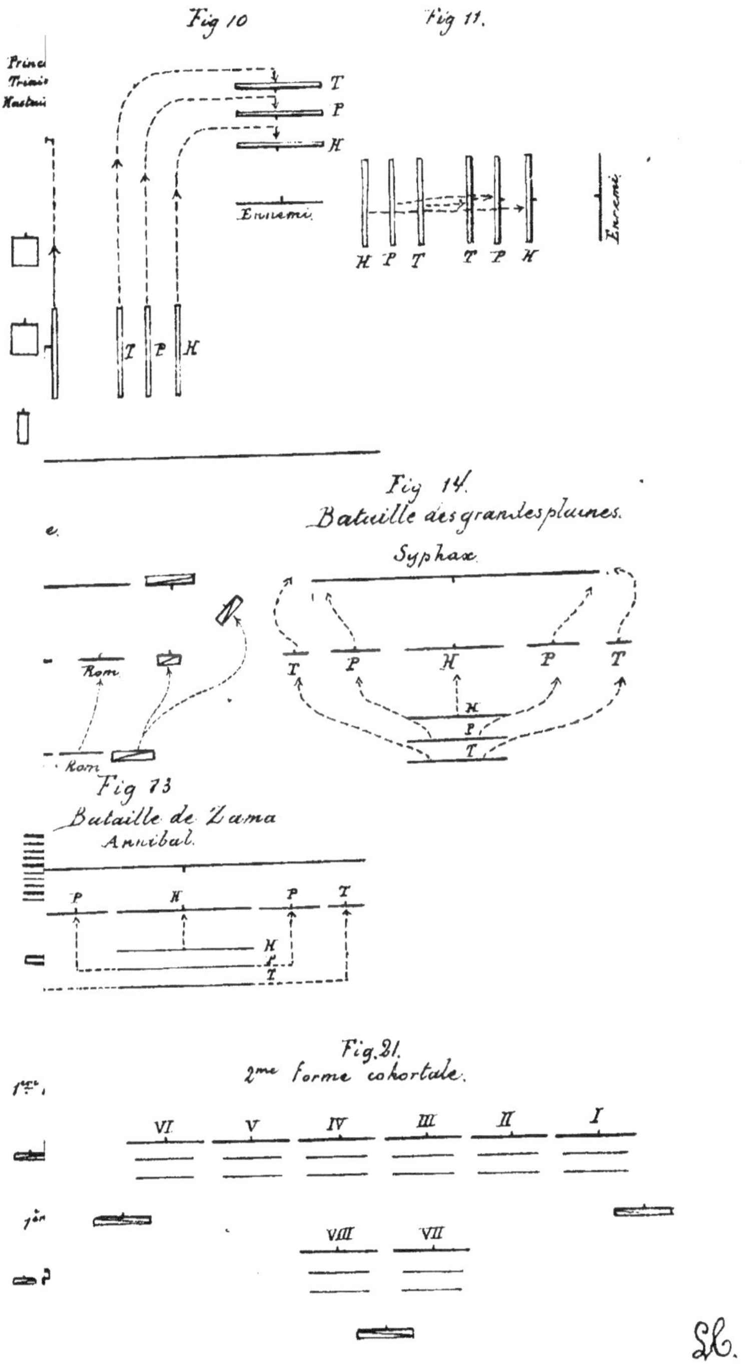

SL.

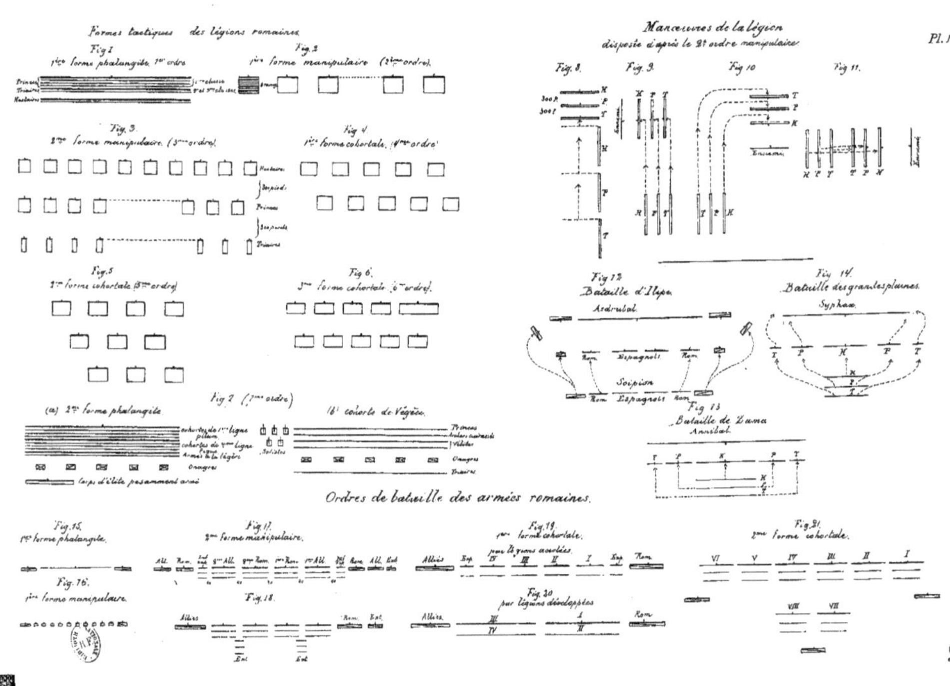

Formes tactiques des légions romaines.
Fig 1
1ère forme phalangite, 1er ordre
Fig 2
1ère forme manipulaire (2ème ordre).
Fig 3
2ème forme manipulaire (3ème ordre).
Fig 4
1ère forme cohortale (4ème ordre)
Fig 5
2ème forme cohortale (5ème ordre)
Fig 6
3ème forme cohortale (6ème ordre).
(a) 2ème forme phalangite
Fig 7 (7ème ordre)
16e cohorte de Végèce.
Manœuvres de la légion disposée d'après le 2e ordre manipulaire.
Pl. III.
Fig. 8
Fig. 9
Fig 10
Fig 11.
Fig 12
Bataille d'Ilipa.
Asdrubal
Fig 14
Bataille des grandes plaines.
Syphax.
Romains
Espagnols
Scipion
Romains
Espagnols
Fig 13
Bataille de Zama.
Annibal
Ordres de bataille des armées romaines.
Fig. 15
1ère forme phalangite.
Fig. 17.
2ème forme manipulaire.
Fig. 19.
1ère forme cohortale.
Fig. 21.
2ème forme cohortale.
Fig. 16.
1ère forme manipulaire.
Fig. 18.
Fig. 20.

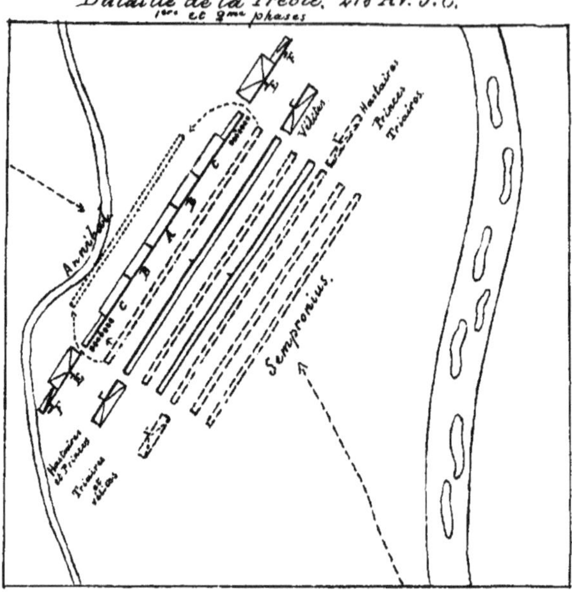

Bataille de la Trébie. 218 Av. J.C.
1ère et 2me phases
Pl. IV
Annibal
Sempronius
Velites
Hastaires
Princes
Triaires
Hastaires et Princes
Triaires et Velites

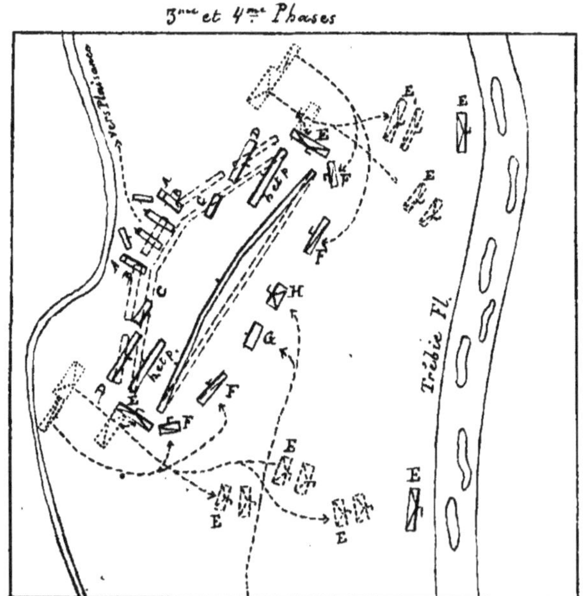

3me et 4me Phases
vers Plaisance
Trébie Fl.

Bataille des Cynocéphales 197 Av. J.C.

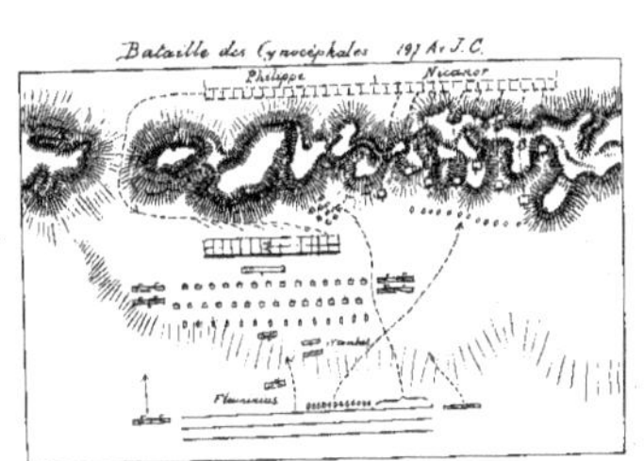

Bataille de Pydna 168 Av. J.C.

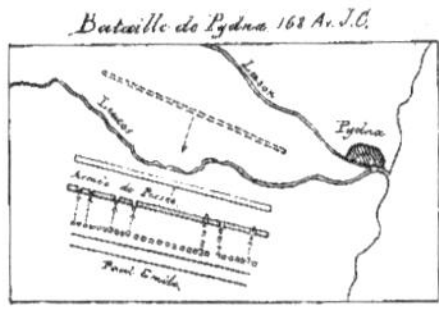

Bataille de la Trébie. Situation et marches des armées avant la bataille.

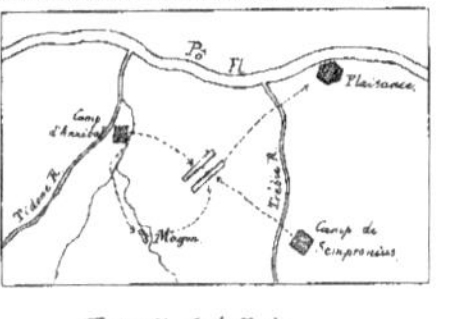
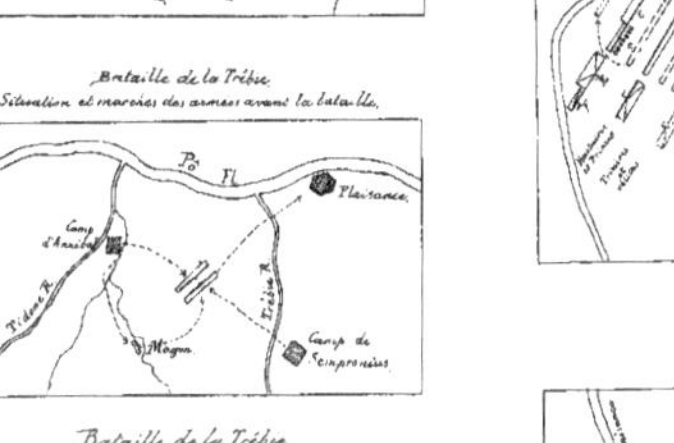

Bataille de la Trébie. 218 Av. J.C. 1er et 2me phases.

5me et 4me Phases.

Bataille de Cannes.

A Gaulois	Carthaginois.	Romains
B Africains	32000 hoplites	15 légions à 5000 h 75000.
C Espagnols	8000 Grosse cavalerie	cav. romains 2400
D Fantassins légers	2000 Cavalerie légère	cav. alliés 4800.
.. Grosse cavalerie		
T Cavalerie légère	Pertes	
G Inf. de Maijon (Trébie)	4000 Gaulois	40000 Légionnaires
H Cav. id. id.	1500 Africains	4000 cavaliers
	200 Cavaliers	44000
	5700.	21 tribuns. 80 Sénateurs.

Bataille de Cannes 216 Av. J.C. 1er et 2me phases.

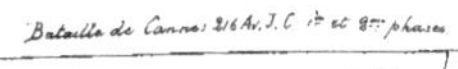
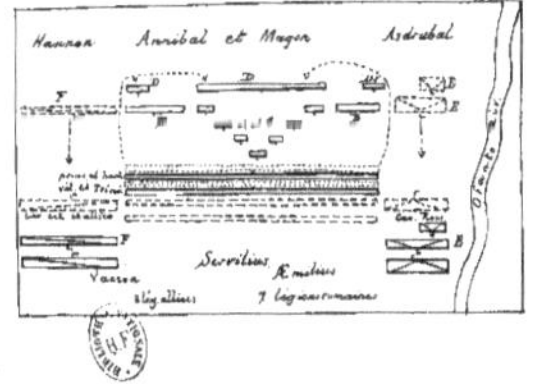

5me et 4me Phases.

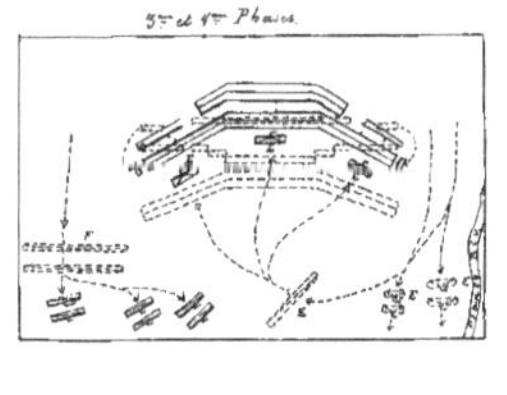

Bataille de la Trébie

Carthaginois		Romains	
Fantassins	20000	8 Légions à 4200	33.600
Grosse Cavalerie	8000	Cavaliers romains	1200
Cavalerie légère	2000	id. , alliés	2.400

Guerre des Gaules.
Campagne de l'an 52 av. J.C. 7me des Gaules.

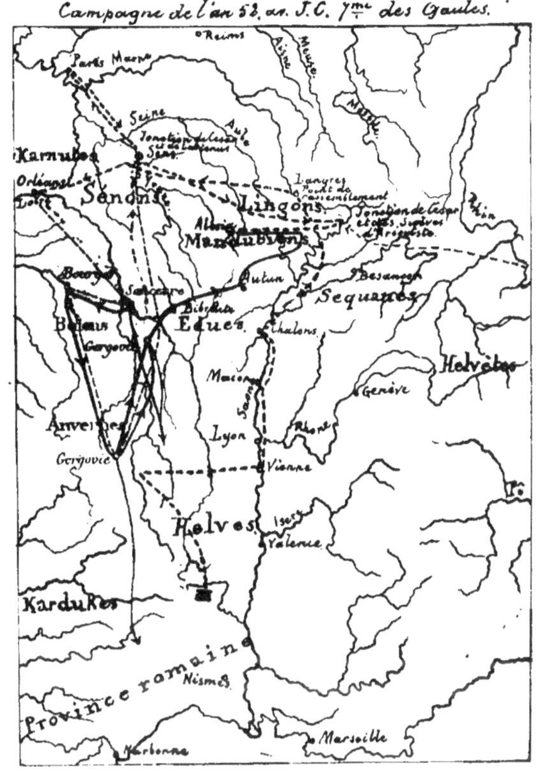
Reims
Paris Marne
Seine
Aube
Jonction de César et de Labienus
Sens
Meuse
Moselle
Karnutes
Orléans
Loire
Sénons
Langres
Point de rassemblement
Lingons
Jonction de César et de Labienus et Arverniste
Mandubiens
Bourges
Sancerre
Autun
Besançon
Bibracte
Séquanes
Beleus
Edues
Chalons
Gergovie
Helvètes
Mâcon
Genève
Anverne
Saône
Lyon
Rhône
Gergovie
Vienne
Isère
Helves
Valence
Kardukes
Province romaine
Nismes
Narbonne
Marseille

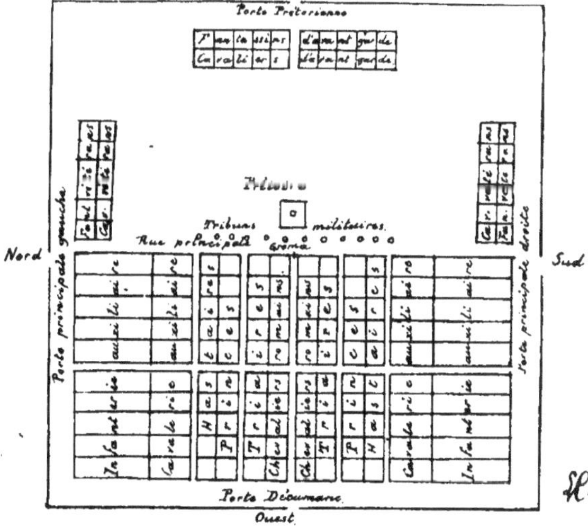
Camp des Consuls
Est
Porte Prétorienne
J'en la ssins d'avant garde
Cavaliers devant garde
Nord
Sud
Prétoire
Tribuns militaires
Rue principale
Forum
Porte principale gauche
Porte principale droite
Infanterie auxiliaire
Cavalerie
Hastaires
Princes
Triaires
Chevaux
Chevaux
Triaires
Princes
Hastaires
Cavalerie
Infanterie auxiliaire
Porte Décumane
Ouest

Guerre des Gaules.
Campagne de l'an 57 Av. J.C. 2me des Gaules. 1re de Belgique.
Londres
Morins
Ménapiens
Atrébates
Ambiani
Nerviens
Éburons
Trévires
Vermand
Langres
Édues

Guerre des Gaules.
Campagne de l'an 54 av. J.C. 5e des Gaules. 4e de Belgique. 2e de Bretagne.
Londres
Ménapiens
Morins
Nerviens
Éburons
Trévires
Bellovaques
Rémes
Carnutes
Leuces
Sénons
Lingons
Cologne

Bataille de la Sambre. 57 av. J.C.
Haumont
Maubeuge
Sambre R.

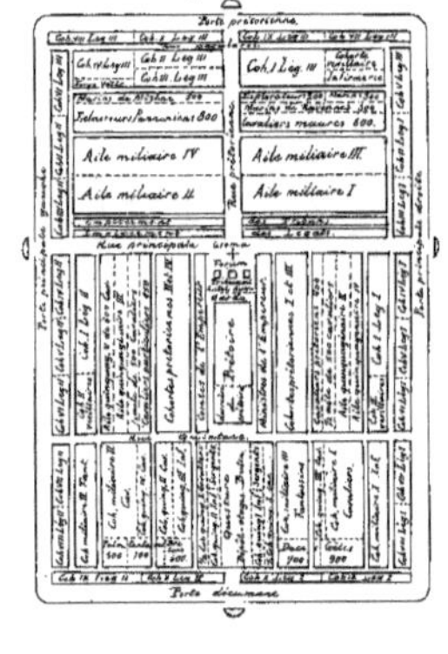

Camp des Empereurs.
Porte prétorienne
Coh. IV Leg. III
Coh. V Leg. III
Chevaliers
Alliés
Marins de la flotte
Archers provinciaux 800
Coh. I Leg. IV
Cavaliers maures 800
Aile militaire IV
Aile militaire II
Aile militaire III
Aile militaire I
Rue principale
Prétoire
Quartier de l'Empereur
Porte décumane

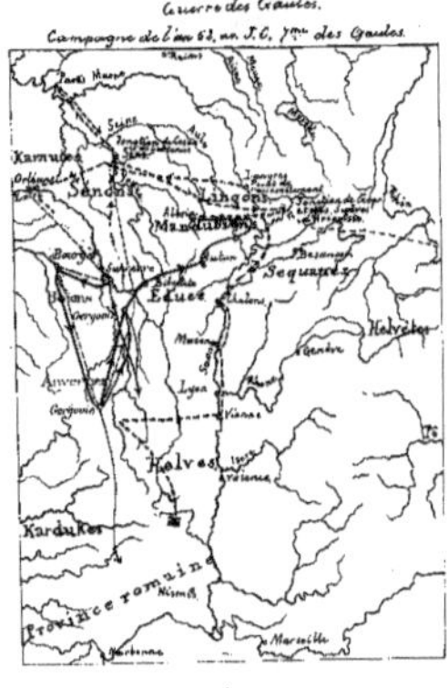

Guerre des Gaules.
Campagne de l'an 52 av. J.C. 7me des Gaules.
Karnutes
Orléans
Senones
Paris
Seine
Langres
Alise
Mandubiens
Édues
Séquanes
Helvètes
Karduker
Province romaine
Marseille

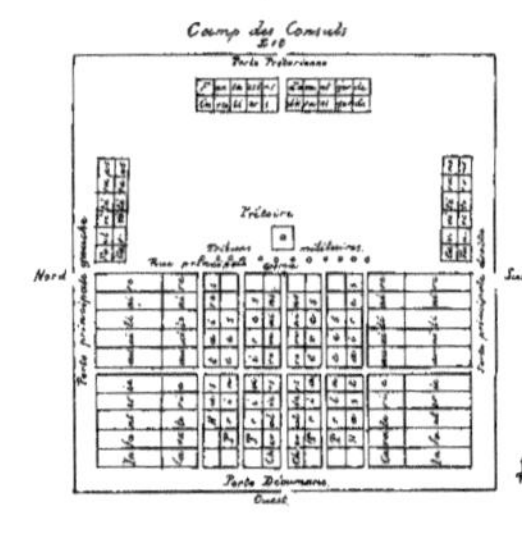

Camp des Consuls.
210
Porte prétorienne
Prétoire
Tribuns
Rue principale
Nord
Sud
Porte principale gauche
Porte principale droite
Porte décumane
Ouest

9 782329 384306